MÉMOIRES
SUR LE DIX-HUITIÈME SIÈCLE
ET LA RÉVOLUTION FRANÇOISE.

MÉMOIRES
INÉDITS
DE MADAME LA COMTESSE
DE GENLIS.

PARIS. — IMPRIMERIE DE FAIN, RUE RACINE, N°. 4,
PLACE DE L'ODÉON.

MÉMOIRES

INÉDITS

DE MADAME LA COMTESSE

DE GENLIS,

SUR LE DIX-HUITIÈME SIÈCLE

ET

LA RÉVOLUTION FRANÇOISE,

DEPUIS 1756 JUSQU'A NOS JOURS.

TOME CINQUIÈME.

A PARIS,

CHEZ LADVOCAT, LIBRAIRE
DE S. A. R. MONSEIGNEUR LE DUC DE CHARTRES,
AU PALAIS-ROYAL.

M. DCCC. XXV.

TABLE

PAR ORDRE ALPHABÉTIQUE

DES NOMS

CITÉS DANS LE CINQUIÈME VOLUME

A BON ENTENDEUR SALUT, ouvrage de madame de Genlis, pag. 61.

ADULTÈRE (L') ne cesse pas d'être un crime pour être commis le trône, 215.

ALFRED, *Voyez* LEMAIRE.

ALIBERT (le docteur), 232, 239.

ALPHONSE, OU LE FILS NATUREL, ouvrage de madame de Genlis, 270.

ALTONA (la ville d'), 81.

ALYON (M.), 75, 250.

ALYON (mademoiselle), 129, 247, 254.

AMEILHON (M.), 210, 231 *et suiv.*, 278, 307, 314, 335, 364, 366.

AMEUBLEMENS, avant et depuis la révolution, 105 *et suiv.*

TOME V.

TABLE ALPHABÉTIQUE.

AMI DES ARTS ET DES TALENS (L'), ouvrage de madame de Genlis, 25.

ANATOLE. *Voyez* LAWOESTINE.

ANCILLON (M.), 151.

ANGEVILLIERS (M. d'), 132.

ANNALES DE LA VERTU, ouvrage de madame de Genlis, 129.

ANNE D'AUTRICHE, 220.

ANTONIN, cité, 267.

ARABESQUES MYTHOLOGIQUES, ouvrage de madame de Genlis, 272.

ARABESQUES, peintes par madame de Genlis, 244.

ARBRE DES RÉFUGIÉS EN PRUSSE, 40.

ARNOULT (mademoiselle), 132.

ARTS. État des beaux-arts depuis la révolution, 173.

ASSOUCY (d'), le poëte, 293.

ATHALIN (M.), 374.

AUBANTON (madame d'), 306.

AUBANTON (mademoiselle d'), 303.

AUGER (M.), 280.

BALS CHAMPÊTRES, avant et depuis la révolution, 109.

BANKS, président de la société royale de Londres, 368.

BARRÉ (M.), poëte, 239, 240.

BARROIS (M.), libraire, 367, 368.

BAUFFREMONT (la princesse de), 188, 316.

BAYANE (le cardinal de), 177, 180, 181.

BEAUJOLOIS (le comte de), 73.

BEAULIEU (Hyacinthe de), 246.

BÉLISAIRE, ouvrage de madame de Genlis, 261.

BÉLISAIRE, ouvrage de Marmontel, 262.

BELLEGARDE (madame de), 191.
BERGÈRES DE MADIAN, ouvrage de madame de Genlis, 369.
BERLIN (la ville de), 1, 10, 43, 203.
BERNADOTTE (le maréchal), 184, 187.
BERNADOTTE (la maréchale), 187, 270.
BERNARD (madame), 49.
BEURNONVILLE (le général), 64.
BIBLIOTHÈQUE DES ROMANS, ouvrage périodique, auquel madame de Genlis travaille, 114, 133.
BIGNON (M.), 331.
BIRON. *Voyez* LAUZUN.
BOCQUET (madame), 16, 17, 20, 21, 23, 40, 53.
BOCQUET (mademoiselle), 13 *et suiv.*, 23, 24, 35, 37, 65.
BON (madame de), 137, 191, 370.
BONALD (M. de), 165, 173, 176, 339, 340, 341.
BONAPARTE (madame), *Voyez* JOSÉPHINE.
BOSSUET, cité, 197.
BOTANIQUE HISTORIQUE, ouvrage de madame de Genlis, 374.
BOUQUETS D'ÉGLISE, 4, 5.
BOURBON (madame la princesse de), 148.
BRADY (madame de), 242, 361.
BRIFAUT (M.), 191, 309, 315, 365.
BROSSERON (madame), 138, 189, 304, 307, 361.
BUREAUX D'ESPRIT, 89, 90, 201, 202, 226.
BRUXELLES (la ville de), 85.

CABARUS. *Voyez* CHIMAY.
CABRE (M. de), 115, 187, 193, 235, 236, 237, 270, 316, 344.

a

CALVINISTES, 204.

CAMPAGNES DE NAPOLÉON. Il manquait un historiographe pour les écrire, 174, 176.

CANTIQUE DES FLEURS, ouvrage de madame de Genlis, 259.

CARACTÈRES. Manière fautive d'en juger, 2.

CARAFA (M.), compositeur de musique, 305.

CARION DE NISAS (M.), 199, 329, 330.

CARRET (mademoiselle), 374.

CASIMIR, 47, 61, 65, 66, 67, 83, 116, 198, 245, 247, 250, 251, 254, 255, 256, 257, 275, 276, 307, 314, 335, 358, 359, 360, 361, 370, 374.

CAUSERIES MYSTIQUES ET POLITIQUES, 121.

CELLE (Pulcherie de), 259.

CHAMFORT, 281, 284.

CHAPTAL (M.), 133.

CHARBONNIÈRES (M. de), 192, 371.

CHARLOTTEMBOURG, 65.

CHATEAUBRIANT (M. de), 342 et suiv.

CHATEAUX, avant et depuis la révolution, 168.

CHATENAY (madame de), 188.

CHÉNIER (André), 281.

CHERUBINI, compositeur de musique, 168, 169.

CHEVREUSE (madame de), 242.

CHIMAY (la princesse de), 190, 326, 327.

CHOISEUIL (madame de), 241, 322, 323, 324.

CHOISEUIL-GOUFFIER (M. de), 199, 323 et suiv.

CHOISY (l'abbé de), 213, 227, 230.

COHEN (madame), 49, 50, 53, 60, 65, 66, 67, 69.

CONSCRITS (Dialogues des), 167.

CONSERVATOIRE DE MUSIQUE; opinion de madame de Genlis sur cet établissement, 169.
CONTI (madame la princesse de), 70.
CORIOLIS (M. de), 194.
CORREA (M.), botaniste portugais, 367.
CORRESPONDANCE de madame de Genlis avec Napoléon, 145 et suiv.
COTTIN (madame), 144.
COUR; lettre de madame de Genlis sur la cour, 158.
COURCHAMP (M. de), 195.
COURLANDE (madame la duchesse de), 199, 300, 316.
COURS D'HISTOIRE ET DE LITTÉRATURE, ouvrage de madame de Genlis, 271.
COURTENVAUX (M. de), 225.
CRAWFURD (M.), 138, 196, 197.
CREST (M. du), 335 et suiv.
CREST (madame du), 306.
CREST (César du), 48, 84, 132.

DANGEAU (le marquis de), 212, 233.
DANGEAU (les Mémoires ou le Journal de), 206, 207, 211 et suiv.
DAVID (le peintre), 33, 183, 184, 185.
DAVIS (M.), 175.
DEFFANT (madame du), 202.
DELAGARDE libraire, 43, 45.
DELILLE (l'abbé), 27, 333 et suiv.
DENON, 201.
DESALLEUX (madame), 112.
DESANGEUX (M.), 306.

DESCHERNY (M.), 193.
DESFONTAINES (M.), 239, 240.
DESPREZ (M.), 196.
DIALOGUES OU ITINÉRAIRES, ouvrage de madame de Genlis, 24.
DISTRAITS, distraction, 197, 198.
DUBOS (l'abbé), 226.
DUCHESSE DE LA VALLIÈRE, ouvrage de madame de Genlis, 133, 135, 137 et suiv.
DUCLOS, 225.
DUPATY (M.), 143.
DUPORT, Violoncelle, 9.
DUSSAULT (M.), 173, 176, 179.
DUVAL (M. Alexandre), 144.

EMPLOI DU TEMPS (L'), ouvrage de madame de Genlis, 157.
ENCYCLOPÉDIE, erreurs qu'elle contient, 269.
ENNEMIS DE LA FRANCE, leurs projets contre ce pays; effets de leur haine, 174, 175.
ERMITES DES MARAIS PONTINS, ouvrage de madame de Genlis, 115.
ESPAGNE (la reine d'), 184, 185, 196.
ESTERHASY (M.), 276.
ESTOURMEL (le comte Joseph d'), 199, 234, 315, 365.
ESTRADES (le comte d'), 216.
ÉTIENNE (M.), 143.
ÉTIQUETTE, 98, 99.

FELETZ (M. l'abbé), 259, 260, 261.
FEMMES (LES), ouvrage de madame de Genlis, 163.
FEMMES FRANÇAISES avant, pendant et après la révolution, 88, 98 et suiv. 103, 104.
FIÉVÉE (M.), 39, 126 *et suiv.* 133, 134, 138, 176, 210, 321.
FILHON (mademoiselle), 39.
FINGUERLIN (M.), 64.
FLAHAUT (M.), 132.
FLEURS FUNÉRAIRES (LES), OU LA MÉLANCOLIE, ouvrage de madame de Genlis, 39.
FLEURS DE LA MYTHOLOGIE (LES), ouvrage de madame de Genlis, 327.
FOLLICULAIRES et discoureurs littéraires, 287.
FONTANES (M.), 122, 137, 142, 325, 326.
FONTENELLE, cité, 223, 228, 229, 230.
FOURNEL (M.), avocat, 113.
FRÉDÉRIC II, roi de Prusse, 1, 2, 6, 7, 8, 9, 130.
FRESSINOUS (M. l'abbé), 178.

GALL (le docteur), 317 *et suiv.*
GAY (madame), 145.
GENLIS (M. de), 113, 122.
GEOFFROY (le critique), 355, 356.
GEORGETTE, nièce de madame de Genlis, 255, 306.
GERLACH (mademoiselle), 37.
GÉRARD, peintre, 33.
GUINGUENÉ, 280, 281, 284, 287.
GIRODET, peintre, 33.
GIROUD (Alphonse), 328.

Gossec, compositeur de musique, 169.

Gros, peintre, 33.

Grothus (la baronne), 61.

Guérin, peintre, 33.

Guimbarde, perfection dont cet instrument est susceptible, 8.

Hainguerlot (madame), 190.

Harbourg (la ville de), 3, 78, 234.

Hambourg (la ville de), 80.

Harpe (M. de la), 24, 117, 120 *et suiv.*, 147.

Harpe, effets produits avec cet instrument, 198, 252, 253, 254, 307.

Harville (madame d'), 188, 235.

Haugeorn (mademoiselle), 62.

Helmina, jeune Allemande qui faisait des vers, 131, 247.

Helvétius (madame), 146.

Hénaut (le président), 213.

Henrichs, libraire, 114.

Henri (la princesse), 53.

Herbiers (les Huit), ouvrage de madame de Genlis, 372 *et suiv.*

Herz (madame), 49.

Hespérides (pommes d'or des), explication de cette fable, 372.

Heures, a l'usage des jeunes personnes, ouvrage de madame de Genlis, 14.

Hoffman (M.), 206.

Hôtel Rambouillet, 89.

Hydropisie, maladie commune à Berlin, 65.

IDA, OU LE JUPON VERT, ouvrage de madame de Genlis, 38.
IFFLAND, 62.
INFLUENCE DES FEMMES SUR LA LITTÉRATURE FRANÇOISE, ouvrage de madame de Genlis, 285.
ITZIG (mademoiselle), 21, 38, 40, 43, 52.

JARNOWITZ, 337.
JEANNETON, lettres écrites sous ce nom à madame de Genlis, 242.
JENNY, 19, 20, 26.
JÉRÔME, le prince, 327, 328.
JOLY, acteur du Vaudeville, 308.
JORDAN (M.), ami de Frédéric II, 6.
JOSÉPHINE (l'impératrice), 110, 299, 300, 327.
JOURNAL DES DÉBATS (le), cité, 205.
JOURNAL IMAGINAIRE, ouvrage de madame de Genlis, 320.
JOUY (M. de), 84.

KARSCHIM (madame), poëte allemand, 130, 131.
KENNENS (madame), 189, 240, 329, 331.
KLOPSTOCK, 78.
KOSAKOSKY (M.), 297, 298.

LABORDE (M. de), 197, 198.
LABORDE (madame de), 345.
LABORIE (M. de), 192, 278, 283, 286.
LA BRUYÈRE. *Voyez* Notes.
LALANDE (M. de), 180.
LANGAGE, changemens opérés dans le langage par la révolution, 91.
LANGUE FRANÇOISE, études de madame de Genlis sur cette langue, 357.

TABLE ALPHABÉTIQUE.

Larcher (madame), 359.
Larue (madame de), 306, 329.
Lascours (M. de), 188, 189.
Lascours (madame de), 135, 162, 188, 241, 244.
Lauzun (le duc de), 287.
Laval (la vicomtesse de), 316.
Lavalette (M. de), 145, 208, 209.
Lawoestine (M. de), 81, 83.
Lawoestine (Amable de), 234, 274.
Lawoestine (Anatole de), 245.
Lebrun, 195.
Législation primitive (la), 339 et suiv.
Leipsick (la ville de), 60.
Le Loup et l'Agneau, fable, 257.
Lemaire (Alfred), 254, 257, 258, 275, 309, 360, 361.
Lenoir (M. Alexandre), 112.
Lesueur, compositeur de musique, 168, 169.
Lettres d'une dame de province, à madame de Genlis, 249.
L'Hopital (le marquis de), 217.
Ligne (le prince de), 359.
Littérature (de la), après la révolution, 172.
Lits de Loulais, fondés à l'hôpital de Stockholm, 11, 12.
Lits sur le théatre, 10.
Lombard (M.), 49, 50, 54, 62, 63, 65, 69.
Longuerue (l'abbé de), 206.
Louis XIV, 208, 211, 213 et suiv.
Louis XVIII, 204.
Lutins de Kernosi (les), comédie de madame de Genlis, 61.
Luynes (la duchesse de), 206.

MADAME DE MAINTENON, ouvrage de madame de Genlis, 116.

MADEMOISELLE DE CLERMONT, ouvrage de madame de Genlis, 116.

MAINTENON (madame de), 211, 212, 213, 218, 219, 221, 222.

MAIRAN, 229.

MAISON RUSTIQUE (LA), ouvrage de madame de Genlis, 272.

MALENCONTREUX (LE), conte de madame de Genlis, 115.

MALLET DU PAN, 175.

MARADAN, libraire, 114, 116, 126, 243, 369.

MARC-AURÈLE, cité, 267.

MARCIEN (mademoiselle de), 254.

MARIGNÉ (M.), 137, 201, 319, 320, 321.

MARMONTEL, 112, 262 *et suiv.*

MATHIESSEN (madame), 78, 80.

MAURY (le cardinal), 164, 200, 369.

MÉHUL, compositeur de musique, 169.

MÉMOIRES DE DANGEAU. (*Voyez* DANGEAU.)

MÉMOIRES DU COMTE D'ESTRADES. (*Voyez* ESTRADES.)

MÉMOIRES HISTORIQUES, conditions que doivent réunir ces sortes d'ouvrages, 221.

MÉMOIRES DE MADAME DE MOTTEVILLE, 222.

MÉMOIRES DE MADAME DE NEMOURS, 222

MÉMOIRES DU CARDINAL DE RETZ, 219, 220.

MÉMOIRES DU SIÈCLE DE LOUIS XIV, 222.

MÉMOIRES DE TOURVILLE, 222.

MÉREAU, compositeur de musique, 337.

MÈRES RIVALES (LES), ouvrage de madame de Genlis, 114, 368.

Meu de Monpas (le chevalier), 34.

Michaud (M.), 278, 279.

Michelet (madame), 46.

Michelot (l'acteur), 308.

Millevoye (le poëte), 192.

Moeurs (état des), sous la régence, 171; à la fin du règne de Louis XV, 172; après la révolution, 171.

Monot, sculpteur, 112.

Monsigny, compositeur de musique, 235.

Montesquiou (madame de), 162.

Montesquiou (Anatole de), 243, 244.

Montesson (madame de), 110, 112, 113, 114, 116, 172, 173.

Montholon (madame de), 190.

Monumens religieux, ouvrage de madame de Genlis, 176, 178, 179.

Moreau (M.), 240.

Naples (la reine de), 184, 185, 186, 270, 279.

Napoléon (l'empereur), 134, 137, 145, 146, 204, 208, 209, 210, 233, 239, 243, 271, 298, 300, 301, 340.

Narbonne (M. de), 316.

Necker (M.), 348.

Necker (madame), 348, 354.

Noailles (M. de), 111, 113.

Nodier (M. Charles), 240, 241.

Notes sur La Bruyère, par madame de Genlis, 369.

Nuits d'Young (les), 16.

Octavie, tragédie allemande, 10

Octavie, tragédie de Marmontel, 12.

Offémont (M. d'), 306.
Orléans (mademoiselle d'), 70, 72, 150.
Ouvrages de madame de Genlis, abandon qu'elle en fait à Casimir, 370.

Paesiello, compositeur de musique, 169.
Page (vengeance d'un), 7.
Paméla, 58, 80, 276, 277.
Parandier (M.), 39.
Parvenus de la révolution, 87.
Petit La Bruyère, ouvrage de madame de Genlis, 130.
Petits émigrés (les), ouvrage de madame de Genlis, 13.
Peuples, ouvrages et chansons pour le peuple, 167.
Picard (M.), 252.
Pie VII (le pape), 176 *et suiv.*
Pierre III, roi de Portugal, 368.
Pierre (la), maladie commune à Berlin, 65.
Pieyre (M.), 192, 252, 288 *et suiv.*
Pitcairn (M.), mari de Paméla, 277.
Plantes usuelles (les), ouvrage de madame de Genlis, 367.
Ploetz (M.), 51, 52.
Poésie, ce qui l'alimente, 195.
Polignac (le cardinal de), 226.
Pommereuil (le général de), 291 *et suiv.*
Pontécoulant (M. et Mme de), 83.
Postdam, 35.
Prusse (le roi de), 204.

Radet (M.), 196, 237, 239, 308.
Radzivil (la princesse), 64, 65.

RAGUENET (l'abbé), 229
RAMDOR (le baron), littérateur allemand, 80.
RÉCAMIER (madame), 247.
RÉFUGIÉS FRANÇAIS, 40, 41.
RELIGION (lettre de madame de Genlis sur la), 148.
RÉMUSAT (M. de), 134, 135, 136.
RÉMUSAT (madame de), 135, 136.
RENOMMÉE (LA) ET LA CRITIQUE, dialogue en vers, de M. Brifaut, 310 et suiv.
ROBADET (madame), 274, 360.
ROBESPIERRE, 26.
ROGER (madame), 329, 331.
ROIS, 266.
ROMAN, définition de cette espèce de composition, 269.
ROUSSEL (madame), 360, 364, 365.
ROYER (madame). *Voyez* MONTHOLON.
RUSSE (petite fille) presque muette, 14.
RUSSIE (l'empereur de), 298.

SABRAN (M. de), 197.
SAINTE-ANNE (madame de), 306.
SAINT-LAMBERT, 60.
SAINT-PIERRE (l'abbé de), 277.
SANGRIS (M.), 239.
SANS-SOUCY, 1 et 2.
SAVARY (M.), 248.
SCHMALENSÉE (madame de), 35, 44.
SÉGUR (le comte de), 139.
SENNOVERT (M. de), 200.
SHÉRIDAN, 175.
SIÉGE DE LA ROCHELLE, ouvrage de madame de Genlis, 258.

SIELK, 73.

SILLERY, 361 *et suiv.*

SONNETTES HARMONIQUES des troupeaux, en Allemagne, 40, 41.

SOUPERS AVANT LA RÉVOLUTION, 97, 98.

SOUVENIRS DE FÉLICIE, ouvrage de madame de Genlis, cité, 218.

STAEL (madame de), 173, 205, 346 *et suiv.*

STOCKHOLM (la ville de), 11, 12.

STONE (M.), 339.

SUARD (M.), 24, 280, 290.

SUARD (madame), 260.

TALMA, 308.

TALLEYRAND (le prince de), 54, 146, 202, 203, 210, 316, 319.

TEMPS PASSÉ, TEMPS PRÉSENT, critique qu'en fait madame de Genlis, 170, 171.

TENDRESSE MATERNELLE (LA), OU L'ÉDUCATION SENSITIVE, ouvrage de madame de Genlis, 258.

THADDEN (madame), 22.

TOMBE HARMONIEUSE (LA), ouvrage de madame de Genlis, 51.

TRAGÉDIES ALLEMANDES, 10.

TREMBLAYE (M. de la), 306.

TRENEUIL (M. de), 161, 173, 194, 195, 240, 328, 365.

USAGES CHANGÉS PAR LA RÉVOLUTION, 97.

USAGES INTRODUITS PAR LA RÉVOLUTION, 100, 101, 102, 103, 107.

UN TRAIT DE LA VIE DE HENRI IV, ouvrage de madame de Genlis, 143.

VALENCE (M. de), 273, 274, 327.

VALENCE (madame de), 68, 83, 110, 111, 273, 326.

VANNOZ (madame de), 182, 332.

VENGEANCE (LA) ET L'INNOCENCE, conte, 39.

VERNET (Horace), 370.

VERSAILLES, 129.

VIE DE HENRI LE GRAND, ouvrage de madame de Genlis, 204, 205.

VIE PÉNITENTE DE MADAME DE LA VALLIÈRE, ouvrage de madame de Genlis, 143.

VIEILLESSE; lettre de madame de Genlis sur la vieillesse, 152, 157.

VILLETERQUE (M.), 261, 262.

VIOLE D'AMOUR, instrument, 51.

VIOTTI, 51.

VOITURES AVANT ET DEPUIS LA RÉVOLUTION, 106, 107.

VOLNEY, 2.

VOLTAIRE, 6, 7, 213, 221, 230, 260, 266.

VOYAGEURS, manière dont ils jugent des hommes et des choses, 2 *et suiv.*

WESTPHALIE (la reine de), 329.

WOSS (M.), 40.

ZELL (M.), médecin, 15.

FIN DE LA TABLE ALPHABÉTIQUE.

MÉMOIRES

DE MADAME LA COMTESSE

DE GENLIS.

Le premier mois de mon séjour à Berlin fut un véritable enchantement pour moi; je revis toutes mes connoissances et tous mes amis, qui me témoignèrent encore plus d'empressement qu'au premier voyage : chacun s'occupa de mon amusement, on me mena au spectacle, on me fit faire des parties charmantes dans les environs. Nous allâmes jusqu'à Sans-Souci, où j'allai recueillir une quantité de souvenirs du grand Frédéric; et en parcourant ces appartemens, dont on avoit respecté les meubles et toutes *les vieilleries*, je me confirmai dans l'idée que j'avois depuis long-temps, que *les aperçus* et les réflexions prétendues philosophiques de certains auteurs, dans lesquels leurs partisans trouvent tant de profondeur, ne sont en général que des niaiseries et des faussetés. M. de Volney, dans un de ses ouvrages, dit que, pour juger parfaitement du caractère, des inclinations, du genre d'esprit, d'un homme qui n'existe plus, dont il n'auroit jamais entendu parler, avec lequel il n'auroit jamais eu le moindre rapport, il lui suffiroit de se trouver à son inventaire et d'examiner avec une *intention philosophique* ses meubles, ses habits, ses bijoux, ses livres, etc.; parce que toutes ces choses, par leur solidité ou leur frivolité, lui donneroient une idée complète du personnage. Ainsi donc, si l'on eût transporté M. de Volney, ce profond penseur, dans les appartemens du grand Frédéric, comme il n'y auroit vu que des meubles et des draperies couleur de rose et argent, que des gravures et des tableaux mythologiques, et une collection de tous les bijoux les plus fragiles, et de tous les colifichets des boutiques françaises, comme il auroit trouvé dans la bibliothéque un nombre infini d'ouvrages licencieux et de poésies frivoles, il auroit certainement pensé que le défunt, dont nous supposons qu'il auroit ignoré le nom, étoit un jeune Sybarite entièrement dépourvu de mérite et d'esprit; et cependant ce prétendu Sybarite étoit un vieux guerrier, le plus grand capitaine de son temps, le roi le plus vigilant, le plus laborieux, et qui, au milieu de ses draperies couleur de rose, couchoit toujours avec ses bottes. Voilà comme ces messieurs ont jugé tant de fois et sans appel!

La plupart de nos voyageurs modernes ont adopté cette manière de juger, qui, au reste, est commode ; car alors il suffit d'entrevoir pour connoître, ce qui épargne beaucoup de temps et de recherches fatigantes. Il en résulte qu'un voyage n'est qu'un recueil de conjectures. Il ne falloit aux anciens voyageurs que du bon sens et de la véracité; il faut aux nôtres une pénétration admirable. Il n'est pas bien étonnant de peindre fidèlement ce qu'on a bien examiné : il est merveilleux de donner une idée juste et précise de ce qu'on n'a pu que deviner. Pour moi, qui ne suis qu'une voyageuse très-vulgaire, je ne jugerai jamais par induction ; voici là-dessus ce qui m'est arrivé. J'avois entendu dire que les protestans, ennemis dans leur culte de toute décoration, n'ornoient jamais leurs églises de vases de fleurs. Étant depuis peu de jours à Hambourg, je me promenois seule, un matin, aux environs de cette ville ; je vis réunis plusieurs jolis jardins de paysans, entourés seulement d'une petite haie. J'entrai dans un de ces jardins ; il étoit rempli de légumes, à l'exception d'un petit carré plein de fleurs charmantes, cultivées avec soin. Je savois assez l'allemand pour faire quelques questions et pour entendre quelques phrases. Je félicitai la bonne paysanne qui me recevoit, d'avoir ce goût pour les fleurs ; elle me répondit qu'elle les cultivoit pour l'église. Surprise de ce fait, je m'écriai : « Quoi ! pour l'église ? — *Oui*, reprit-elle, *ces fleurs sont faites pour être des bouquets d'église, et vous trouverez la même chose dans tous les jardins.* » Cela étoit positif ; néanmoins, pour n'avoir aucun doute là-dessus, j'entrai dans cinq ou six autres jardins. Je vis partout le même carré de fleurs, et partout on me fit la même réponse sur leur usage. En rentrant chez moi, j'écrivis sur mon journal que les paysans de ce canton avoient une piété que je voudrois voir aux catholiques, et qu'enfin les églises de Hambourg, ainsi que les nôtres, étoient ornées de fleurs. Si j'étois partie de Hambourg le lendemain, j'aurois à jamais gardé cette opinion, et j'aurois laissé une erreur sur mon journal. Quelques jours après, j'allai dans un temple protestant, persuadée que j'y trouverois beaucoup de vases de fleurs. Il n'y en avoit point; mais je vis un grand nombre de villageois qui tous avoient un bouquet à la main. J'étois avec un Hambourgeois que je questionnai là-dessus, et qui me dit : « Tous ces paysans portent ces bouquets pour montrer qu'ils ont *une propriété*, qu'ils possèdent du moins un petit coin de terre. Aussi, dans tous leurs jardins, ils cultivent une plate-bande de fleurs pour *les bouquets de l'église*. Ceux qui, parmi eux, n'ont aucune propriété, n'oseroient, dans ce lieu solennel de rassemblement, porter un bouquet ; les propriétaires ne souffriroient pas qu'ils en eussent. Ainsi les fleurs ici sont des marques d'honneur, c'est une vanité d'un nouveau genre qui s'en pare. » D'après cette explication, j'effaçai dans mon journal mes belles réflexions sur la piété des paysans hambourgeois, et tout ce que j'avois écrit sur les bouquets d'église. Ceci prouve combien les voyageurs doivent être en garde contre les apparences, et combien il est facile, en pays étranger, de se tromper et de porter de faux jugemens, alors même que l'on croit avoir pris toutes les informations possibles.

Je reviens au grand Frédéric. La personne qui m'avoit menée à Sans-Souci étoit petite-fille de M. Jordan, l'ami intime du grand Frédéric, et dont ce prince fit la fortune par reconnoissance des preuves d'intérêt qu'il en avoit reçues durant sa disgrâce et son exil lorsqu'il n'étoit encore que prince royal. Ce grand prince fut toujours le plus reconnoissant des hommes. On nous conta de ce monarque et de sa cour plusieurs traits d'un autre genre. En voici trois qui me paroissent assez plaisans pour être contés. Lorsque le roi faisoit de petits voyages, il avoit coutume d'emmener avec lui Voltaire. Dans une de ses courses, Voltaire, seul dans une chaise de poste, suivit le roi. Un jeune page que Voltaire, quelques jours auparavant, avoit fait gronder avec sévérité, s'étoit promis de s'en venger; en conséquence, comme il alloit en avant pour faire préparer les chevaux, il prévint tous les maîtres de poste et les postillons que le roi avoit un vieux singe qu'il aimoit passionnément, qu'il se plaisoit à faire habiller à peu près comme un seigneur de la cour, et qu'il s'en faisoit toujours suivre dans tous ses petits voyages; que cet animal ne respectoit que le roi, et qu'il étoit d'ailleurs fort méchant; que si, par hasard, il vouloit sortir de la voiture, on se gardât bien de le souffrir. D'après cet avertissement, lorsqu'aux postes, Voltaire voulut descendre de sa voiture, tous les valets d'hôtellerie s'y opposèrent formellement; et, lorsqu'il étendoit la main pour ouvrir la portière, on ne manquoit jamais de donner sur cette main deux ou trois coups de canne, et toujours en faisant de longs éclats de rire. Voltaire, ne sachant pas un mot d'allemand, ne pouvoit demander l'explication de ces étranges procédés; sa fureur devint extrême et ne servit qu'à redoubler la gaieté des maîtres de poste, et, d'après les rapports du petit page, tout le monde accouroit pour voir *le singe du roi* et pour le huer. Le voyage se passa de la sorte; et, ce qui mit le comble à la colère de Voltaire, c'est que le roi trouva le tour si plaisant, qu'il ne voulut point en punir l'inventeur. Ainsi la vengeance du jeune page fut complète.

On sait combien ce prince aimoit la musique.

Un soir, venant de se coucher, il crut entendre une symphonie lointaine et charmante. Aussitôt il se lève, ouvre une fenêtre, et reconnaît avec surprise que cette musique *pianissimo*, à deux parties, s'exécute près de la guérite de la sentinelle en faction sous son appartement. Il appelle cette sentinelle, l'interroge, et son étonnement redouble en apprenant que c'est ce soldat qui produit l'illusion de cette prétendue symphonie en jouant à la fois, et avec perfection, de deux guimbardes. Le roi, ne concevant pas ce prodige, ordonne au soldat de monter chez lui. Le soldat répond : « C'est impossssible ; je dois garder ma consigne. » — « Mais je suis le roi. » — « Je le sais ; mais je ne puis être relevé que par mon colonel. » A ces mots le roi, du premier mouvement, se fâcha ; mais la sentinelle lui dit que, s'il obéissoit, il le feroit punir le lendemain pour avoir manqué à la discipline. Alors le roi loua sa fermeté, referma sa fenêtre, se coucha ; et, le jour suivant, fit venir ce soldat, l'entendit avec admiration, lui donna cinquante frédérics et son congé. Ce musicien d'un genre si nouveau a fait fortune en parcourant l'Allemagne. Quelques années après, je l'ai entendu à Hambourg. Il alloit jouer dans les maisons, il exigeoit qu'on éteignît toutes les lumières, et, lorsqu'il jouoit, on croyoit véritablement entendre une belle symphonie dans le lointain.

Un autre trait moins généreux, mais qui prouve aussi la passion que ce monarque avoit pour la musique, est l'anecdote sur notre fameux Duport, le premier violoncelle de l'Europe. Appelé en Prusse par le roi, il comptoit ne passer à Berlin que cinq ou six mois. Le roi, sachant qu'il se disposoit à partir, chargea quelques-uns de ses musiciens de lui donner une espèce de fête et de l'enivrer. Lorsqu'il fut dans cet état, on lui fit signer, de bonne volonté, un engagement par lequel, entrant dans un régiment du roi, il s'y trouvoit au nombre des tambours, de sorte qu'il n'auroit pu quitter la Prusse sans s'exposer à la peine de mort comme déserteur. Ce fut ainsi que ce grand artiste se fixa dans le Brandebourg. Il fut d'abord désespéré ; mais une forte pension, un excellent mariage le consolèrent. Il habitoit Sans-Souci avec sa famille lorsque j'allai visiter cette maison royale. Il revint en France depuis la révolution, quelques années après moi, et je l'ai entendu jouer du violoncelle au concert spirituel avec un éclatant succès. Il avoit alors soixante et dix-sept ans.

Ce fut à mon second voyage de Berlin que l'on joua, pour la première fois, une tragédie allemande, intitulée : *Octavie, épouse de Marc-Antoine*. Voici le récit fidèle de cette singulière représentation à laquelle j'assistai. La toile se lève, une musique douce se fait entendre, et l'on voit dans un beau lit égyptien, ou romain, ou grec (je ne sais lequel), mais un lit à rideaux relevés élégamment en draperies, et à moitié entr'ouverts; on voit, dis-je, Antoine et Cléopâtre couchés et endormis dans les bras l'un de l'autre sous une superbe couverture de pourpre. Au bout d'un moment, Cléopâtre se réveille; elle regarde Marc Antoine, le baise au front, et ensuite se lève. Alors la musique cesse. Apparemment que l'usage des reines d'Égypte étoit de se coucher tout habillées, car Cléopâtre sort de son lit légèrement vêtue, mais avec l'habit qu'elle garde durant tout ce premier acte. Elle appelle ses femmes, non pour se mettre à sa toilette, mais seulement pour leur parler de son amour. Pendant cette conversation, Antoine, qui, comme on voit, a le sommeil un peu dur, se réveille enfin, et, s'arrachant aussi de son lit, vient entretenir Cléopâtre de sa passion. Telle est l'exposition de cette pièce. Le troisième acte offre une situation aussi décente et beaucoup plus singulière. La vertueuse Octavie vient chercher son infidèle époux; elle pénètre jusque dans l'appartement de sa rivale, qu'elle trouve tête à tête avec Marc Antoine. Ce dernier, loin de montrer de l'embarras, harangue sa femme et sa maîtresse et les attendrit l'une et l'autre. Alors il les prend toutes les deux à la fois dans ses bras. Les deux rivales, dans cette situation, fondent en larmes et s'embrassent. Antoine, comme époux et comme amant, jouit avec transport de cette noble et touchante réunion; il les serre contre son sein et les embrasse toutes deux à son tour. Voilà une scène neuve et des sentimens peu communs!...

« Je dois dire que le lit [1] de Cléopâtre et d'An-

---

[1] Voici une anecdote intéressante sur les lits.

Le roi de Suède, quelque temps avant sa mort tragique, fit une chute de cheval et se cassa le bras; lorsqu'il fut guéri, la bourgeoisie de Stockholm consacra une somme pour entretenir à perpétuité, à l'hôpital royal,

toine scandalisa le public; il fut supprimé à la seconde représentation : on ne changea d'ailleurs rien à la scène; mais, au lieu du lit à rideaux, on mit sur le théâtre un canapé, sans retrancher la couverture de pourpre. Les amans étoient de même couchés ensemble, endormis, etc.; mais, comme il n'y avoit plus de lit, tous les spectateurs furent satisfaits : les prudes seules murmurèrent sourdement qu'elles aimeroient encore mieux un fauteuil qu'un canapé. Ce rigorisme outré auroit mené loin si l'on y eût cédé : on eût fini par exiger que Cléopâtre et Marc Antoine passassent la nuit ensemble sur des tabourets. La sagesse n'est jamais dans les extrêmes, ainsi le canapé resta au théâtre.

J'ai vu aussi jadis, à Paris, la première représentation d'une *Octavie* de M. Marmontel. Il y avoit quelques belles scènes; mais, vers la fin, un personnage venant dire à Auguste, en parlant de Cléopâtre : *Seigneur, elle est vi-*

---

un certain nombre de lits, où l'on traite gratis les fractures de bras et de jambes de ceux qui s'y font transporter. Ces lits furent nommés lits de *Loulais*, en mémoire du camp de Loulais, où l'accident étoit arrivé au roi.

(Note de l'auteur.)

vante, on éclata de rire, et la pièce tomba. Peut-être que, sans ce mot ridicule, elle auroit pu se soutenir pendant quelques représentations. Je conçois bien qu'avec beaucoup de mérite on fasse un ouvrage très-foible; je ne conçois pas qu'un bon littérateur laisse dans un ouvrage un seul vers absolument ridicule, dans un temps où le goût et la langue sont tout-à-fait formés. Cela pouvoit arriver à Corneille, et non à Racine. *La Thébaïde* est tombée, parce que cette tragédie est foible de style et d'intérêt; mais on y trouve déjà le germe du talent admirable de son auteur, l'élégance, la noblesse, la sensibilité, et elle ne contient pas une seule expression ridicule[1].

L'affection de mademoiselle Bocquet pour moi sembloit s'accroître tous les jours. Cela dura tout l'été et une partie de l'automne. Mes *Petits Émigrés* parurent et eurent le plus grand succès. Cependant ma santé étoit toujours languissante; j'avois dans la tête le plan

---

[1] On trouve quelques expressions ridicules dans les pièces de Corneille, mais la langue n'étoit point encore formée. Espèce de création due surtout à Racine, Pascal, Bossuet, etc.

(Note de l'auteur.)

des *Mères rivales*, mais je n'avois pas la force de commencer cet ouvrage. Je fis, durant ce temps, mes *Heures à l'usage des jeunes personnes*. Ce fut alors qu'il arriva à mademoiselle Bocquet, du fond de la Russie, une petite pensionnaire si singulière, que je ne puis m'empêcher d'en parler ici. Elle avoit six ans, l'air de la vivacité et de l'intelligence, et elle ne disoit pas une seule parole, à l'exception de deux ou trois petits mots enfantins dans la langue de son pays. On la fit examiner par les meilleurs chirurgiens de Berlin, qui déclarèrent unanimement que sa seule volonté pouvoit l'empêcher de parler, et d'autant plus qu'elle n'avoit aucune espèce de surdité; elle étoit si intelligente, que par ses mines et ses gestes elle pouvoit exprimer tout ce qu'elle vouloit. Mademoiselle Bocquet imagina d'en faire son espion, et elle apprenoit d'elle dans le plus grand détail tout ce qui se passoit en son absence à la classe; ce qui produisit parmi les pensionnaires une infinité de tracasseries, parce qu'elles s'accusoient mutuellement de ces dénonciations, étant bien loin d'imaginer que la *petite muette* pût les avoir faites. Comme dans ce temps mademoiselle Bocquet me disoit tout, ce secret m'étoit connu, et j'eus bien de la peine à le garder, d'autant plus que j'étois persuadée que la petite fille y mettoit de l'exagération et de la malice. Cette enfant, extraordinaire dans son genre, représentoit à mon imagination une *petite princesse enchantée;* elle me donna l'idée de mon conte, intitulé : *le Maillot sensible et raisonnable*, que je fis d'abord manuscrit pour mademoiselle Bocquet, à laquelle je le donnai ; et depuis, sur la même idée, j'en ai composé un autre que j'ai fait imprimer.

Mademoiselle Bocquet m'avoit donné un médecin qui me droguoit à l'excès, et qui me faisoit un mal affreux. Une de mes amies, inquiète de l'état où j'étois et de mon dépérissement visible, me mena chez M. Zell, premier médecin du roi, que je consultai : il me dit que, si j'avois différé encore deux ou trois mois, je serois tombée dans un état sans ressource ; il m'ordonna de jeter toutes mes drogues par la fenêtre, et de me mettre pendant deux mois aux carottes pour toute nourriture, en prenant une cuillerée de jus de raifort tous les jours dans ma soupe : ce régime en effet, que j'eus le courage de prolonger deux mois de plus, me sauva la vie et me rendit la santé. Je m'aperçus que mademoiselle Bocquet me savoit mauvais gré d'avoir quitté son médecin; mais une autre cause produisit entre nous deux un extrême refroidissement. J'ai déjà dit qu'elle avoit une belle-sœur femme de son frère, madame Bocquet. Cette dernière, âgée de vingt-cinq ou vingt-six ans, joignoit à une jolie figure beaucoup d'esprit, des talens; l'âme la plus sensible, et le caractère le plus aimable. J'avois bien remarqué que mademoiselle Bocquet ne l'aimoit pas, et lorsqu'elle vit qu'elle me plaisoit, elle m'en dit beaucoup de mal; elle ne pouvoit pas attaquer sa conduite, qui étoit celle d'un ange, mais elle m'assura qu'elle étoit excessivement fausse, et c'étoit un indigne mensonge. D'un autre côté, madame Bocquet ne me parloit de sa belle-sœur qu'avec éloge. Cette différence commença à me donner mauvaise opinion du caractère de mademoiselle Bocquet. Un incident très-frivole la fit éclater; on se fait, en Allemagne, des présens à Noël; madame Bocquet, qui avoit déjà pour moi une vive amitié, me donna les *Nuits d'Young*, elle avoit écrit sur la première page de cet ouvrage ces mots : *Je l'aime assez pour vous l'offrir;* et elle me donna en outre une charmante petite canne (ce qu'on appeloit alors une badine) avec des ornemens en or et émaillée, qui, comme la sienne, avoit une petite corne recourbée de chamois, et il y avoit un ruban d'or émaillé en bleu autour de la canne, sur lequel ces mots étoient gravés en lettres d'or : *Doux présage;* c'étoit une allusion au fait suivant. La première fois que je vis madame Bocquet, lorsqu'elle vint m'embrasser, sa petite canne à corbin s'accrocha dans mes cheveux d'une telle manière, que nous ne pouvions plus nous séparer, et c'est ce que rappeloit la jolie devise de la canne qu'elle me donna. Je fus charmée de ces deux présens; j'en parlai et je les louai avec la vivacité qui m'est naturelle, mademoiselle Bocquet les dénigra avec une aigreur inconcevable, et sa jalousie fut au comble en voyant madame Bocquet venir constamment deux fois par jour chez moi. Cette conduite extravagante ne m'empêcha pas de me rappeler tous les bons procédés de mademoiselle Bocquet; je voulus m'expliquer avec elle pour l'adoucir et la ramener : elle me répondit avec un emportement qui me confondit. Jamais l'amour n'a été plus exclusif et plus déraisonnable. J'engageai M. Mayet, son ami et le mien, à lui parler, rien ne put lui faire entendre raison : elle vouloit que je rompisse brusquement avec madame Bocquet, et que je refusasse nettement de la recevoir chez moi. Je ne cédai nullement à cette fantaisie, et de ce moment, mademoiselle Bocquet me prit en horreur. Je m'obstinai toujours à penser qu'avec un peu de patience, je la rendrois à la raison; d'ailleurs je ne pouvois la quitter sur-le-champ, car, par mes arrangemens, j'étois obligée de passer encore trois mois chez elle. Elle poussa la fureur jusqu'à faire des tracasseries à madame Bocquet auprès de son mari; elle étoit devenue si âcre et si violente, que, sous le prétexte de l'austérité de mon régime, je pris le parti de manger seule dans ma chambre. Alors, ne gardant plus de mesure, elle poussa jusqu'à un point incroyable les mauvais procédés; elle fit ôter de ma chambre plusieurs jolis petits meubles qu'elle avait fait faire pour moi; et un grand et beau couvre-pied de taffetas piqué et ouaté et tout neuf, qu'elle remplaça par une vieille couverture d'indienne remplie de pièces. Je mangeais mes carottes au bouillon qu'elle avait fait faire jusque-là avec tout le soin possible. Ce bouillon devint de l'eau avec un peu de graisse; il serait trop long de détailler toutes les persécutions de ce genre qu'elle m'a fait essuyer, mais il en est une qui me fut mille fois plus sensible que toutes les autres : elle commanda à Jenny de me quitter, lui ordonnant de prendre une place de maîtresse des élèves dans sa maison; Jenny étoit très en état de remplir cette place. J'avois perfectionné son écriture et son orthographe, elle me devoit le talent de lire tout haut avec un agrément infini, et même les vers. Je lui avois donné des leçons d'histoire et de dessin pour les fleurs, qu'elle peignoit très-joliment. Jenny répondit avec fermeté que rien au monde ne pourroit l'engager à me quitter volontairement; « Eh bien, reprit mademoiselle Bocquet, vous la quitterez de force. » Jenny étoit catholique au fond de l'âme, comme je l'ai dit; et l'on a vu que, fidèle à ma parole, je n'avois pris aucune part à cette conversion; elle n'avoit fait encore aucun acte public de catholicité : c'étoit un secret entre nous deux. Cependant mademoiselle Bocquet assembla un conseil de famille, où il fut décidé juridiquement que l'on m'ôteroit sur-le-champ Jenny, parce que sa religion étoit en danger avec moi; on signifia cet arrêt à Jenny, qui répondit avec courage que, si l'on persistoit à vouloir l'ôter d'auprès de moi, on n'avoit pas le droit de l'empêcher de retourner à Magdebourg, sa patrie, auprès de ses sœurs aînées, dont la moins jeune avoit vingt-six ans, et qui vivoient du travail de leur broderie. Mademoiselle Bocquet se mit dans une fureur épouvantable; Jenny, malgré sa douceur et sa timidité, ne s'en effraya nullement; le chagrin de me quitter lui donnoit une force surnaturelle. Mademoiselle Bocquet finit par lui dire qu'elle ne lui donneroit pas d'argent pour aller à Magdebourg; alors je lui en donnai, et en outre tout ce que je possédois en fourrures et en habits ouatés, car nous étions dans le cœur de l'hiver; elle partit, au grand étonnement de mademoiselle Bocquet. Cette séparation nous fit verser bien des larmes. Je ne trouvai de consolation que dans l'amitié de madame Bocquet. J'étois réellement bien malheureuse : n'ayant point de femme de chambre, privée de ma chère

Jenny, n'étant presque plus servie par les servantes de la maison, qui avoient ordre de se borner à allumer mon poêle deux fois par jour, et à m'apporter un grand morceau de pain pour ma journée et un plat de carottes crues, car j'avois renoncé au bouillon de graisse de mademoiselle Bocquet. Je faisois cuire moi-même mes carottes à l'eau; et, sans madame Bocquet, c'eût été là toute ma nourriture; mais elle venoit me voir deux fois par jour, et elle m'apportoit des petits pots de gelée de viande qu'elle faisoit exprès pour moi, des confitures et des petits pains délicieux. Tant de contrariétés, malgré mon excellent régime, me rendirent très-malade pendant trois semaines : il me survint des clous qui me firent cruellement souffrir; j'en avois un que je ne pouvois panser moi-même; l'angélique madame Bocquet se chargea de ce soin deux fois par jour. Mademoiselle Bocquet ne m'avoit pas permis de prendre ni une femme de chambre, ni une autre demoiselle de compagnie.

J'avois encore une autre amie qui étoit fort aimable et fort intéressante, elle s'appeloit mademoiselle Itzig; elle avoit vingt-huit ans, et elle étoit aveugle depuis l'âge de quatorze, de l'opération mal faite de la cataracte. Ayant eu tous les meilleurs maîtres jusqu'à l'âge de quatorze ans, elle avoit conservé un goût passionné pour la musique; sa voix étoit charmante, elle avoit la meilleure méthode de chant, et elle s'accompagnoit du piano. Nous fîmes beaucoup de musique ensemble; et, comme elle avoit une intelligence singulière, j'entrepris de lui apprendre à s'accompagner de la harpe et à jouer des petits airs; j'en vins parfaitement à bout. Ce fut pour elle que j'inventai les petites harpes à dix et à vingt cordes, pour exercer les doigts en voiture, et dans tous les momens; ce qui l'avança prodigieusement. Madame Bocquet m'amena plusieurs fois une de ses amies, madame la comtesse de Thadden, elle étoit jeune et belle, et dame du palais de la reine. Elle avoit un mari plus âgé qu'elle de quinze ans, et qui avoit, à tous les changemens de saison, des accès de folie furieuse. Depuis sept ans que madame de Thadden étoit mariée, personne au monde ne s'en doutoit. Seule elle le soignoit avec un vieux valet de chambre, sans être effrayée par ses transports; il est vrai qu'il la reconnoissoit et qu'elle l'apaisoit en lui parlant. Qui que ce fût ne se doutoit de ce malheur : on croyoit seulement qu'il étoit souvent malade; quand ses accès étoient passés, il étoit fort raisonnable. Mais enfin ce mal empira tellement, que, sur la fin de mon séjour à Berlin, il fut connu de tout le monde; il eut un accès si furieux, qu'après avoir brisé son lit, il voulut se jeter par la fenêtre. Madame de Thadden et le valet de chambre, ne pouvant le retenir, appelèrent à grands cris du secours : tous les domestiques accoururent aussitôt et le virent dans cet état. C'est ainsi que l'on découvrit la conduite admirable de madame de Thadden, dont tout le reste de la vie étoit d'accord avec ce dévouement héroïque.

Mademoiselle Bocquet ne savoit qu'une partie des soins que sa sœur me rendoit. J'avois deux entrées à mon logement, l'une par l'appartement de mademoiselle Bocquet, et l'autre par un petit escalier dérobé de mon cabinet, et qui donnoit dans un petit coin de la cour, hors de la vue des fenêtres de mademoiselle Bocquet; nous mettions beaucoup de mystère dans notre commerce. Madame Bocquet venoit me voir, en passant chez sa sœur, deux ou trois fois la semaine, et seulement une fois par jour. Le reste du temps elle passoit par mon petit escalier. Pendant long-temps mademoiselle Bocquet, qui ne venoit plus du tout chez moi, crut que sa belle-sœur ne me voyoit qu'après lui avoir fait une visite; mais enfin elle apprit, par son espionnage, que nous passions presque toutes nos journées ensemble; alors elle fit tous ses efforts pour engager son frère à le trouver mauvais; mais heureusement ce fut en vain. Le printemps vint m'affranchir de toutes ces persécutions, dont je ne rapporte pas la moitié. Je reçus de l'argent de mes *dialogues* ou *itinéraires*, que j'avois faits pour l'utilité des émigrés, seule réponse digne de moi à tous les libelles anonymes dont j'étois l'objet, et qui parut universellement si noble et si touchante, que depuis on n'a plus osé écrire contre moi. Cet ouvrage parut si utile en Allemagne, qu'il fut décidé qu'il seroit employé comme ouvrage élémentaire pour apprendre le françois dans toutes les écoles.

A propos d'écrits anonymes, j'en avois fait un aussi, mais le motif en étoit estimable : j'avois vu dans les papiers publics que MM. de La Harpe et Suard étoient persécutés et obligés de se cacher pour éviter la mort ou la déportation. M. de La Harpe et M. Suard n'étoient point mes amis : j'avois rendu plusieurs services au premier, et nous étions brouillés depuis long-temps, c'est-à-dire plus de six ans avant la révolution ; mais la situation de ces deux personnes m'intéressa si vivement, que le désir de leur être de quelque utilité me fit concevoir l'idée de composer un petit ouvrage intitulé l'*Ami des talens et des arts.* Le nom d'une femme n'auroit pu que diminuer le poids de mes réflexions ; je cachai mon nom. L'ouvrage fut imprimé et débité à Paris, afin qu'on pût l'attribuer à un citoyen français. J'avois pris pour épigraphe ces vers de M. de La Harpe :

Beaux-arts, c'est pour vous seuls qu'aujourd'hui je vous aime !
De mon cœur, de mes jours, vous êtes les soutiens,
Je jouis des travaux qui surpassent les miens.

Voici quelques fragmens de l'ouvrage :

« Un despotisme sanguinaire nous a privés depuis long-temps de la plus grande partie des talens utiles et agréables dont la France s'honoroit encore. Les artistes s'expatrièrent. Les muses, amies de la paix, allèrent la chercher sous un ciel étranger : c'est ainsi que jadis, à la chute d'un empire célèbre, chassées par les furies, elles s'échappèrent de la Grèce, et furent se réfugier dans un autre climat. En France, Robespierre, un poignard à la main, leur défendit de revenir, les déclarant *émigrées* et déchues de toutes leurs possessions ; mais leur bien véritable est la gloire, qui ne se *confisque* point, que l'on porte en tous pays, et dont la persécution rehausse encore l'éclat.

. . . .

A cette époque affreuse, quelles furent mes inquiétudes pour les gens de lettres et les artistes que j'ai connus ! Ah ! j'ai craint même pour ceux qui m'ont donné jadis des preuves d'inimitié ! en songeant à leurs dangers, je n'ai plus vu que leurs talens. *L'ami des lettres et des arts*, dans ces jours de proscriptions, ne devoit plus penser à ses ennemis ; et ne pouvoit que regretter ses juges. Quel est celui qui s'élanceroit avec enthousiasme dans la carrière, s'il s'y trouvoit sans concurrens ? C'est la crainte d'être surpassé qui donne des ailes dans la course ; et les palmes de la victoire n'ont de prix que par les mains qui les distribuent, et par les rivaux qui les disputent.

Dans ces temps désastreux, je pleurai encore le chantre harmonieux des jardins!... le poëte illustre qui sut évoquer le génie de Virgile, comme Pope fut inspiré par celui d'Homère! Je vis Delille traîné dans les prisons; le croyant plongé dans le fond d'un cachot souterrain, je me le représentai privé de jour et d'espérance, récitant les vers admirables *des catacombes de Rome*¹!... Grâce au ciel il a survécu au tyran, et j'ai vu depuis, avec joie, ce nom si cher aux muses, sur la liste (hélas! si peu étendue!) des gens de lettres qui nous restent.

» Si les conquérans et les chefs des nations qui n'ont pas respecté les monumens matériels produits par les arts, ont, dans tous les siècles, passé pour des barbares, que dira-t-on des hommes féroces qui détruisent les inventeurs mêmes de ces arts, ou ceux qui les cul-

---

¹ Ce poëme alors n'étoit pas imprimé, ainsi que plusieurs autres poëmes de l'auteur; s'il eût péri on perdroit à la fois le poëte et les ouvrages; car, se reposant sur sa mémoire, il n'écrit jamais les vers qu'il compose, que lorsqu'il veut les livrer à l'impression.

(Note de l'auteur.)

tivent avec succès ou qui les perfectionnent? Dans les temps les plus reculés, les grands talens eurent toujours le droit heureux de désarmer la colère, la haine et le ressentiment. L'antique fable et l'histoire prouvent également combien les anciens ont poussé loin ce sentiment de respect et d'admiration. Homère, en traçant la scène sanglante des vengeances de l'implacable fils de Laërte, nous représente ce prince cruel et vindicatif, attendri par les sons de la lyre de Phémius, et n'épargnant que ce chantre fameux. Dans l'histoire, nous voyons l'atelier de Polignote protégé par les ennemis mêmes de son pays ; la maison de Pindare respectée par des soldats acharnés au pillage; Marcellus, entrant vainqueur dans Syracuse, voulant honorer le grand homme dont le génie avoit rendu le siège si périlleux et si difficile [1], et paroissant inconsolable en apprenant sa mort; Auguste, tout-puissant, outragé de la manière la plus sensible, bornant sa vengeance à l'exil du séducteur de sa fille. Nous devons à cette indulgence les meilleurs ouvrages d'Ovide, qui furent composés depuis cette époque.... Nous trouvons dans l'histoire

---

[1] Archimède.

moderne une foule de traits semblables : on sait avec quelle générosité Charlemagne, admirateur des talens de Paul Diacre, lui pardonna la hardiesse de ses réponses, et son attachement pour la famille de Didier. Tout le monde connoît le témoignage touchant d'estime et d'admiration que les ennemis de Louis XIV et de la France donnèrent à Fénélon, lorsque, ayant pénétré dans nos provinces, et, selon l'affreux droit de la guerre, ravageant les campagnes qu'ils parcouroient, ils n'épargnèrent que les terres et les possessions de l'auteur de *Télémaque*.

» L'homme qui possède un grand talent bien dirigé, n'appartient pas au seul pays qui l'a vu naître ; toutes les contrées où l'on cultive les sciences et les arts devroient avoir le droit de le réclamer, quand ses jours ou sa liberté sont menacés dans sa patrie : s'il est coupable envers elle, que l'exil soit son châtiment ; mais quelle barbarie d'attenter à ses jours ! Eh quoi ! la gloire qui l'environne, ses travaux passés, ceux qu'on peut encore en attendre, tant de motifs d'admiration, de gratitude et d'espérance, ne doivent-ils pas le défendre ou l'absoudre?.... Bienfaits qui se transmettront à la postérité la plus reculée, de ces chefs-d'œuvre qu'il nous laisse, que vous retrouverez sur vos théâtres, dans vos monumens, dans vos muséums et vos bibliothéques!... Si le grand Corneille, engagé dans une conspiration, eût péri sur un échafaud, quel sentiment éprouveroit-on en voyant représenter *Cinna, Polyeucte, les Horaces*? etc.

» Tous les savans, les gens de lettres et les artistes distingués par de grands succès, ont droit à cette indulgence; et même, sans avoir atteint ce haut point de réputation, il suffit qu'ils soient entrés avec éclat dans la carrière. Qui peut savoir le point où ils peuvent s'arrêter? Milton, n'ayant fait encore que des ouvrages agréables, s'attacha à l'usurpateur Cromwell, et profana cette plume destinée à l'immortalité, en faisant l'affreuse apologie de l'assassinat des rois. Charles II, monté sur le trône, lui accorda un généreux pardon, et Milton fit depuis *le Paradis perdu*. De combien d'ouvrages charmans et de découvertes admirables ne serions-nous pas privés, si, dans tous les temps, on n'avoit pas eu plus d'indulgence pour les savans et les littérateurs que pour les hommes vulgaires! Sans cette clémence; dont la reconnoissance publique semble faire un devoir, Prior, en Angleterre, seroit mort en prison, et le fameux chancelier Bacon eût péri sur un échafaud. Enfin, notre siècle profiteroit-il de la plus grande et de la plus utile découverte qu'on ait faite en physique, si, au commencement de la guerre d'Amérique, le gouvernement anglois eût mis à prix la tête de Franklin, et eût trouvé des assassins?

» D'ailleurs, observons, à la gloire des lettres et des arts, qu'en général les grands talens acquis sont le gage des bonnes mœurs; il faut un temps si prodigieux pour les perfectionner et pour les entretenir, qu'il n'en reste pas pour le vice ou pour l'intrigue. Peut-on séparer de la saine littérature, l'étude de la morale? Ah! qui peut aimer la vertu, que celui qui a passé sa vie à réfléchir sur les devoirs de l'homme? Un bon écrivain moraliste peut sans doute s'égarer; mais on n'aura jamais à lui pardonner que des erreurs passagères et non une longue suite d'actions criminelles ou vicieuses.

» . . . .
La vertu réunie au génie et aux talens, voilà les véritables appuis de la puissance. . . . . .

Ce sont les arts qui ont immortalisé les beaux siècles de Périclès, d'Auguste, de Charlemagne, de François Ier., des Médicis et de Louis XIV. Rappelons-nous que ce ne fut ni par la terreur, ni en accordant de nouveaux privilèges aux patriciens, que le second des Césars fit oublier les fureurs du triumvirat : guerrier sans génie et même sans courage, tyran barbare, teint du sang de ses concitoyens, il asservit son pays, il sacrifia sans remords à son ambition, la vertu, la liberté publique et l'humanité : cependant il obtint le pardon de tant de crimes;..... que dis-je? il fut aimé! Il usurpa la gloire ainsi que l'empire de l'univers. C'est qu'assis sur le trône, il expia ses forfaits par la clémence; qu'il sut pardonner, et qu'il eut pour amis Mécène, Horace et Virgile.

» . . . .

»Ah! pour le bonheur de mon pays, puissent ceux qui le gouvernent maintenant rendre aux lettres et aux arts la splendeur éclatante dont on les vit briller sous le règne de ce prince fameux, qui dut le surnom de grand non à ses conquêtes; mais à l'enthousiasme des muses reconnoissantes! »

Je fais encore aujourd'hui ce même vœu, et avec plus d'espérance, sous le règne d'un monarque plus justement chéri que ne le fut l'empereur romain, puisque sa vie fut toujours aussi pure que son caractère est magnanime. Quel ami des arts ne désire pas revoir dans sa patrie un vieillard qui sera toujours la gloire et l'honneur de l'école françoise, alors même que son génie n'auroit produit que l'inimitable tableau du serment des Horaces! Je l'ai blâmé, j'ose le dire, avec énergie, dans le temps de ses erreurs; mais il est malheureux, il est exilé, il gémit sous le poids de la vieillesse et des infirmités, je ne vois plus en lui que son infortune et son talent sublime. Enfin, tout le rappelle à ma pensée quand j'admire les talens supérieurs de ses élèves; oui, les nombreux chefs-d'œuvre de Gérard, de Girodet, de Guérin, de Gros, etc., semblent implorer son rappel; et la gloire, la conduite, les sentimens de ces illustres artistes leur donnent à cet égard les droits les plus touchans.

Parmi mes ennemis les plus ardens se trouvoit un personnage qui ne l'étoit point du tout par esprit de parti, mais uniquement parce que j'avois *très-mal parlé*, disoit-il, de son *maître* J.-J. Rousseau, dont il étoit le disciple le plus passionné, M. le chevalier de Meude-Monpas (c'étoit son nom); il fit beaucoup d'écrits et de vers contre moi. On pourra juger de son talent poétique par la petite pièce de vers suivante, qu'il fit pour rendre raison de son excessive sensibilité :

Je vais conter l'histoire singulière,
Qui m'arriva dans le sein de ma mère.

Je passe ici six vers dans lesquels il raconte que sa mère portoit dans son sein trois jumeaux, lui, son frère et sa sœur, et il poursuit ainsi :

Mon frère étoit d'un commerce farouche;
Ma triste sœur n'ouvroit jamais la bouche;
Je m'ennuyois... comme un triste héritier;
Un jour enfin, fatigué du métier,
Je poignardai mon frère et cette belle;
Je fis cela sans leur chercher querelle :
Car il vaut mieux assassiner les gens
Que de propos les fatiguer long-tems.
Si ma conduite aux yeux paraît immonde,
Avois-je alors quelque usage du monde?
Mais poursuivons... Quel était mon dessein?
D'avoir *trois cœurs*... Je fouillai dans le sein
Et de ma sœur et de mon triste frère.
(Ah! quel fracas pour ma dolente mère!)

Je m'emparai du cœur de chacun d'eux,
Croyant par-là me rendre plus heureux;
Funeste erreur!... je l'éprouve sans cesse,
Tous les tourmens viennent de la tendresse, etc.

Le jour de la naissance de mademoiselle Bocquet arriva peu de temps avant notre séparation. Comme on reçoit, à cette époque, des présens de ses amis, je lui envoyai un beau couvre-pied de taffetas piqué et ouatté, en lui faisant dire que je le lui offrois, parce qu'ils me paroissoient rares dans sa maison; je lui donnai en outre un charmant déjeuner de porcelaine avec deux salières d'argent. J'étois depuis un an chez elle; j'y avois été parfaitement pendant neuf mois, et pour une si modique pension, que, loin d'y gagner, mademoiselle Bocquet avoit dû y mettre du sien : il est vrai que les trois derniers mois n'avoient pas dû lui coûter le prix que je donnois. Elle reçut mes présens avec une extrême surprise, mais elle les accepta. La veille de mon départ, il y eut une scène qui la mit hors d'elle-même : il y avoit à Postdam une dame fort riche nommée madame la comtesse de Schmalensée, que je ne connoissois point du tout, et qui m'écrivit qu'elle avoit besoin d'une demoiselle de compagnie, qui fût en même temps gouvernante d'enfans; qu'elle vouloit la tenir de ma main; qu'elle la prendroit sur ma seule recommandation; qu'elle désiroit qu'elle eût entre trente-cinq et quarante ans, et qu'elle me prioit de la lui envoyer : elle me détailloit le sort qu'elle lui feroit, qui étoit très-lucratif et très-beau. Je pensai sur-le-champ à Jenny; je répondis, je la proposai : quoiqu'elle n'eût que dix-huit ans, elle fut acceptée. Alors, dans ma réponse, je demandai qu'on l'envoyât chercher jusqu'à un lieu que j'indiquai, qui étoit à trois lieues de Berlin. J'écrivis à Jenny, qui accepta de son côté avec beaucoup de reconnoissance, et qui se rendit au rendez-vous. Un beau matin, on vit arriver à la porte de la pension une grande berline à six chevaux, qui s'arrêta devant la porte de la maison de mademoiselle Bocquet; cette dernière, avec plusieurs de ses élèves, se mit à la fenêtre, et leur étonnement fut extrême en voyant descendre Jenny de cette belle voiture. Jenny entra d'abord chez sa tante, et lui conta d'un air triomphant sa bonne fortune, en répétant qu'elle étoit doublement heureuse, puisqu'elle ne la devoit qu'à moi seule. Mademoiselle Bocquet resta consternée, et Jenny accourut chez moi, se jeta à mon cou en fondant en larmes. Je pleurai aussi de bon cœur; ce moment fut d'autant plus doux, que madame Bocquet étoit dans ma chambre, et qu'elle partagea du fond de l'âme notre attendrissement et notre joie. Cette aventure causa un tel saisissement à mademoiselle Bocquet, qu'elle en fut malade toute la soirée.

Au moment de mon départ, qui fut à midi le lendemain, je passai dans l'appartement de mademoiselle Bocquet pour lui faire mes adieux : je me rappelai dans cet instant ses anciens procédés, et ce ne fut pas sans émotion que j'entrai dans son cabinet; mais la froideur glaciale et même la rudesse de son accueil changèrent promptement ce premier mouvement, qui seroit devenu fort tendre si elle l'avoit voulu. Cependant je l'embrassai; elle me regarda avec des yeux flamboyans de colère. Je me hâtai de me retirer; elle ne me fit même pas la politesse de me reconduire. Je traversai son salon où je trouvai trois de ses élèves, entre autres mademoiselle de Gerlach, jeune personne charmante dont j'ai déjà parlé; elle se précipita dans mes bras en pleurant. Dans ce moment, nous entendîmes mademoiselle Bocquet agiter violemment toutes ses sonnettes ; ce carillon me fit peur, je me sauvai, et j'allai au plus vite rejoindre mademoiselle Itzig, qui m'attendoit dans la voiture ; elle me conduisit hors de la ville ; à peu de distance de la porte de Silésie, dans une belle maison royale où l'on fabriquoit des canons. Il y avoit dans cette maison de très-beaux appartemens : mademoiselle Itzig m'en fit prêter un charmant au premier, meublé avec beaucoup d'élégance, et dont j'eus l'entière et libre disposition pendant quatre mois. Je m'établis là avec une nouvelle demoiselle de compagnie qui avoit quinze ans ; nous étions très-bien servies par la femme d'un canonnier, qui de plus faisoit notre cuisine. Cette femme étoit jeune et jolie, je me pris d'amitié pour elle ; je remarquai qu'elle portoit constamment *un jupon vert* : elle avoit le jupon vert des jours ouvriers et le jupon vert des dimanches, et elle m'apprit dans nos entretiens qu'elle devoit à *un jupon vert* son mariage et son bonheur, et qu'elle s'étoit promis d'en porter toujours un ; elle me conta son histoire, sur le fond de laquelle j'ai fait la nouvelle intitulée, *Ida*, ou *le Jupon vert*, et dont M. Radet a fait un vaudeville fort agréable et qu'on joue encore. J'ai pris dans l'émigration plusieurs autres sujets de nouvelles. Un de mes amis, M. Parandier, revenant de Dresde, me conta l'histoire du tombeau de mademoiselle Bause, sur lequel une main inconnue déposoit des fleurs tous les jours depuis deux ans. J'ai fait sur ce trait la nouvelle qui a pour titre : *Les Fleurs funéraires* ou *la Mélancolie*; j'ai donné à M. Fiévée plusieurs sujets de contes, entre autres ceux qu'il a intitulés : *la Vengeance* et *l'Innocence*. La première est l'histoire d'une dame de Sleswig, et la seconde celle d'une jeune Françoise émigrée très-aimable, nommée mademoiselle *Filhon*. Je tiens d'elle-même sa singulière histoire, dans laquelle M. Fiévée a mis beaucoup d'esprit, comme dans tout ce qu'il fait; mais cette anecdote eût demandé surtout de la naïveté. Ma tête est tellement romanesque, que souvent les plus légers incidens me fournissent des sujets de romans : j'ai déjà compté le trait de la rose (que je vis passer sur l'Alster), incident que j'ai placé dans les *Mères rivales*.

Je passai cinq mois dans ce bel appartement qu'on m'avoit prêté; j'étois tout-à-fait voisine de mademoiselle Itzig, qui occupoit à côté de moi une charmante maison avec un superbe jardin, où j'allois tous les matins me promener; en outre j'étois entourée de promenades délicieuses que m'offroient les champs et les bois des environs. Mademoiselle Itzig et madame Bocquet venoient sans cesse alternativement me prendre en voiture pour me faire faire des courses de trois ou quatre lieues, et quelquefois plus longues encore. J'allai dans le château de M. le comte de Voss, où j'entendis pour la première fois une chose ravissante, et qui, si elle étoit universellement établie, donneroit de plus aux champs un charme inexprimable : c'étoient des vaches rassemblées en troupeau et portant à leurs cous des sonnettes harmoniques formant, avec une extrême justesse, l'accord parfait majeur dans plusieurs octaves hautes et basses. On n'a pas d'idée de cette délicieuse mélodie; quand elle est un peu lointaine, c'est une musique céleste dont le vague et la douceur agissent si puissamment sur l'imagination, qu'il est impossible de l'écouter sans une vive émotion.

On me mena aussi voir l'arbre intéressant des réfugiés, du temps de la révocation de l'édit de Nantes; il est tout couvert d'inscriptions touchantes, qui expriment l'amour de la patrie et la douleur de l'avoir quittée. On me conta d'eux à ce sujet une chose touchante dont je vérifiai l'exactitude. Ces réfugiés avoient imaginé de donner, aux environs des lieux qu'ils habitoient, les noms de plusieurs villages de France, et ces espèces de *sobriquets patriotiques* étoient restés à la plupart de ces villages. Je vis encore dans ces courses, et avec un grand plaisir, Postdam, le château de marbre, etc. Je repris, durant cet été, tout mon ancien goût pour la botanique : j'allois avec ma petite demoiselle de compagnie herboriser dans les bois; nous avions vis-à-vis de notre maison une marchande de petits gâteaux : j'en achetois de temps en temps pour en donner à des polissons de la rue, qui, par reconnoissance, me suivoient en troupes dans les bois; ce qui m'étoit fort agréable, parce qu'ils cueilloient pour moi des moissons de plantes, que j'avois un grand plaisir à rapporter chez moi pour les peindre et pour en faire un herbier.

Un soir que je revenois de la promenade, je rencontrai une petite fille à genoux qui coupoit de l'herbe; sa tête étoit penchée, et ses beaux cheveux blonds bouclés lui cachoient tout le visage; je m'arrêtai pour lui parler, alors elle releva la tête, jeta ses cheveux en arrière, et me découvrit le plus beau visage du monde; je la questionnai, et en apprenant qu'elle étoit fort pauvre, et que ses parens demeuroient à deux cents pas de là, je la priai de me conduire dans leur chaumière; je trouvai en effet des paysans très-malheureux; je leur demandai de m'envoyer leur fille deux ou trois heures dans la journée, en ajoutant que je lui ferois faire un petit habillement; ils y consentirent avec joie. Cette enfant avoit huit ans; je lui promis, si son caractère me plaisoit, de me charger d'elle, de la prendre avec moi et de l'élever. Depuis que j'étois émigrée, j'avois toujours désiré un enfant, et n'en point avoir du tout me paroissoit la plus grande de toutes les privations. Cette enfant vint régulièrement chez moi : elle étoit d'une douceur extrême; jolie comme un ange; je me passionnai pour elle; et, au bout de quinze jours, je la demandai à ses parens. Ils acceptèrent sans hésiter cette proposition : il fut convenu qu'elle iroit toujours coucher chez eux, tant que je resterois à la campagne, et que je la prendrois tout-à-fait quand je retournerois à Berlin; en attendant, je lui fis faire un trousseau complet que j'envoyai dans une petite malle chez ses parens.

J'éprouvai dans ce temps une aventure qui me contraria beaucoup : un matin, ma petite demoiselle de compagnie me demanda la permission d'aller à Berlin, en me promettant de revenir pour le dîner; j'y consentis, mais elle ne revint même pas pour coucher, et je restai deux jours toute seule dans ce grand appartement, sans entendre parler d'elle. Enfin je reçus une lettre qui m'apprit qu'elle étoit en prison pour vols bien constatés, et qu'ayant été interrogée sur ce qu'elle étoit, elle avoit dit qu'elle étoit ma fille. J'allai conter cette ridicule histoire à mademoiselle Itzig, qui se chargea de ma réponse et de prendre des informations sur le fait. Il se trouva qu'en effet cette fille étoit une voleuse : elle comparut à un tribunal, où elle fut condamnée à être enfermée dans une maison de correction pendant trois ans. Je cherchai une autre compagne, et M. Delagarde, mon libraire, me donna sur-le-champ sa nièce, jeune personne de dix-huit ans, fort agréable, et dont j'ai été très-contente. Le lendemain de son arrivée, comme nous étions dans notre salon, dont les fenêtres donnoient sur la rue, nous entendîmes arrêter à notre porte une voiture à six chevaux; mademoiselle Delagarde regarda par la fenêtre, et elle vit que cette voiture étoit entièrement chargée de fleurs dans des caisses et dans des pots, et des paniers de fruits. Nous enviâmes la personne à laquelle ce beau présent étoit destiné; un seul homme étoit dans la voiture, il en descendit, et un instant après on sonna à notre porte. Ma joie fut extrême en apprenant que c'étoit à moi que toutes ces choses étoient envoyées, de la part de madame la comtesse de Schmalensée, la dame chez laquelle j'avois placé ma chère Jenny. Cette dernière, aimée de cette dame comme elle méritoit de l'être, l'avoit engagée à me faire ce superbe et charmant envoi; les fleurs et les fruits étoient de serre et d'une beauté admirable. Je donnai presque toutes les fleurs à mademoiselle Itzig, mais mademoiselle Delagarde s'opposa à ma libéralité pour les fruits, qui firent, tant qu'ils durèrent, les délices de nos déjeuners.

Je travaillai, dans cette maison, à mon roman des *Mères rivales*, dont je fis là en quatre mois et demi la plus grande partie; je l'avois vendu d'avance à M. de Lagarde : le marché étoit fait à cent francs la feuille, il m'avoit donné quelque argent d'avance. Je croyois ne faire qu'un gros volume, ce que j'avois annoncé à M. de Lagarde. Il se trouva que j'en fis deux; je craignis qu'il n'imaginât que je l'avois allongé pour avoir plus d'argent. Je ne pus supporter cette idée, et je lui dis que je ne lui demandois que le prix d'un volume de 370 pages; il fut très-surpris de ce procédé dont la délicatesse étoit si exagérée, qu'elle alloit jusqu'à la folie [1]. Telle a toujours été ma conduite avec les libraires; celle qu'en général ils ont eue avec moi a été fort différente, à très-peu d'exceptions près.

Sur la fin de l'automne, je retournai à Berlin; au moment de partir, je demandai ma petite paysanne pour l'emmener; mais ses parens me déclarèrent qu'ils ne me la donneroient qu'à condition que je leur ferois présent de soixante frédérics d'or. Il me fut impossible de donner cette somme; je n'eus pas cette enfant, et je la regrettai beaucoup, je re-

---

[1] Depuis, dans une édition faite à Paris, j'ai ajouté un volume de plus.
(Note de l'auteur.)

grettai aussi un peu le trousseau qu'elle m'avoit coûté. Je me décidai à aller louer un appartement à Berlin. Une personne de ma connoissance, madame Michelet, se chargea de m'en faire voir plusieurs; nous en vîmes d'abord deux, et le dernier parut si charmant à madame Michelet et si bon marché, qu'elle voulut absolument me le faire prendre, sans que je fusse de son avis; elle mit à cette décision un tel ton d'autorité que j'en fus choquée, fort mal à propos, ne réfléchissant pas qu'en cela elle n'avoit d'autre intérêt que le mien; mais cet intérêt se manifesta par de l'aigreur. Alors je m'obstinai à rejeter l'appartement; madame Michelet en fut très-mécontente. Cependant nous allâmes en voir un autre : il étoit au troisième étage, et elle étoit si essoufflée en y arrivant, qu'elle ne chercha plus à dissimuler son humeur, elle dénigra avec injustice cet appartement; j'en fis l'éloge avec exagération, et je l'arrêtai, au grand dépit de madame Michelet.

La personne qui me loua cet appartement avoit deux petits garçons; l'aîné, âgé de huit ans, me frappa par son joli visage et la noblesse de sa tournure; il me prit en amitié;

il venoit tous les jours dans ma chambre; j'entrepris de lui enseigner le françois avec mon *Itinéraire*. Il avoit une intelligence supérieure; au bout de quatre mois et demi, il entendoit tout, apprenoit par cœur des vers et de la prose, et les récitoit sans accent. Je demandai cet enfant à sa mère, en lui déclarant que je l'éleverois dans la religion catholique; elle y consentit sans résistance, elle parut même charmée de me le donner; je le pris avec moi, et je l'appelai Casimir, du nom du fils que j'avois perdu.

Je me fatiguai beaucoup pour finir les *Mères rivales*, ouvrage que j'ai fait en huit mois et demi, ce qui est prodigieux comme travail; mais aussi je me trouvai tellement épuisée, qu'il me fut impossible de songer à écrire de long-temps. Cependant j'avois besoin de faire un nouvel arrangement d'argent, il ne m'en restoit plus que pour peu de mois. Comptant que je pourrois toujours écrire, j'avois fait beaucoup de dépenses pour le trousseau de ma petite fille, mon établissement à Berlin, l'acquisition de tout ce qu'il faut pour tenir un petit ménage, l'achat de plusieurs choses pour moi, et entre autres, celui d'une belle montre à répétition. J'en étois privée depuis plusieurs années, n'ayant qu'une petite montre d'argent. J'avois donné celle que j'emportai de France, avec sa chaîne et tous ses cachets, à mon neveu César, qui, dans une auberge, avoit perdu la sienne. Je ne voulois ni emprunter ni faire de dettes d'aucun genre. Je pris le parti, pour me reposer, de donner des leçons ; mes amis m'offrirent en vain de l'argent sans me fixer le terme pour le rendre, je le refusai. Je cherchai quatre écolières, et je les trouvai promptement, à un prix jusqu'alors inconnu à Berlin, où les maîtres les plus chers ne prenoient qu'un petit écu par leçon ; on me donna un ducat, c'est-à-dire dix francs. J'enseignois à lire le françois en vers et en prose, à déclamer les vers et à écrire des lettres. On m'avoit offert de faire un cours de littérature, on me prêtoit une très-belle salle qui ne m'auroit rien coûté; j'aurois eu un nombre infini de souscripteurs, j'aurois gagné beaucoup d'argent ; mais ma répugnance à me mettre ainsi en scène fut invincible. J'aimai mieux donner des leçons dans ma chambre. On m'offrit plusieurs écolières de harpe ; je les refusai ; me contentant de celles que j'avois pour la littérature. Je dois nommer ces personnes qui ont été si aimables pour moi. Les premières furent madame Bernard, aussi spirituelle qu'obligeante ; madame Herz, femme d'un médecin, belle comme un ange, et remplie aussi d'esprit et de bonté; madame Cohen, femme d'un très-riche négociant, et M. Lombard, frère du secrétaire intime du roi, il étoit de famille réfugiée; il n'avoit alors que vingt et un ans, sa figure était charmante; il avoit un goût passionné pour les arts et la littérature, beaucoup de talens agréables, un esprit juste et fin, et de grandes dispositions pour bien écrire le françois. La lecture de mes ouvrages lui avoit inspiré en ma faveur une telle prévention que, dès nos premières leçons, j'en fus réellement embarrassée, et d'autant plus, que je voulois feindre de ne pas m'en apercevoir; son trouble et son émotion augmentant chaque jour, je crus que j'en changerois la nature, en lui disant, comme sans dessein, que je pourrois fort bien être sa grand'mère, puisque j'avois *cinquante-quatre ans*; il en fut étrangement surpris, car j'avois l'air d'être beaucoup plus jeune, et il me supposoit tout au plus quarante ou quarante-deux.

ans; mais il me fit un mérite de cet âge avancé, en prétendant que mon air *de jeunesse* achevoit de me rendre *une personne unique* sur la terre.

Madame Cohen, jeune et belle encore, mais hydropique, étoit au moment de subir l'opération de la ponction; comme elle ne quittoit plus sa chaise longue, j'allois chez elle lui donner ses leçons; son fils, âgé de seize ans, assistoit à nos entretiens, qui m'amusoient beaucoup, parce que madame Cohen étoit extrêmement aimable, et supportoit ses maux avec une patience inaltérable, et une gaieté charmante. Elle m'envoyoit sa voiture, et, après nos leçons, elle me retenoit toujours pour le reste de la journée. Je profitai de sa liaison avec le jeune Lombard, pour rompre mes tête-à-tête avec ce dernier, auquel je déclarai qu'à l'avenir, il viendroit prendre ses leçons chez madame Cohen et en commun avec elle. Cet arrangement ne changea pas ses sentimens, dont l'expression étoit si visible, que tout le monde les remarqua; mais, malgré leur singularité, ils étoient trop sérieux pour que madame Cohen même osât lui en faire des plaisanteries. Je fis, dans ce temps, connoissance avec un homme qui passoit à Berlin, et qui étoit véritablement extraordinaire par la diversité de ses talens : il s'appeloit M. Plœtz; il étoit à la fois premier peintre en émail, et premier mécanicien du roi de Danemarck; en outre il étoit grand musicien, il jouoit avec perfection de la viole d'amour. Il avoit inventé avec le fameux Viotti une nouvelle manière de noter la musique, infiniment plus simple et plus commode que celle qui est reçue; avec cette manière, on pouvoit apprendre à la lire beaucoup plus facilement et plus vite; il avoit inventé aussi une espèce d'instrument ne produisant qu'un son filé, mais d'une force et d'une beauté incomparables. Il avoit placé cet instrument sous terre, dans plusieurs endroits du jardin d'une maison de campagne du roi de Danemarck, entre autres, sous un pont; lorsqu'en marchant, on touchoit une certaine planche de ce pont, on formoit ce son, qui duroit tant que le pied restoit dessus; j'imaginai de faire sur cette invention une nouvelle intitulée : *la tombe harmonieuse*. M. Plœtz étoit d'ailleurs très-estimable et d'une adresse merveilleuse; il me donna plusieurs ouvrages de tour qu'il avoit faits et qui étoient des chefs-d'œuvre dans leur genre. Je lui donnai une miniature qui représentoit une fort belle Madeleine, copiée à Rome d'après le Guerchin.

Mon amie, mademoiselle Itzig, étoit, comme je l'ai dit, aveugle depuis l'âge de quatorze ans, et elle en avoit vingt-huit. Son plus grand chagrin étoit de ne pouvoir écrire, sans le secours d'un tiers, à une sœur qu'elle avoit à Vienne. Je me ressouvins de la petite machine avec laquelle madame du Deffant écrivoit toute seule : je l'expliquai à M. Plœtz, qui en fit une absolument semblable, que je donnai à mademoiselle Itzig, ce qui lui causa une joie inexprimable, en lui procurant la possibilité d'écrire quelquefois en particulier à sa sœur; je la fis sur-le-champ écrire sous mes yeux · elle avoit peu oublié l'orthographe, mais elle ne mettoit presque jamais la dernière syllabe des mots; ce qui me rappela que j'avois lu dans l'*Histoire générale des Voyages*, qu'un Anglois trouvé, au bout de quinze ans, dans une île déserte, ne prononçoit plus, en parlant, les dernières syllabes des mots. Ce fut dans mon livre de souvenirs que mademoiselle Itzig voulut tracer ses premières lignes d'écriture. Je fis beaucoup de musique avec M. Plœtz; ce qui rendit fort agréables nos soirées chez madame Cohen et mademoiselle Itzig.

Je voyois toujours aussi souvent madame Bocquet; je lui avois fait faire connoissance avec madame Cohen, afin de passer plus de temps avec elle. Nous allions sans cesse nous promener dans le jardin de la princesse Henri; cette princesse eut envie de me connoître, et me le fit dire. Je répondis avec tout le respect que je lui devois, mais je refusai nettement de lui être présentée. Je fis la même chose pour tous les étrangers qui passoient à Berlin, à l'exception des artistes. J'ai toujours pensé que, lorsqu'on est tout-à-fait déchue du côté de la fortune, on ne peut conserver de la dignité qu'en évitant de se montrer, en ne faisant d'avances à personne, en ne cédant qu'à celles de l'amitié, et en vivant dans une profonde solitude.

Je menois à Berlin une vie fort agréable; mes amies et mes écolières me combloient d'attentions; mon appartement ne désemplissoit pas de fleurs, de fruits, de pots de confitures, et de beurre de Dresde, d'excellentes pâtisseries et de charmantes corbeilles de paille, et d'un osier fin particulier à ce pays. Le jeune Lombard joignit à tous ces dons mille choses de son ouvrage, qu'il m'envoyoit dans des paniers, ou dans de jolis coffres. De mon côté, je donnois en reconnoissance des fruits de mon travail, en peintures, en broderies, en fleurs artificielles; et je donnai, entre autres, à madame Cohen un très-beau coffre en bois d'acajou parfaitement bien monté, et avec cinq petits tableaux de moi, représentant des fruits, des insectes, et des animaux; je n'ai rien fait avec plus de soin et mieux.

Je reçus dans cette ville une lettre de Philadelphie, de M. le prince de Talleyrand. Cette lettre me fit tant de plaisir, que je l'ai précieusement conservée (avec quelques autres). La voici :

« Une lettre qui arrive en Amérique est un bienfait; quand elle est d'une personne qu'on aime, c'est un trésor : jugez du plaisir extrême que m'a fait la vôtre.

» Séparé de tous les intérêts de mon cœur, je ne m'occupe que des idées qui peuvent me conduire à les retrouver, et à les retrouver pour ne plus les quitter, pour vivre avec eux indépendant de tout le reste du monde, et former avec quelques amis un petit globe à nous;

bien impénétrable à toutes les folies et méchancetés qui possèdent notre malheureuse Europe. La situation de mon esprit est à peu près la même que vous l'avez vue, ni plus haineux, ni plus violent que de coutume. Je ne songe guère à mes ennemis; je m'occupe de refaire de la fortune, et j'y porte l'activité que peut inspirer l'emploi que j'espère en faire; et là mon imagination trouve des espérances et des émotions douces. Entre les sentimens dont on a besoin pour être content de soi, il faut compter celui de l'indépendance : c'est là ma tâche actuelle. Si je parviens à la remplir, je dois regarder ces années-ci comme les plus utiles de ma vie, et me croire dans le petit nombre de ceux qui ont été bien partagés.

» Ce pays-ci est une terre où les honnêtes gens peuvent prospérer, pas cependant aussi bien que les fripons, qui, comme de raison, ont beaucoup d'avantages. J'avois envie d'écrire quelque chose sur l'Amérique et de vous l'envoyer; mais je me suis aperçu que c'étoit un projet insensé. Je renvoie le peu d'observations que j'ai faites aux conversations que j'espère avoir quelque jour dans de longues soirées avec vous. L'Amérique est comme tous les autres pays : il y a quelques grands faits que tout le monde connoît, et avec lesquels on peut d'un cabinet de Copenhague deviner l'Amérique toute entière. Vous savez quelle est la forme du gouvernement; vous savez qu'il y a de grands et immenses terrains inhabités où chacun peut acquérir une propriété à un prix qui n'a aucun rapport avec les terres d'Europe; vous connoissez la nouveauté du pays : point de capitaux, et beaucoup d'ardeur pour faire fortune; point de manufactures, parce que la main-d'œuvre y est et y sera encore long-temps trop chère. Combinez tout cela, et vous savez l'Amérique mieux que la majorité des voyageurs, y compris M. de L........, qui est ici faisant des notes, demandant des pièces, écrivant des observations, et plus questionneur mille fois que le voyageur inquisitif dont parle Sterne.

» Ma santé n'a pas été mauvaise, malgré les rigueurs et les variations de l'hiver, qui passe subitement aux douceurs du printemps, et de là revient à la neige et à la glace. Ces changemens sont perpétuels; l'insalubrité des chaleurs de Philadelphie m'engage à passer l'été à New-Yorck. Heureux, direz-vous, le pays où l'on songe à éviter les maladies et les causes naturelles de destruction. Dans une grande partie de l'Europe, les causes violentes de destruction sont si fréquentes, qu'on doit y compter pour très-peu tout ce qui n'est que suivre l'ordre de la nature. J'attends ici avec impatience l'ouvrage dont vous me parlez et quelques miniatures que vous voulez bien me faire espérer, et qui me feront le plus sensible plaisir. Il n'y a rien que vous ne puissiez m'adresser chez *M. John Parish, américan's consul, Hambourg.* Votre amie Henriette est-elle avec vous? Soyez assez bonne pour lui parler de moi et pour lui dire que je lui suis tendrement attaché. Mon vieil âge et une révolution permettent des expressions tendres que, dans un autre temps, je n'aurois jamais osé employer. Recevez avec amitié l'assurance d'un attachement qui vous suivra dans tous les temps, dans tous les pays et dans toutes les circonstances. Je vous en prie, écrivez-moi; qu'il y ait beaucoup de noms propres dans vos lettres, et que celui de madame de Valence y tienne une grande place. Je voudrois bien que vos arrangemens vous portassent à habiter le Danemarck plutôt que tout autre pays. C'est le royaume d'Europe où le plus vraisemblablement je me fixerai; je n'ai cependant sur cela encore rien d'arrêté. Ce qu'il y a de sûr, c'est que, pendant toute la guerre, je resterai en Amérique.

» Je vous prie de m'envoyer un cachet. »

Apprenant, dans ce temps, que Paméla étoit à Hambourg, n'ayant pas voulu rester en Irlande depuis la mort tragique de son mari, je lui écrivis pour lui demander de venir s'établir à Berlin avec moi. La manière héroïque dont elle s'étoit conduite dans la malheureuse affaire de son mari, et la pureté de sa vie pendant les cinq années de son mariage, avoient encore, s'il étoit possible, augmenté mon amitié pour elle. Sa réponse me fit beaucoup de peine; elle refusa positivement de venir avec moi. Je ne m'y attendois nullement; ce mécompte m'affligea beaucoup. En redoublant d'occupation, je cherchois des distractions à ce chagrin, et j'en trouvai. Je n'écrivois point, mais je faisois beaucoup de musique, et je n'ai jamais autant fait de petits ouvrages des mains; mon adresse en ce genre devint si célèbre, qu'un marchand de Berlin, qui avoit la plus belle boutique de la ville en choses de tous genres, m'offrit de me donner quatre mille francs par an si je voulois travailler deux ou trois heures de la journée pour lui, sous les yeux et avec l'aide de deux personnes, qu'il m'enverroit tous les matins; et enfin, en outre, si je lui donnois de nouvelles inventions; je n'acceptai point, parce que je voulois retourner en France. C'étoit la seconde fois qu'il m'étoit possible de vivre du travail de mes mains, indépendamment de littérature et de musique; car, dans les commencemens de l'émigration, j'en avois véritablement vécu à Altona, pendant les premiers mois de mon séjour dans cette ville, en peignant sur papier des fleurs et des mosaïques pour les toiles d'une manufacture.

Peu de temps avant mon départ de Berlin, j'allai visiter une synagogue. Celui qui me la montroit étoit un personnage très-distingué dans sa secte par sa science et par sa fortune; il me fit voir tous les ornemens antiques qui étoient, pour la plupart, d'or pur couvert de pierreries, et tout à coup il me dit : « Je suis sûr, madame, que vous regardez avec indignation toutes ces choses sacrées pour nous. » — « Non, monsieur, répondis-je; au contraire, je les examine avec respect comme étant l'origine de la vérité. » Cette réponse le charma ; il la conta beaucoup ; elle fut citée comme un trait de présence d'esprit assez remarquable. Il m'arriva, à cette époque, une chose très-singulière. Un jour, en lisant l'annonce des livres françois nouveaux qui se débitoient à Leipsick, j'en trouvai un indiqué sous ce titre : *Catéchisme moral*, par madame la comtesse de Genlis. Le titre seul de Catéchisme moral indiquoit assez que cet ouvrage étoit le fruit de la philosophie moderne ; c'étoit en effet un radotage anti-religieux de M. de Saint-Lambert. Il est assez plaisant qu'une telle production ait pu m'être attribuée. Les libraires de Leipsick, afin de la débiter mieux, avoient imaginé d'y mettre mon nom. J'envoyai mon désaveu à toutes les gazettes allemandes ; on pouvoit également, par principes et par amour-propre, désavouer un si pitoyable ouvrage.

Monsieur et madame Cohen avoient la fureur de jouer la comédie en société, et ils avoient un théâtre charmant dans leur maison ; ils me demandèrent avec instance de composer une petite pièce pour eux. Je me portois mieux ; j'avois grande envie de leur plaire, et je commençai par faire un proverbe que nous jouâmes dans la chambre, et qui eut le plus grand succès; il avoit pour titre : *A Bon Entendeur salut* [1]. Je le fis sur une histoire vraie arrivée jadis à M. le comte de Roquefeuille; ce qui me donna l'idée d'employer cette histoire, c'est que la jeune personne qui s'engageoit à jouer des proverbes avec nous étoit fort timide, et me pria de lui donner des rôles très-courts, et je promis de lui en donner un qui seroit le rôle principal, et qui n'aurait *qu'un seul mot ;* je jouai dans cette pièce le rôle de l'hôtesse. Je fis une autre comédie en un acte intitulée *les Lutins de Kernosi ;* je pris le fond de l'idée dans un conte de madame d'Aulnoy, je ne l'ai jamais fait imprimer; mais retournée en France, je donnai le manuscrit à M. Radet, qui en fit un vaudeville. Enfin je fis encore à Berlin ma *Galatée,* qui se trouve dans mes œuvres. Nous jouâmes ces trois pièces : madame la baronne de Grothus, avec mes leçons, joua à ravir le rôle de Galatée, je jouai celui d'Eurimone; je ne jouai point dans *les Lutins de Kernosi,* mais Casimir, n'apprenant le françois

[1] Ou *Minuit.*

que depuis quatre mois, joua un rôle de valet, qui étoit fort long, fort essentiel dans la pièce, et le joua avec une grâce, une intelligence dont tout le monde fut enthousiasmé, d'autant plus qu'il le débita sans le moindre accent; ce qui me confondit, c'est qu'il y ajouta de sa tête plusieurs traits et plusieurs mots fort plaisans. Je jouai de la harpe dans cette pièce, en accompagnant un morceau que devait chanter une jeune personne; mais cachée derrière une toile, au moment de chanter, elle eut tant peur, qu'elle me déclara qu'il lui serait impossible de former un son; alors, comme j'étois cachée, je pris le parti de chanter moi-même le morceau : personne ne s'en douta, on crut que c'étoit mademoiselle Haugeorn, et je fus applaudie à tout rompre; c'est la dernière fois que j'ai chanté devant du monde. Ces petites pièces eurent tant de succès, que nous en donnâmes plusieurs représentations. Le jeune Lombard, auquel je faisois répéter ses rôles, s'y distingua par le talent le plus agréable. Nous jouâmes aussi *le Mariage secret*, dans lequel je jouai le rôle de mademoiselle Contat; le fameux Ifflang vint nous voir jouer, il eut pour moi la galanterie de dire que j'étois la meilleure actrice qu'il eût jamais vue. Nous eûmes aussi à ces représentations des princes de la famille royale. On ne m'avoit jamais vue que dans un costume fort négligé, on ne me reconnoissoit pas avec du rouge, de la parure, et à cette distance; beaucoup d'étrangers, qui ne m'avoient vue que là, ne me donnoient pas trente ans. Tous ces succès exaltèrent pour moi jusqu'à la folie les sentimens de M. Lombard; il écrivoit toujours des sujets de composition que je lui donnois et que je corrigeois. Il m'annonça qu'il vouloit composer lui-même ses sujets, parce que ceux que je lui donnois étoient trop sérieux, et que, voulant former son style épistolaire, il écriroit des lettres. Dès le lendemain, il m'en donna une qui étoit la lettre d'amour la plus passionnée. Il ne me fut pas difficile de deviner à qui elle s'adressoit, mais je feignis de la prendre pour une lettre d'imagination, et je lui dis seulement que je le priois d'en écrire à l'avenir dans un autre genre; il me répondit qu'il ne cesseroit que lorsque je lui aurois appris comment on pouvoit plaire dans celui-là. Cette discussion se termina par une défense positive de ma part, et par une rébellion décidée de la sienne.

Cependant le général Beurnonville étoit arrivé à Berlin; il venoit très-souvent chez madame Cohen, et me témoigna beaucoup d'intérêt. C'étoit une chose nouvelle pour une fugitive de recevoir des témoignages de bienveillance d'un républicain françois; j'y fus sensible, comme si j'eusse mérité d'être exilée de mon pays; je lui expliquai mon affaire : il comprit fort bien que véritablement je n'étois pas émigrée, et qu'en ne me permettant pas de retourner en France, on violoit à mon égard toutes les lois constitutionnelles; il me promit d'écrire en ma faveur, il me tint parole. J'écrivis de mon côté à Paris, et j'eus bientôt l'espérance d'être rappelée. Peu de temps avant, M. de Finguerlin, revenant de Pologne, vint chez moi, et me conta qu'il avoit été auprès de *Varsovie*, dans une délicieuse maison de campagne, nommée l'*Arcadie*, appartenant à la princesse de Radzivil, et qu'il avoit vu là, à l'extrémité du parc, une charmante maison nouvellement bâtie, meublée avec la plus grande élégance, et avec un jardin rempli *de pensées et de sensitives*, et que sur la façade de la maison ces paroles étoient écrites : *Asile de madame de Genlis*. Il ajouta

que la princesse avoit fait faire cette maison,
après avoir lu mon *Épître à l'asile que j'aurai.*
Sur ce récit, j'écrivis une épître en vers à la
la princesse de Radzivil, pour la remercier;
elle me répondit une lettre charmante, pour
m'inviter à venir habiter sans délai *ma maison;* elle m'envoyoit, en même temps un livre
blanc magnifiquement relié, que j'ai conservé,
dont j'ai fait *un souvenir religieux,* et que j'ai
donné à Casimir.

Madame Cohen avoit à Charlottembourg une
belle maison de campagne, dans laquelle j'allois souvent passer plusieurs jours; j'avois
congédié mes écolières, parce que l'argent qui
m'étoit dû pour mes ouvrages m'étoit rentré,
et que ma santé s'étoit rétablie; mais gratuitement je continuai de donner des leçons à madame Cohen et à M. Lombard; ce dernier, sachant que je comptois retourner en France,
tomba dans une si profonde mélancolie, qu'il
en eut la jaunisse. Madame Bocquet et madame
Cohen ne pouvoient aussi supporter l'idée de
mon départ. Comme la dernière devoit subir,
sous peu de jours, l'opération de la ponction,
elle me conjura d'aller passer chez elle le reste
de mon séjour à Berlin; j'y consentis, j'emme-

nai avec moi Casimir; nous allâmes d'abord passer quelques jours à Charlottembourg. Un matin que j'étois dans le jardin avec madame Cohen et Casimir, madame Cohen entra dans la serre pour y cueillir des figues avec Casimir ; elle me laissa dans le jardin, je m'y ennuyai, et j'allai me promener toute seule dans les champs : j'y rencontrai sept ou huit petits polissons qui me demandèrent fort insolemment de leur donner des draërs (petite monnoie); je n'en avois point, par conséquent je les refusai; ils me dirent des injures; je retournai à toutes jambes à la maison; ils me jetèrent des pierres, et un assez gros caillou effleura mon chapeau; je le ramassai et je l'emportai avec moi, j'allois le montrer à madame Cohen, que je retrouvai encore dans sa serre avec Casimir. Je lui contai mon aventure, et, au bout de quelques minutes, je m'aperçus que Casimir avoit disparu; je crus qu'il étoit dans le jardin, nous l'appelâmes, mais inutilement; alors nous rentrâmes dans la maison, il n'y étoit pas, un domestique nous dit qu'il étoit sorti. L'inquiétude me prit, madame Cohen la partagea, et, suivies de deux domestiques, nous allâmes aussitôt dans l'endroit où j'avois été attaquée par les polissons; nous y trouvâmes en effet Casimir, qui les avoit battus et mis en fuite; il étoit maître du champ de bataille, et nous vîmes courir de côté et d'autre les polissons qu'il avoit vaincus; il y en avoit deux dans le nombre qui avoient douze ou treize ans. Casimir, fort rouge et fort animé, vint à nous en me disant qu'il m'avoit vengée, mais qu'il avoit eu l'attention de ne frapper personne à la tête. Je rappelai les polissons qui ne vouloient pas revenir, mais que les deux domestiques nous ramenèrent de force, à l'exception de deux qu'on ne put rattraper; nous les haranguâmes, pour leur prouver qu'il ne faut pas jeter des pierres, en demandant des draërs, et je leur donnai un écu pour les consoler de la victoire de Casimir.

Nous retournâmes à Berlin pour l'opération de madame Cohen; on la lui fit le lendemain; je la tins dans mes bras tout le temps qu'elle dura; cette opération n'est point douloureuse; mais elle ôte toutes les forces, et, lorsqu'elle fut achevée, la malade s'évanouit; elle fut très-languissante pendant quelques jours, ensuite elle reprit la santé; et, à sa taille et à sa figure, on auroit pu croire qu'elle étoit guérie pour toujours. Ce mal affreux est très-commun à Berlin, ainsi que la pierre. Pendant mon séjour à Berlin, il y eut une opération de la pierre, qui fut très-remarquable, et que l'on fit à un oncle de madame Bocquet; il en mourut. La pierre qu'on tira de son corps étoit grosse comme un citron; elle en avoit la couleur, la forme et jusqu'à la petite protubérance qui se trouve à l'une des extrémités. Elle parut si curieuse, qu'elle fut demandée pour le cabinet d'histoire naturelle du roi; mais la veuve refusa, voulant la conserver *par sentiment*. J'eus envie de la voir; madame Bocquet me mena chez sa tante, qui l'avoit placée sur sa cheminée sous un verre; nous fûmes étrangement surprises de ce genre de sensibilité qui portoit cette personne à vouloir conserver sous ses yeux la chose qui avoit donné la mort à son mari; cependant cette femme avoit toujours été la meilleure des épouses, et elle regrettoit sincèrement un mari qui avoit toujours été l'objet de toute son affection.

Cependant je n'étois plus occupée que de mon retour en France; je reçus une lettre de ma fille, qui m'annonçoit que j'allois être incessamment rappelée; je communiquai cette lettre à madame Cohen, qui fondit en larmes, et qui me dit qu'elle mourroit si je la quittois. Elle me représenta que rien n'étant stable en France, et mes sentimens religieux m'ayant fait un nombre infini d'ennemis dans un pays où la religion étoit détruite, je m'exposois à beaucoup de persécutions en y retournant; et un jour, elle me fit une scène étonnante : elle avoit de fort beaux diamans qu'elle ne portoit jamais; elle alla me chercher son écrin, l'ouvrit et me fit voir tous ses diamans rassemblés que je n'avois vus que partiellement, lorsqu'elle nous en prêtoit pour jouer la comédie. Comme j'admirois ce bel écrin, elle me dit : « Eh bien! restez avec moi, et je vous le donne. » J'éprouvai une telle surprise, que je demeurai immobile sans lui répondre; elle crut que cette offre me tentoit, elle redoubla ses instances; et ensuite j'eus beau adoucir mes refus par les protestations les plus sincères d'une tendre amitié, son chagrin fut si vif, qu'il me rendit pénible le reste de mon séjour chez elle. M. Lombard montra une affliction beaucoup plus déraisonnable : ce pauvre jeune homme, dans sa folie, me proposa très-sérieusement de m'épouser; comme il étoit inutile de lui parler raison sur ce point, je lui répondis simplement (ce qui d'ailleurs étoit vrai) que j'avois fait vœu de ne jamais me remarier ; son désespoir fut tel, que tout le monde le vit et en connut la cause ; il m'écrivoit tous les jours des lettres dans lesquelles il m'appeloit *barbare*. Pour toute réponse, je les lui renvoyois avec des corrections sur le style ; ce qui le mettoit souvent dans une fureur inexprimable ; il m'en rapporta plusieurs qu'il me conjura de garder, et que j'ai encore. Ce singulier commerce de lettres dura jusqu'à mon départ. Cette passion extravagante, non-seulement m'embarrassoit par son ridicule, mais l'extrême disproportion de nos âges et l'attachement maternel que j'avois pour lui y donnoient, à mes yeux, je ne sais quoi d'incestueux qui me la rendoit réellement odieuse.

J'eus encore un autre chagrin : ma correspondance avec mademoiselle d'Orléans fut rompue. J'ai déjà dit, je crois, que lui ayant envoyé dans une lettre une petite miniature représentant sur un fond bleu une rose blanche et une rose rouge dans une caisse verte, madame la princesse de Conti dit que c'étoient les trois couleurs, par conséquent un signe révolutionnaire. Mademoiselle d'Orléans eut beau représenter que c'étoient les *cinq couleurs*, puisqu'il y avoit du vert et des tiges brunes; madame la princesse de Conti persista dans son idée, et lui défendit de m'écrire. Mademoiselle d'Orléans trouva le moyen d'obéir, et de me donner de ses nouvelles; elle confia son chagrin à son confesseur, et le pria de m'écrire de sa part; ce que fit exactement cet ecclésiastique, et ce qui dura plus de dix-huit mois. Je lui envoyois mes lettres qu'il remettoit; mais enfin il fut obligé d'aller à Vienne. Mademoiselle lui écrivit dans cette ville, et notre commerce continua ainsi pendant six mois; mais, à l'époque dont je parle, je reçus de Vienne une lettre d'une personne qui m'étoit inconnue, et qui me mandoit de ne plus écrire à ce prêtre, parce qu'il venoit de mourir. Je le pleurai sincèrement, puisque je n'eus plus de nouvelles de mademoiselle d'Orléans.

Par un hasard singulier, on me remit dans ce temps une lettre que j'aurois dû recevoir, et qui, par un enchaînement particulier de circonstances, traîna prodigieusement en chemin, ce qui arrivoit souvent alors; j'en ai même reçu plusieurs d'une date très-postérieure; mais celle-ci me touche tellement, elle montre si bien toute la bonté de l'âme et le caractère de mademoiselle d'Orléans, que je la place à l'époque précise où elle me procura tant de consolations. Elle est sur la mort de son malheureux père, que je lui avois cachée, et qu'elle n'apprit que peu de jours après notre séparation.

Voici comment elle s'exprime :

« Fribourg, 10 octobre 1794.

« Oh!... amie chérie, à quel comble de malheurs le ciel m'a réduite! Hélas!... je les connois tous! Ah!... quelles douleurs.... et quelles souffrances.... mon trop malheureux cœur n'éprouve-t-il pas! que cette vie est cruelle!... Mais la religion et mon cœur, amie bien-aimée, m'ordonnent de la supporter pour ceux que j'aime; elle est à eux, et non à moi, et je la soigne comme un dépôt qu'ils m'ont confié. Hélas! il n'y a plus que ces chers objets que j'aime si tendrement, qui puissent m'y attacher. Oh! mon amie, pensez-vous que ceux qui sont tout-à-fait malheureux, et qui ne se tuent pas, soient sans religion? Non, je ne le puis croire : sans ce motif tout-puissant, qui pourroit ne pas se débarrasser d'une existence devenue douloureuse dans tous les momens?... Mais, grâces aux principes que vous m'avez donnés, ne soyez pas inquiète, amie bien chére, Dieu soutient votre infortunée Adèle, et lui donne un courage et une force véritablement surnaturels. Ma tante me témoigne une tendresse et une sensibilité dont je suis bien touchée, et m'adoucit par son excessive bonté, autant qu'il est possible, mon affreuse et cruelle situation. Adieu, amie tendre et chérie, je vous embrasse avec toute la tendresse de mon malheureux cœur. Je ne puis vous écrire une plus longue lettre aujourd'hui, ce sera pour la première fois. Donnez-moi souvent de vos chères nouvelles ; hélas ! j'en ai tous les jours plus besoin ! »

Avant de quitter l'Allemagne je dois dire que j'ai omis, sans le vouloir, un fait intéressant : c'est, qu'étant à Sielk, j'appris que mes deux derniers élèves étoient encore détenus à Marseille ; j'envoyai au directoire le petit mémoire ci-dessous, que je fis insérer dans plusieurs gazettes allemandes.

¹ Durant leur captivité le jeune comte de Beaujolois, à peine sorti de l'adolescence, fit une action bien digne

« Une des choses qui sans doute doit contri-
» buer le plus à rendre le nouveau gouverne-
» ment aussi respectable que le désirent les
» citoyens honnêtes, c'est de le voir agir d'a-
» près les principes d'une stricte et invariable
» équité. La marque certaine qu'un gouver-

d'être rapportée ; il avoit formé, avec son frère, le projet de s'évader ; tout leur réussit à cet égard ; après s'être
assurés d'un petit bâtiment prêt à mettre à la voile, ils
complotèrent de se sauver, au milieu de la nuit, par une
fenêtre très-élevée, avec des cordes qu'ils trouvèrent le
moyen de se procurer. Le comte de Beaujolois passa le
premier et descendit heureusement, il courut aussitôt
au port, mais il y attendit vainement son frère. Le com-
mandant du petit vaisseau, impatienté de ce retard, déclara qu'il vouloit absolument partir avant le jour. Touché des vives instances du comte de Beaujolois, il différa
encore de quelques minutes ; mais enfin il appareilla, et
le comte de Beaujolois, ne pouvant se déterminer à partir
sans son frère, sacrifia volontairement sa liberté, exposa
même sa vie pour aller le rejoindre. Il le trouva étendu
à terre, avec une grave blessure. La corde s'étoit rompue, et le malheureux prince étoit tombé à terre, en se
cassant la jambe. Le comte de Beaujolois le prit dans ses
bras et appela du secours. On les remit en prison, où ils
furent gardés plus étroitement que jamais.

Le comte de Beaujolois, cet intéressant et charmant
prince qui annonçoit tant d'esprit, et qui déjà montroit

» nement est véritablement bon, c'est que la
» justice n'y soit jamais réclamée en vain, quel
». que soit celui, qui l'invoque. Un ami de
» l'humanité ose donc avec confiance élever sa
» foible voix en faveur de deux jeunes infor-
» tunés, que leurs malheurs, leur situation

une si belle âme, n'avoit pas douze ans lorsque je le
laissai en France et que j'allai dans les pays étrangers. Il
étoit dans mes mains depuis l'âge de trois ans; j'avois
pour lui le sentiment le plus maternel; il m'écrivit plusieurs fois dans les premiers temps de mon exil. Voici la
dernière lettre que j'ai reçue de lui, elle est bien enfantine, mais elle m'est bien chère :

« Vous m'aviez fait espérer une lettre, mais je l'ai at-
» tendue en vain. Je me tue d'écrire, et personne ne
» me répond; je suis comme un pauvre délaissé. Je viens
» d'écrire encore à ma sœur, je ne sais si elle recevra ma
» lettre; c'est bien désagréable, on ne sait sur quoi
» compter. Il y a trois mois que vous êtes partie, et vous
» ne songez pas à revenir; M. Aillon n'est seulement
» pas encore parti; s'il pouvoit ne pas partir, que vous
» vinssiez vous-même l'en empêcher, oh! que je serois
» content! mais je ne veux pas vous ennuyer davantage.
» Adieu, ma chère, ma tendre mère, que j'aime plus
» que moi-même. BEAUJOLOIS.

Ce 5 janvier 1792. (Note de l'auteur.)

» actuelle et leur âge rendent également inté-
» ressans. Pourquoi les enfans de madame
» d'Orléans sont-ils encore en prison? pour-
» quoi, lorsqu'on a rendu la liberté à leur
» mère, à leur tante, et au citoyen Conti, les
» a-t-on retenus dans la captivité? Lorsqu'on
» les a renfermés, l'aîné avoit dix-sept ans,
» et le second n'en avoit que treize; pourquoi
» cette rigueur cruelle envers eux? et pour-
» quoi, enfin, quand la porte de leur donjon
» s'est ouverte pour leurs parens, a-t-on cru
» avoir le droit de la refermer sur eux? Per-
» sonne n'a craint, depuis la chute de Robes-
» pierre, de manifester un juste et tendre in-
» térêt pour la fille de Louis XVI, ces deux
» malheureux enfans en doivent-ils inspirer
» moins? Ils ont éprouvé les mêmes infortu-
» nes, ils les ont aussi peu méritées, et, de
» plus, tout le temps qu'ils ont été libres, ils
» ont montré constamment le plus grand patrio-
» tisme, et aux armées le plus grand courage.
» Rien ne justifie le traitement qu'ils éprou-
» vent, et l'on doit attendre de la justice et de
» l'humanité du gouvernement qu'il ne dif-
» férera plus à les mettre en liberté, ou que
» du moins, s'il ne veut pas leur rendre leurs

» droits de *citoyens*, il les fera conduire hors
» de France dans le lieu qu'ils choisiront, car
» la déportation seroit un bienfait en compa-
» raison d'une telle captivité. »

Je reçus enfin mon rappel en France ; ma
joie fut fort troublée par le chagrin de quitter
mes amis ; qui étoient réellement au désespoir,
madame Bocquet, mademoiselle Itzig, madame
Cohen, M. Mayet, M. Gualtiéry [1] et M. Lombard.
Pour éviter de douloureux adieux, je partis à
quatre heures du matin avec Casimir ; je fis les
vœux les plus sincères pour le bonheur de mes
amis, et pour celui du pays hospitalier que
je quittois, dont le roi étoit si vertueux, et le
gouvernement si doux et si équitable. L'hommage que je lui rends ici n'est pas nouveau ;
je lui en ai rendu un plus courageux dans
le second volume des *Souvenirs de Félicie*, où
je fais de la Prusse et de son roi le même éloge.
Je fis paroître ce volume à l'époque où l'empereur Napoléon triomphant étoit à Berlin
qu'il venoit de conquérir [2].

[1] Envoyé depuis, par son gouvernement, en Portugal, où il est mort.
(Note de l'auteur.)

[2] Je vais enfin, après neuf années d'expatriation, re-

J'allai à Hambourg, où je m'arrêtai chez ma nièce madame Mathiessen. J'y reçus la visite de Klopstock. Il y a pour les auteurs certaines gens dont la première entrevue est insupportable. Ces gens-là veulent, non vous connoître, mais vous montrer, en vous abordant, tout ce qu'ils savent et tout ce qu'ils ont d'esprit. Je me rappellerai toujours ma singulière entrevue avec le fameux au-

tourner dans ma patrie ! Je conserverai toujours un doux souvenir des lieux où j'ai vécu, et le plus tendre attachement pour les personnes qui m'ont accueillie durant ma longue proscription. Je n'oublierai jamais la jolie ville de Saint-Edmond'sbury ; le couvent de Bremgarten, humble asile de toutes les vertus ; notre petite habitation sur les bords du lac de Zug; les bois et les eaux d'Oudenaarden, les villes hospitalières de Hambourg et d'Altona, la ferme de Sielk, ma chère chaumière de Brevel, le château de Dolrott et Berlin. J'ai trouvé partout des amis ; ceux que je laisse ici (Berlin) me seront toujours chers. Puissent-ils vivre toujours heureux et paisibles au sein de leur patrie ! leur sort ne me sera jamais étranger. S'il change,... je partagerai leurs peines comme ils ont partagé les miennes !... Je m'intéresserai toute ma vie à la prospérité de Berlin, de cette brillante et belle ville si sagement gouvernée, ancien et moderne refuge des malheureux fugitifs françois....

(Note de l'auteur.)

teur de la *Messiade* ; au commencement de
mon séjour à Hambourg ; j'étois en pension
chez le pasteur Volters. Klopstock fit demander à me voir ; il vint. J'étois seule avec ma
nièce. Je vis entrer un petit vieillard, boiteux,
ford laid ; je me lève, je vais à lui, je le con-
duis vers un fauteuil ; il s'assied en silence,
d'un air réfléchi, croise ses jambes, s'enfonce
dans le fauteuil, et prend le maintien d'un
homme qui s'établit là pour long-temps. Alors,
d'une voix haute et glapissante, il m'adresse
cette singulière question : « Quel est, madame, à
votre avis, le meilleur prosateur, de Voltaire ou
de Buffon?.. » Cette manière d'entamer, non une
conversation, mais une thèse, me pétrifia ; et
Klopstock, qui avoit beaucoup plus d'envie de
me faire connoître son opinion, que de savoir
la mienne, n'insista nullement pour obtenir
une réponse. « Quant à moi, reprit-il, je me
décide pour Voltaire, et je me fonde sur plusieurs raisons ; la première.... » Il me donna
une douzaine *de raisons*, ce qui fit un très-
long discours ; ensuite il me parla de son séjour
à Dresde et en Danemarck, des hommages qu'on
lui avoit rendus, et de la traduction qu'un émigré faisoit alors de la Messiade. Dans tout cet

entretien, je ne plaçai pas six monosyllabes. Klopstock, au bout de trois heures, se retira très-satisfait de ma *conversation* : car il dit le soir à un de mes amis qu'il m'avoit trouvée fort aimable. Assurément c'étoit l'être à peu de frais.

Cela me rappelle un trait du même genre, pour le moins aussi comique. Une dame françoise, recevant pour la première fois la visite d'un littérateur et baron allemand, M. de Ramdor, lui demanda avant même qu'il fût assis : *Monsieur le baron, que pensez-vous de l'action de Julien l'Apostat qui, en débarquant et quittant le Tigre, fit brûler sa flotte ?*

Ce trait singulier m'a été conté par M. le prince de T***; il prouve que la pédanterie chez toutes les nations prend les mêmes formes et les mêmes ridicules.

Je restai quelques jours, ensuite je partis pour la France. Ma nièce, Paméla, et quelques autres personnes me conduisirent jusqu'à Harbourg, où nous nous séparâmes. Je me retrouvai avec joie dans la même auberge d'Harbourg, où, sept ans auparavant, proscrite et fugitive, j'avois passé une nuit pendant laquelle je fis mon *Épître à l'asile que j'aurai.* Nous continuâmes fort gaiement notre route;

M. de Lawoestine, vint au-devant de moi à Anvers; j'eus un grand plaisir à le revoir: il m'avoit donné une véritable preuve d'amitié quelques années auparavant, en faisant deux cents lieues pour venir passer avec moi quinze jours dans le Holstein. Il m'arriva à ce sujet une aventure singulière que je vais rapporter ici. J'étois encore à Altona dans mon auberge, lorsque j'appris le lieu où était M. de Lawoestine; je lui écrivis, il me répondit qu'il allait tout quitter pour venir me voir: je reçus cette réponse au moment où je venois de renoncer à mon incognito et où j'avois repris mon véritable nom. Pendant qu'on m'arrangeoit un logement à Hambourg, je restai encore huit jours à Altona, mangeant toujours à table d'hôte; comme pendant le temps de mon incognito. Depuis deux mois, un jeune étranger que personne ne connoissoit, et qui portoit un ordre très-inconnu aussi, venoit régulièrement dîner dans cette auberge: il avoit des manières assez agréables, parloit fort bien françois et paroissoit avoir de l'esprit. Il se mettoit toujours à table à côté de moi; je causois avec plaisir avec lui. Lorsque j'eus déclaré mon nom, il me fit beaucoup de complimens, et comme il m'avoit dit qu'il avoit séjourné à Clèves, où étoit M. de Lawoestine, je lui demandai s'il le connoissoit; il s'écria avec enthousiasme que non-seulement il le connoissoit, mais aussi qu'il étoit son ami intime, et il ajouta qu'ayant un logement à Hambourg, il espéroit bien que M. de Lawoestine logeroit chez lui quand il y viendroit pour me voir. Deux jours après cette conversation, je reçus un soir une lettre de cet étranger, qui me mandoit qu'il étoit au comble de la joie, que M. de Lawoestine étoit arrivé, qu'il ne m'écrivoit pas parce que, par un accident qui n'avoit rien de dangereux, il ne pouvoit pas se servir de sa main droite, et qu'il étoit si fatigué qu'il venoit de se mettre au lit; qu'il me conjuroit d'aller le voir tout de suite, et que, pour m'épargner tout embarras et tout retard, il m'envoyoit une voiture; en effet, une voiture de louage m'attendoit à la porte. Cette lettre me parut si extraordinaire, que je la montrai à mon hôtesse mademoiselle Plock, qui étoit dans ma chambre; mademoiselle Plock me dit que ce jeune homme passoit universellement pour être un aventurier, et qu'elle me conjuroit de ne point aller à ce singulier rendez-vous. Je renvoyai la voiture en faisant dire que je ne pouvois aller à Hambourg. Le lendemain l'étranger ne vint point dîner, ni les jours suivans : on ne le revit plus. M. de Lawoestine n'étoit point arrivé ; et quand il vint, ce qui ne fut que deux mois après, il me dit qu'il n'avoit jamais ni connu ni vu cet étranger. J'ai imaginé que cet étranger avoit voulu par ce mensonge m'attirer chez lui pour me faire signer quelqu'abandon de mes ouvrages ; ce qu'il y a de certain, c'est que cette fourberie cachoit certainement un complot très-noir.

Je trouvai ma fille à Bruxelles, après neuf ans d'absence ; ma joie de la revoir fut inexprimable ; car les dangers qu'elle avoit courus, les cruelles inquiétudes qu'elle m'avoit causées, avoient quadruplé pour moi la longueur des douloureuses années de l'absence. Je passai quelques jours à Bruxelles, accueillie avec beaucoup de grâce à la préfecture par monsieur et madame de Pontécoulant. Casimir, qui marchoit devant moi, parut le premier dans le salon ; son entrée y fut singulière : il n'avoit jamais vu de parquet frotté et ciré, parce qu'à Berlin en général (du moins alors) les parquets étoient fort rares. Les pièces des logemens, très-élégans d'ailleurs, étoient seulement planchéiées, sablées et lavées tous les jours, ou couvertes de tapis. Casimir fut donc extasié à la vue de ce plancher luisant, qui lui représentoit la glace sur laquelle on patine, et sur-le-champ il se mit à faire une longue glissade, et dans son élan impétueux renversa deux enfans ; il alla tomber sur les genoux de madame de Pontécoulant, qui étoit à l'autre extrémité du salon ; cette manière de faire connoissance eut un grand succès, car elle excita une gaieté générale. Je retrouvai aussi là mon neveu César du Crest ; le bonheur de nous retrouver réunis me fit passer ces trois ou quatre jours de la manière la plus charmante. Enfin je revis encore à Bruxelles M. de Jouy, avec lequel j'avois été si liée à Tournai, et au mariage duquel j'avois contribué ; je lui montrai que j'avois conservé dans mon livre de souvenirs des vers remplis d'amitié qu'il avoit faits pour moi et signés de sa main.

Je retournai à Paris avec ma fille ; je n'essaierai point de peindre les émotions que j'éprouvai, en passant la frontière, en entrant en France, en entendant le peuple parler françois, en approchant de Paris, en apercevant les tours de Notre-Dame, et en passant les barrières.

Des émotions d'un genre bien différent m'attendoient à Paris, et m'en rendirent le séjour bien pénible pendant les trois premiers mois. Tout me paroissoit nouveau ; j'étois comme une étrangère que la curiosité force à chaque pas de s'arrêter. J'avois peine à me reconnoître dans les rues, dont presque tous les noms étoient changés ; je trouvois des *philosophes* substitués aux *saints* ; j'avois été préparée à cette métamorphose, en lisant l'*Almanach national*, où j'avois vu les saints remplacés par les *sans-culottides* et par des *ognons, des choux, du fumier, des ânes, des cochons, des lièvres*, etc., etc. L'antipathie très-naturelle que les chefs de la république avoient pour tout ce qui n'étoit pas ignoble, ou du moins vulgaire, leur avoit fait supprimer les mots *hôtels* et *palais*. Ainsi je retrouvai à peine effacées les inscriptions qu'on avoit écrites sur les façades de ces anciens édifices : *maison ci-devant Bourbon, maison ci-devant Conti, propriété nationale*, etc. Je lisois encore sur quelques murs cette phrase républicaine : *La liberté, la fraternité ou la mort* [1]. Je voyois passer des fiacres que je reconnoissois pour les voitures confisquées de mes amis; je m'arrêtois sur les quais, devant de petites boutiques, dont les livres reliés portoient les armes d'une quantité de personnes de ma connoissance, et, dans d'autres boutiques, j'apercevois leurs portraits étalés en vente publique. J'entrai un jour chez un petit brocanteur qui en avoit au moins une vingtaine; je les reconnus tous, et mes yeux se remplirent de larmes en pensant que les trois quarts des infortunés nobles que ces peintures représentoient avoient été guillotinés, et que les autres, dépouillés de tout et proscrits, erroient peut-être encore dans les pays étrangers!....

En sortant de cette boutique, j'allai, toujours seule, me promener sur le boulevart; au bout de quelques minutes, un marchand, portant de charmans petits paniers d'osier, passa près de moi; je l'arrêtai pour en choisir

---

[1] J'avois déjà vu avant mon départ de France, en revenant de Clermont en Auvergne, sur tous les rochers dont la montagne de Châlons à Autun est parsemée, ces terribles inscriptions : *Tremblez, aristocrates. La liberté, ou la mort*, etc. (Note de l'auteur.)

une demi-douzaine; mais je n'avois point d'argent sur moi, et d'ailleurs je n'aurois pu les emporter; il me demanda mon adresse, et me trouvant auprès de la porte ouverte d'un marchand de vin en détail, j'entrai dans le comptoir, où je ne trouvai qu'un garçon de boutique auquel je demandai de l'encre et un peu de papier; j'écrivis rapidement mon adresse que je lus tout haut au marchand de paniers avant de la lui donner; alors le jeune cabaretier s'écria : *Eh ben! vous êtes cheux vous!*— Comment? — Pardi oui; vous êtes dans le ci-devant hôtel de Genlis!.... En effet, c'étoit la maison qu'avoit occupée, pendant quinze ans, mon beau-frère, le marquis de Genlis. Il me fut impossible de la reconnoître; tout le rez-de-chaussée étoit divisé en plusieurs boutiques, et la façade des autres logemens tout-à-fait méconnoissable. Cet incident ridicule me serra le cœur, et je me hâtai de m'éloigner de ce lieu si triste pour moi.

Je vis beaucoup de parvenus qui, nés dans la classe de simples ouvriers, avoient fait les plus brillantes fortunes; les uns ne se rappeloient leur premier état et leur extraction que pour s'enorgueillir du chemin qu'ils avoient fait, comme s'il eût été merveilleux qu'un plébéien eût obtenu une excellente place dans un temps où les nobles en étoient dépouillés ou exclus! Les autres, pleins d'orgueil et de suffisance, prenoient l'impolitesse pour de la dignité; les mots *respect*, *honneur*, n'entroient jamais dans leurs formules, même avec les vieillards et les femmes; et substituant à ces mots d'usage parmi les gens bien élevés, les mots *avantage* et *civilité*, comptant leurs pas en reconduisant chez eux, s'inclinant à peine pour saluer, parlant toujours à haute voix, ils croyoient avoir les manières des grands seigneurs et un ton parfait.

Je revis avec plaisir le fils d'un de mes anciens garde-chasses, devenu capitaine, qui avoit servi dans nos brillantes armées avec la plus grande distinction; sa belle tournure et son bon air me rappelèrent ce mot de La Rochefoucault : *L'air bourgeois se perd rarement à la cour, il se perd toujours à l'armée.*

Je vis des femmes qui haïssoient naturellement toute conversation intéressante ou spirituelle; parce qu'elles n'y pouvoient prendre part; du commérage ou de la médisance formoient tout leur entretien; elles avoient refroidi tous les amis de leurs maris par leur insipidité, leur sécheresse et leur susceptibilité, défaut de toutes les femmes qui manquent d'esprit et d'éducation. La plupart de ces personnes, ridiculement vaines, comptoient les visites et marchandoient une révérence, elles étoient toujours sur le *qui vive ?* toujours inquiètes de la manière dont on les traitoit, sans savoir positivement comment on *doit être traité* ; de sorte qu'elles s'irritoient continuellement de manques d'égards, imaginaires et d'impertinences idéales. Elles se plaignoient sans cesse à leurs maris, qui d'abord n'y faisoient nulle attention, mais qui, peu à peu, s'accoutumoient à ce genre d'entretien, car on n'en pouvoit avoir d'autre avec elles. Je ne retrouvai plus de bureaux d'esprit, et, quoique je n'en eusse jamais tenu, je les regrettai. On appeloit ainsi jadis, en dérision, les maisons dont la société étoit principalement composée de gens de lettres, de savans et d'artistes célèbres, et dont les conversations n'avoient pour objet que les sciences, la littérature et les beaux-arts : voilà ce que les ignorans et les sots tâchèrent toujours de tourner en ridicule [1]. Cependant ces réunions se-

[1] Il y eut sans doute quelquefois de la pédanterie à

roient aussi agréables qu'instructives si elles étoient exemptes de toute pédanterie ; et nul autre genre de société ne mériteroit d'être aussi recherché ; et il suffiroit pour cela que la maîtresse de la maison fût aimable et naturelle, car alors on donne aisément à la société qu'on rassemble le ton qu'on a soi-même. Depuis l'hôtel de Rambouillet, les plus fameux *bureaux d'esprit* furent, dans le dernier siècle, ceux de mesdames du Deffant, Geoffrin, d'Espinasse et d'Houdetot. De toutes ces femmes spirituelles, celle qui, malgré la vieillesse, faisoit le mieux les honneurs de l'un de

l'hôtel de Rambouillet, mais, en général, ces réunions de gens d'esprit, de savans et d'artistes, durent, par leur éclat, exciter la jalousie de tous les sots, qui ne manquent jamais de généraliser les moqueries particulières, lorsqu'elles tombent sur les personnes d'un grand mérite. Il seroit curieux de recueillir toutes les scènes intéressantes qui se sont passées, et tous les bons mots qui se sont dits dans le fameux hôtel de Rambouillet. Ceci me rappelle un trait qui mérite d'être cité. Bossuet, âgé de seize ans, s'y trouvant un soir, y débita, à minuit, le premier sermon qu'il eût composé ; il fut applaudi avec transport ; et Voiture dit à ce sujet qu'il n'avoit jamais entendu prêcher *si tôt* et *si tard*.

(Note de l'auteur.)

ces salons académiques, étoit madame du Déffant [1].

J'eus bien d'autres sujets de mécontentemens, je trouvois tout changé, tout jusqu'au langage [2]. Voici les phrases qui me frappèrent le plus, et je pense qu'il n'est pas inutile pour la jeunesse et pour les étrangers de les citer ici : *ce n'est pas l'embarras, se donner des tons, des gens de même farine,* me paroissoient aussi vides de sens qu'ignobles ; j'avois peine à concevoir qu'elles pussent passer dans le langage des personnes bien élevées. *Cela est farce, cela coûte gros* [3]

---

[1] Aujourd'hui les *bureaux d'esprit* manquent essentiellement à Paris, et le gouvernement surtout doit les regretter. La paix universelle seroit assurée, s'ils remplaçoient les *bureaux politiques.*

[2] Ce qui arrive toujours dans les révolutions qui se prolongent. J'ai déjà cité, à ce sujet, l'exemple de la révolution angloise et les soins que prit Charles II pour réformer le langage tout-à-fait dénaturé sous Cromwell.

Quoique parmi nous, plusieurs personnes emploient encore quelquefois de mauvaises locutions, on parle infiniment mieux qu'à l'époque de mon retour en France.

(Notes de l'auteur.)

[3] Dans ce temps on cita beaucoup, de M. le prince de T......, une réponse charmante dans son genre, parce qu'elle prouve autant de présence d'esprit que de

ou *le Pérou, un objet conséquent;* pour dire un objet d'un grand prix, n'étoient pas d'un plus mauvais ton. Pour bien parler, il faut ne rien dire de trop, et en même temps dire tout ce qui est nécessaire à la clarté du discours. L'ellipse ne vaut jamais rien dans la conversation, parce que les mots sous-entendus peuvent y jeter quelque chose d'équivoque et de l'obscurité : c'est pourquoi on parle mal en disant, *la Capitale,* pour dire *Paris* ; *du Champagne, du Bordeaux*, au lieu de vin de Champagne ; ou *les François,* au lieu de la Comédie Françoise. *Elle a de l'usage*, de quoi?... On doit dire : elle a de l'usage du monde. Lorsqu'on dit, un *louis d'or*, on parle mal dans le sens opposé. *Éduquer ; il reste,* pour il demeure ; *son équipage*, au lieu de sa voiture ; *venez manger ma soupe ; un castor,* pour un chapeau ; *je vous fais excuse, il roule carrosse ; une bonne trotte,* pour une bonne course ; *son dû,* pour son salaire ; *le beau monde ; un beau râtelier*

---

facilité à prendre tous les tons quand il le faut. Il donnoit une fête magnifique. Une dame très-parée, qui lui étoit inconnue, s'approcha de lui en disant : *Cela doit vous coûter gros. — Oh!* répondit-il, *ce n'est pas le Pérou.*

(Note de l'auteur.)

où *une superbe denture*, pour louer de belles dents, sont des façons de parler si basses [1], ainsi que ces mauvaises expressions ; *elle est puissante*, c'est-à-dire grosse ; *un muscadin*, un fat ; *flaner*, pour muser ; et les verbes *embêter*, *endêver*, etc. ; *je suis mortifié*, pour je suis fâché. *Mortifié* veut dire humilié ; il est très-ridicule de dire qu'on est *humilié* de n'avoir pas trouvé quelqu'un chez lui.

Je ne fus pas moins surprise en entendant dire *votre demoiselle*, pour mademoiselle votre fille [2]. *Madame*, tout court, en parlant à un

[1] Ce qui n'est pas inutile, car les étrangers, n'apprenant communément le langage familier qu'en parlant avec des domestiques, emploient souvent des expressions ridicules. On a entendu plusieurs grandes dames angloises dire qu'elles avoient froid ou chaud *comme tout*. (Note de l'auteur.)

[2] On a remarqué comme une inconséquence de la langue que les mots *mari* et *femme* soient proscrits dans le genre héroïque, et que les mots époux et épouse, consacrés à ce genre, soient de mauvais ton dans le langage familier ; mais ce n'est point une inconséquence, c'est précisément parce que ces mots s'employoient seuls dans le genre héroïque, qu'on les a exclus de la conversation, non comme *ignobles*, mais comme *emphatiques*.

mari de sa femme; *en usez-vous ?* (du tabac), pour en prenez-vous ; *j'y vais de suite*, pour j'y vais tout de suite ; *il a des écus*, pour il est riche. *Il lui fait la cour*, c'est-à-dire *il en est amoureux* ; ce qu'on exprimoit jadis plus délicatement en disant : *il est occupé d'elle*.

Voici quelques manières de parler que l'on trouvoit très-mauvaises autrefois, et qui sont assez usitées aujourd'hui : *j'ai pris une glace*; on disoit bien prendre des glaces, mais il falloit dire : j'ai pris une ou plusieurs tasses de glaces, et c'est en effet parler plus régulièrement. *Des manières engageantes* étoient une phrase ridicule ; on le trouvoit, et avec raison : d'un homme c'est trop dire ; d'une femme c'est presque une injure, ou du moins un éloge

Le peuple ne s'en sert que par analogie. Le mot *épousailles*, le verbe *épouser*, lui ont fait prendre naturellement l'habitude de dire *épouse*, et par analogie encore, quand un ouvrier dit *ma femme*, celle-ci dit *mon homme*.

Le peuple, pour dire qu'il a donné un bouquet à quelqu'un, dit qu'il l'a *fleuri*. Il appelle toujours une servante *une bonne*, et *ma bonne* est aussi son nom d'amitié favori, ce qui rend cette expression triviale et de mauvais goût. Par la même raison, la formule antique, *je vous salue*, n'est pas de meilleur ton.

(Note de l'auteur.)

peu convenable. Les étrangers disent souvent qu'ils ont bu du café, du thé, c'est mal parler ; *boire* ne se dit que des liqueurs faites pour servir de boisson, pour désaltérer, l'eau, le vin, la bière, le cidre, etc., et on dit : *prendre* du café, du thé, du chocolat.

Ce qui me choqua surtout, c'étoit d'entendre des femmes appeler leur cabinet *un boudoir*, car ce mot bizarre n'étoit employé jadis que par les courtisanes. Je trouvois encore que, lorsqu'on faisoit les honneurs d'une maison, il ne falloit pas offrir d'une manière vague, comme le faisoient beaucoup de personnes qui avoient l'air de ne pas savoir les noms de ce qu'elles proposoient, disant seulement, voulez-vous *du poisson*, ou *de la volaille*? On appeloit les marchandes de modes *des modistes*, et un livre de souvenir *un album*; en parlant de l'habillement de quelqu'un, *sa mise*, *une mise décente*, etc. Voici encore des phrases du langage révolutionnaire, qui ne me déplurent pas moins : *aborder la question*; *en dernière analyse*, *traverser la vie*. On ne traverse un chemin que dans sa largeur, car y marcher dans sa longueur, c'est le suivre. Ainsi, traverser est toujours faire un petit trajet : quand on vit d'âge d'homme, on n'a point *traversé la vie*, on l'a parcourue, l'expression étoit donc impropre; on ne pourroit dire que d'un enfant mort au berceau, qu'il a *traversé la vie*.

On avait inventé une phrase merveilleuse, car elle répondoit à tout, elle excusoit tout. Quelqu'un faisoit-il une sottise, ses amis disoient : *c'est qu'il étoit dans une fausse position*; on n'avoit plus rien à objecter. Cependant cette phrase, traduite littéralement, signifie qu'*on étoit dans une situation embarrassante*; et à cela on répondoit jadis que l'esprit de conduite, le courage et l'habileté devoient servir à en tirer. Mais ces mots, *une fausse position*, comme on l'a dit, justifioient tout.

Je dois dire, à l'honneur de la société actuelle, qu'on y entend beaucoup moins de ces phrases incorrectes que je viens de citer, et même de ces phrases banales et à la mode qui répandoient autrefois, avant la révolution, beaucoup de monotonie et d'insipidité sur la conversation. Dans l'ancienne société, éteinte ou dispersée, on entendoit partout des exclamations qui exprimoient l'étonnement, la désolation, l'horreur ou l'enchantement et l'enthousiasme : tout étoit *inconcevable*, *inouï*, *monstrueux*, *horrible*, ou *charmant et céleste*. Lorsqu'on rencontroit quelqu'un auquel on avoit fait fermer sa porte, on ne manquoit jamais de lui protester qu'on étoit *désespéré* de ne s'être pas trouvé chez soi. Les gens d'un ton plus raffiné se contentoient de dire qu'ils étoient bien *affligés*. Après avoir fait sept ou huit visites, on rentroit dans sa maison avec le remords d'avoir plongé dans l'affliction et réduit au désespoir une douzaine de personnes, mais aussi avec la consolation d'en avoir charmé et rendu heureuses un pareil nombre. Aujourd'hui, ces exagérations sont fort affoiblies ; les femmes surtout sont beaucoup plus froides, moins affectueuses, moins accueillantes ; mais sont-elles plus sincères ? c'est une question que je ne me permettrois pas de décider.

On ne soupoit plus, parce que les usages n'étoient pas moins changés que la langue¹ ; les spectacles ne finissoient qu'à onze heures du soir, et cela seul produisoit un grand chan-

---

¹ Quelques-uns des usages *anglo-révolutionnaires* subsistent toujours, par exemple ceux qu'on va lire.
(Note de l'éditeur.)

gement dans la société. Après le dîner, on vouloit ou faire des visites ou aller au spectacle; on étoit distrait, préoccupé; on regardoit à sa montre; toutes ces choses ne donnoient ni un maintien ni une conversation aimables. Le souper jadis terminoit la journée; on n'avoit plus rien à faire; on ne craignoit plus le mouvement, et l'interruption causée par les visites qui surviennent toujours après le dîner; on étoit tout entier à la société: au lieu de compter les heures, on les oublioit, et l'on causoit avec une parfaite liberté d'esprit, et par conséquent avec agrément.

Autrefois les soupers de Paris étoient renommés pour leur gaieté; on s'amusoit, on causoit sans interruption, même à table, parce qu'on y étoit toujours placé par son choix, à côté des personnes qui convenoient le mieux...... Chez les princes du sang, le prince appeloit auprès de lui *deux personnes*, et toujours deux femmes; la princesse aussi, et de même toujours *deux femmes*, à moins qu'il n'y eût un prince étranger de maison souveraine et sur le trône; d'ailleurs on pensoit que ni une princesse ni une femme de la société, ne pouvoient, avec bienséance, inviter un homme à venir s'asseoir à côté d'elles pendant une heure et demie ; on pensoit qu'à moins des priviléges du rang le plus élevé, il n'y a point de cas où, dans le cours ordinaire des choses, une femme puisse faire des *avances* à un homme. La politesse étoit parfaite, et par conséquent toujours aimable; elle ne dégénéroit jamais en froid cérémonial, et l'on évitoit avec soin, dans la société, tout ce qui pouvoit ressembler à l'*étiquette* et rappeler l'idée de quelque inégalité dans les rangs. On trouvoit que chez soi il falloit savoir accorder des distinctions à ceux qui le méritoient, ou par la réputation, l'esprit, la considération personnelle, ou par leur place et leurs emplois; mais sans jamais blesser ou désobliger les autres, ce qui se faisoit fort naturellement, en s'occupant un peu plus de ces personnes, et non en leur donnant solennellement des préférences qui faisoient jouer un rôle subalterne à ceux qui ne les obtenoient pas. Le grand seigneur, qui invitoit à un grand souper la femme d'un fermier général et celle d'un duc et pair, les traitoit avec les mêmes égards, le même respect. La financière établie dans le cercle n'auroit point cédé sa place à la duchesse; et, si par hasard elle la lui eût offerte, la duchesse, sous peine de passer pour impertinente, ne l'auroit point acceptée. Lorsqu'on alloit se mettre à table, le maître de la maison ne s'élançoit point vers la *personne la plus considérable* pour l'entraîner du fond de la chambre, la faire passer en triomphe devant toutes les autres femmes, et la placer avec pompe à table à côté de lui. Les autres hommes ne se précipitoient point pour *donner la main aux dames*, comme je le voyois, et comme on le fait encore souvent aujourd'hui. Cet usage ne se pratiquoit alors que dans les villes de province. Les femmes d'abord, sortoient toutes du salon; celles qui étoient le plus près de la porte passoient les premières; elles se faisoient entre elles quelques petits complimens, mais très-courts, et qui ne retardoient nullement la marche. Tout cela se faisoit sans embarras, avec calme, sans empressement et sans lenteur; les hommes passoient ensuite. Tout le monde arrivé dans la salle à manger, on se plaçoit à table à son gré, et le maître et la maîtresse de la maison trouvoient facilement le moyen, sans *faire de scène*, d'engager les quatre femmes les plus distinguées de l'assemblée à se mettre à côté d'eux. Communément cet arrangement, ainsi que presque tous les autres, avoit été décidé en particulier dans le salon. Voilà des mœurs sociales et des manières véritablement polies, parce qu'elles obligent celles que l'on veut particulièrement honorer, et qu'elles ne blessent personne ; *nous avons changé tout cela.* Non-seulement, à mon retour en France, et encore aujourd'hui, le maître de la maison s'emparoit de la dame *la plus considérable* qu'il établissoit à côté de lui, mais il lui falloit un second, et il nommoit un autre homme, le plus élevé en grade, qu'il faisoit placer près d'elle ; et si cette femme, comblée de tant d'honneurs, aimoit mieux l'amusement que la gloire, et que par malheur (ce qui n'est pas absolument impossible) le maître de la maison, et même le général d'armée, ou le maréchal de France, fût ennuyeux, elle passoit une triste soirée... Les autres femmes n'étoient pas plus heureuses ; car l'impérieux despote qui les rassembloit chez lui avoit nommé à haute voix les voisins qu'elles devoient avoir. Il falloit avoir une gaieté à toute épreuve pour en conserver un peu à de tels repas.

Autrefois les femmes, après le dîner ou le souper, se levoient et sortoient de table pour se rincer la bouche; les hommes, et même les princes du sang, par respect pour elles, ne se permettoient pas, pour faire la même chose, de rester dans la salle à manger; ils passoient dans une antichambre. Aujourd'hui cette espèce de toilette se fait à table dans beaucoup de maisons. Là, on voit des François, assis à côté des femmes, se laver les mains et cracher dans un vase..... C'est un spectacle bien étonnant pour leurs grands-pères et leurs grand's-mères : cet usage vient d'Angleterre. Il est certain que cette coutume n'est pas françoise; mais au moins cette coutume est plus excusable en Angleterre, puisque les femmes se lèvent toujours au dessert, et laissent les hommes à table.

Dans la bonne compagnie jadis, les femmes étoient traitées par les hommes avec presque tous les usages respectueux prescrits pour les princesses du sang; ils ne leur parloient en général qu'à la tierce personne ; ils ne se tutoyoient jamais entre eux devant elles ; et même, quelque liés qu'ils fussent avec leurs maris, leurs frères, etc., ils n'auroient jamais, en leur présence, désigné ces personnes par leurs noms tout court. Jamais alors les gens bien élevés ne louoient en face une femme sur sa figure ; ils lui supposoient toute la modestie de son sexe, l'éloge le plus flatteur que l'on puisse donner. Lorsqu'on leur adressoit la parole, c'étoit toujours avec un son de voix moins élevé que celui qu'on avoit avec des hommes. Cette nuance de respect avoit une grâce qui ne peut se décrire [1]. Toutes ces choses n'étoient plus d'usage à mon retour; chaque homme pouvoit dire :

De soins plus importans mon âme est agitée.

De leur côté, les femmes, n'étant plus traitées avec respect, avoient perdu la retenue qui doit les caractériser ; par exemple, elles appeloient dans un cercle les jeunes gens par leur seul nom de baptême; et l'habitude d'entendre tutoyer continuellement en leur présence leur avoit fait prendre celle de se tutoyer entre

[1] Ajoutons que, peu d'années avant la révolution, on n'auroit osé paroître en bottes devant elles à Paris. Il est vrai qu'alors, excepté à la campagne, elles ne recevoient communément les hommes qu'à dîner et le soir

(Note de l'auteur.)

elles devant du monde, chose qu'on n'a jamais vue dans l'ancien temps [1].

J'observai un ridicule plus amusant, je m'aperçus que, malgré le dénigrement affecté de l'ancien temps, plusieurs parvenus avoient fait une étude sérieuse de l'art de contrefaire les grands seigneurs de l'ancienne cour. MM. de Talleyrand, de Valence, de Narbonne et de Vaudreuil étoient surtout leurs modèles. Il faut avouer qu'ils les choisissoient bien.

Une chose qui me déplut particulièrement, fut la suppression des couvre-pieds de chaises longues. Je vis les dames les plus *qualifiées* et les plus à la mode de cette époque recevoir parées et couchées sur un canapé, et sans couvre-pied. Il en résultoit que le plus léger mouvement découvroit souvent leurs pieds et une partie de leurs jambes. Le manque de décence

[1] Cette remarque sur le tutoiement rappelle un mot très-plaisant de madame de Bussy, femme du gouverneur de Saint-Domingue, étant seule avec son mari qu'elle n'aimoit pas. M. de Bussy la conjuroit, ce qui etoit fort simple, étant tête-à-tête, de le tutoyer, ce qu'elle n'avoit jamais fait. Après beaucoup d'instances passionnées, elle y consentit enfin, et lui dit. *Eh bien! va-t'en.*

(Note de l'auteur.)

qui ôte toujours du charme, surtout aux femmes, donnoit à leur maintien et à leur tournure une véritable disgrâce.

Mes visites, dans quelques maisons, me firent connaître l'inexpérience et le mauvais goût de ceux qui remeublèrent les hôtels et les palais abandonnés et dévastés. J'y remarquai mille bizarreries. On plissait sur les murs les étoffes, au lieu de les étendre; on calculoit sans doute que de cette manière *l'aunage* étoit infiniment plus considérable, et que cela étoit beaucoup plus magnifique. Afin d'éviter l'air mesquin qui auroit pu rappeler certaines origines, on donnoit à tous les meubles les formes les plus lourdes et les plus massives. Comme on savoit en général que la symétrie étoit bannie des jardins, on en avoit conclu que l'on devoit aussi l'exclure des appartemens, et l'on posoit toutes les draperies au hasard. Ce désordre affecté donnoit à tous les salons l'aspect le plus ridicule; on croyoit être dans des pièces que les tapissiers n'avoient pas encore eu le temps d'arranger. Enfin, pour montrer que les nouvelles idées n'excluoient ni *la grâce* ni *la galanterie*, les hommes et les femmes rattachoient les rideaux de leurs lits avec les attributs de l'amour, et transformoient en *autels* leurs tables de nuit. On vit des conspirateurs qui s'étoient baignés dans le sang, se coucher sur des lits somptueux, ornés de camées représentant Vénus et les Grâces! et l'on voyoit suspendue sur leurs têtes, non l'épée de Damoclès; mais une flèche légère ou des couronnes de roses ¹!...

Nos voitures ne furent pas même à l'abri de cet esprit général d'innovation. Avant la révolution, il n'y avoit point de cabriolets de place², et c'étoit un bien; car cet établissement a causé une multitude d'accidens. On a supprimé les chaises à porteurs et les brouettes, voitures très-regrettables pour la classe qui n'étoit pas en état de payer des fiacres. Il est étonnant qu'on n'ait pas imaginé des litières publiques, menées par des mulets, pour le service des malades, des convalescens et des femmes gros-

¹ Ceci ne se rapporte qu'à l'an mil huit cent; mais depuis, grâces aux charmans dessins et au talent de MM. Fontaine et Percier, nos meubles ont toute l'élégance désirable.
(Note de l'éditeur.)

² Il y en avoit à Naples très-long-temps avant la revolution.
(Note de l'auteur.)

ses, auxquelles les voitures ordinaires sont défendues. Ces litières seroient employées à Paris, dans les environs, et pour les voyages.

« La forme des voitures étoit beaucoup plus agréable jadis que celle des voitures rondes comme des boules, qui étoient du plus mauvais goût. La forme des berlines et des calèches anciennes, et celle des *vis-à-vis*, étoit d'un fort bon dessin dans leur genre et d'une grande élégance.

Le jacobinisme avoit supprimé toute espèce de complimens en proscrivant toutes les bienséances. On commençoit à les reprendre à mon retour; et, apparemment pour réparer le temps perdu, on les multiplioit et on les allongeoit. Par exemple, en entrant et en sortant d'un salon, chacun se croyoit obligé d'aller faire un compliment d'arrivée ou d'adieu à la maîtresse de la maison. Autrefois, au lieu de ces entrées bruyantes et triomphales, on se présentoit modestement et sans éclat; on n'alloit point attaquer avec intrépidité la maîtresse de la maison, et souvent une profonde révérence formoit tout le cérémonial. Lorsqu'on sortoit, on n'alloit point prendre un congé solennel, on saisissoit le moment où d'autres personnes entroient, on profitoit de ce mouvement pour s'évader sans être aperçu, afin d'éviter l'importunité réciproque des complimens et des reconduites. L'esprit de tous ces usages étoit bon ; on feroit bien d'y revenir entièrement [1].

Après avoir passé quelque temps à Paris, je fis une infinité de courses à la campagne et dans les châteaux ; j'en fis même plusieurs en simple voyageuse et par pure curiosité ; et j'avoue que je pensai qu'en général on trouvoit beaucoup plus de popularité, et de *libéralité* dans nos anciens châteaux. Je ne trouvai plus ces chapelles qui étoient jadis d'un si bon exemple pour les paysans. Je ne vis aller à l'église paroissiale que les dames ; les hommes n'y mettoient presque pas le pied ; et les paysans, pour les imiter, n'y alloient jamais. Je fus aussi scandalisée des *fêtes* qu'on leur donnoit : le maître du château leur ouvroit ses jardins, avec la *permission* d'y inviter des cabaretiers, des traiteurs, auxquels ils achetoient les vins et les repas que nous leur donnions jadis avec tant de générosité, mais qui,

[1] Et c'est ce qu'on a fait. Ce qu'on vient de lire fut écrit en 1800. (Note de l'auteur.)

distribués avec sagesse, prévenoient l'ivresse, les querelles, les scènes scandaleuses et souvent sanglantes qui en résultoient. Une chose encore qui me parut du plus grand ridicule, fut la morgue des dames de châteaux, qui, dans ces réjouissances, ne vouloient point danser avec les paysans. Je me rappelai qu'autrefois, à ces bals champêtres, nous ne voulions danser qu'avec eux, et que nous défendions aux hommes de notre société de nous inviter, en leur prescrivant de ne danser qu'avec des paysannes. Tout ceci n'est assurément point sans exception ; j'ai vu dès lors, dans les campagnes et dans les châteaux, exercer dans toute son étendue la charité de tout genre que j'admirois jadis.

» J'ai été plus d'un an sans vouloir passer sur la place Louis XV, appelée alors place de la Révolution, et devant le Palais-Royal [1].... Je logeai d'abord à la Chaussée-d'Antin, rue Papillon, dans un charmant appartement tout meublé, appartenant à une jeune personne

---

[1] Une chose singulière et qui prouve le pouvoir de l'imagination, c'est que lorsqu'on eut doré la pointe des grilles de la grande cour, l'ensemble de l'édifice ne me fit plus d'impression.

(Note de l'auteur.)

qui me le loua pour six mois. Madame de Montesson, ma tante, ne m'avoit pas donné signe de vie dans les pays étrangers, quoique je fusse partie en fort bonne intelligence avec elle; car, depuis la mort du vieux duc d'Orléans, elle convenoit qu'elle avoit fort à se louer de moi. Je la trouvai dans la plus grande faveur, par sa liaison avec madame Bonaparte, femme du premier consul, qui lui avoit fait rendre toute sa fortune. Cependant j'allai la voir le surlendemain de mon arrivée; je trouvai du monde chez elle; elle me reçut avec une sécheresse qui alla jusqu'à l'impertinence, et elle affecta de faire devant moi une grande parade de son crédit; elle parla beaucoup de madame Bonaparte et des déjeuners qu'elle lui donnoit. Ma visite fut courte et silencieuse; M. de Valence me reconduisit. Je lui dis, en m'en allant, que j'étois beaucoup trop vieille pour me laisser traiter ainsi, et que je ne reviendrois plus; il excusa madame de Montesson d'une drôle de manière : il me dit qu'elle seroit mieux une autre fois; qu'elle avoit pris de l'humeur en voyant que je n'étois pas du tout vieillie; que c'étoit un petit *tort de femme* qu'il falloit pardonner.

M. de Valence me parla de mes affaires. Il me dit que je n'y entendois rien, qu'il me demandoit de ne les confier à personne, et qu'il s'en chargeoit. Je répondis que je ne redemanderois rien à mes enfans, quoique j'en eusse les droits les mieux assurés, puisque j'avois mon recours sur la terre de Sillery, mais que j'allois demander mon douaire à M. le marquis de Noailles, qui, par des actes solennels, s'étoit engagé à le payer; à défaut de quoi, comme, par exemple, s'il eût été insolvable, j'avois, comme je l'ai dit, mon recours sur la terre de Sillery, qui étoit toujours dans ma famille, et que je ne ferois la réclamation à M. de Noailles que pour conserver le fonds de mon douaire à ma famille, et dont je n'emploierois l'usufruit que pour faire de bonnes actions publiques.

Je dis *publiques*, parce que je m'étois engagée à n'en rien garder pour moi [1]. J'ajoutai que,

---

[1] Par mon contrat de mariage, la moitié de tout le mobilier m'appartenoit, la moitié des vins en cave, et, après la terreur, ma fille reçut du gouvernement une somme considérable, en dédommagement des pillages faits à Sillery et dans la maison de Paris, de son père; et je n'ai rien revendiqué de cette somme, dont la moitié m'appartenoit. Il restoit beaucoup de meubles et la bi

n'ayant rien dans ce moment, je réclamois la partie qui me revenoit de la succession de mon grand-oncle Desalleux, que madame de Montesson avoit recueillie toute entière, et dont il me revenoit un tiers; il avoit laissé entre autres, sans compter son mobilier, son argenterie, etc., une fort belle bibliothèque, la bibliothéque de Sillery toute entière; je n'en ai rien demandé; enfin, j'ai abandonné sans restriction tout ce qui étoit *bien de famille*. J'ai poussé la délicatesse jusqu'à ne pas vouloir garder pour moi une très-belle sculpture en marbre, où je suis représentée de la tête aux pieds, et qui faisoit un des ornemens du tombeau de feu madame la maréchale d'Estrée. Cette sculpture, pour laquelle j'avois donné un grand nombre de séances à M. Monot, sculpteur de l'Académie, et qui faisoit partie, à mon retour en France, des collections de M. Lenoir*, me fut restituée par les soins généreux de mon ami, M. le comte de Kosakoski (un Polonois); je savois que cette sculpture

---

* La France doit à M. Alex. Lenoir la conservation d'un grand nombre d'ouvrages précieux, soit par leur antiquité, soit par la beauté du travail. Il fut à la fois le créateur et le conservateur du Musée des Monumens français, et parvint, en les réunissant en un même lieu, à les soustraire au marteau des barbares. M. Alex. Lenoir fut blessé d'un coup de baïonnette, en s'opposant à la destruction du beau mausolée du cardinal de Richelieu. Ces monumens, qu'il avoit classés par siècles, ont été dispersés de nouveau, et rendus, en grande partie, à leur destination première. (Note de l'éditeur.)

ric et son argent comptant; la terre des Pannats auprès d'Avallon; cette terre étoit estimée cinq mille livres de rente, et elle avoit un joli château. Madame de Montesson ne rougit pas de me faire offrir dix mille francs une fois payés

avoit coûté quatre mille francs à M. de Genlis, et je la donnai à M. de Valence. On ne l'a point trouvée à sa mort, on ignore ce qu'il en a fait, car tout le monde l'a vue chez lui pendant quelques jours. Quant à mon douaire, M. de Noailles, qui s'en étoit libéré *avec la nation*, pour *deux mille francs* en assignats, tout-à-fait tombés et une fois payés, et en dénonçant à la nation ce douaire, contre toute règle; même de ce temps, et en manquant à une infinité de formalités; M. de Noailles refusa nettement d'entrer en arrangement avec moi, ce qui fit un procès qui naturellement devoit être jugé à un grand tribunal, lorsque M. de Noailles me fit demander de permettre que la cause fût portée à un petit tribunal, que je m'abstiens de nommer, et qui n'étoit composé que de cinq personnes : j'eus la simplicité d'y consentir, malgré les fortes oppositions de M. Fournel, avocat aussi habile qu'il est honnête. Sur les cinq juges, M. de Noailles en eut trois qui jugèrent en sa faveur, et qui donnèrent pour motif de leur condamnation, ce qui est exprimé dans l'arrêt, que j'avois mon recours sur la terre de Sillery. Je l'avois en effet; mais, comme je l'ai dit, je n'ai point voulu en profiter, et j'ai abandonné ce douaire tout entier à mes enfans. (*Note de l'auteur.*)

pour ma part. Je n'avois rien, j'étois dans le plus grand embarras pour exister : il fallut bien accepter. Elle me fit signer un acte par lequel je m'engageois à ne jamais rien réclamer de plus. Si du moins on m'eût donné cet argent comptant, j'aurois été tirée de tout embarras, parce que j'aurois eu le temps de faire un ouvrage et de le vendre avantageusement; mais je n'avois pas pris la précaution de mettre cette clause dans mon marché, et je n'ai eu ces dix mille francs que par petites parcelles et sans termes fixes, et j'étois obligée d'acheter tout ce qu'il faut pour meubler un appartement, tout ce qui est nécessaire à une petite cuisine, et le linge de table et de ménage, une petite argenterie. Dans cet embarras, je m'imaginai de faire une nouvelle édition des *Mères rivales*, en y ajoutant un volume de plus. On me proposa de le vendre au libraire Henrichs, qui m'en offrit quatre mille francs; ce que j'acceptai. Mais j'eus la simplicité de ne pas faire d'engagement par écrit : cette édition fut épuisée en quinze jours, et M. Henrichs n'a jamais voulu m'en donner une obole. Maradan vint m'offrir de travailler à la *Bibliothèque des romans*, qui n'avoit pas quarante souscripteurs;

j'étois dans une telle pénurie, que je consentis à y travailler pour douze cents francs par an. J'y donnai mon premier conte, *le Malencontreux*, qui eut tant de succès, que le nombre des souscripteurs quintupla. Je donnai ensuite *les Ermites des marais Pontins*. Je savois, comme je l'ai déjà dit, que madame la duchesse d'Orléans demandoit avec instance de rentrer en France; je fis cette nouvelle dans la seule intention d'intéresser en sa faveur, et de seconder le dessein qu'elle avoit de revenir dans sa patrie. On lui refusa la permission qu'elle sollicitoit; mais je n'en ai pas moins eu le mérite d'une intention pure et d'une action courageuse, car elle pouvoit déplaire au gouvernement d'alors. J'ai fait encore depuis l'éloge le plus touchant de ses vertus dans *les Souvenirs de Félicie* : je n'ai jamais perdu une occasion de la louer et de rendre hommage à son caractère. *Les Souvenirs de Félicie* ranimèrent en ma faveur beaucoup *d'anciens souvenirs*. Un ami qui, avant cette époque, les avoit tous conservés, M. de Cabre, m'envoya des vers charmans que voici :

Seule, vous centuplez le temps,
Par tant de talens, de magie,

Qu'il vous doit bien quelque cent ans :
Lui seul le peut, *qu'il vous oublie.*
Non, vous ne vieillirez jamais,
Vous, dont l'art donne à tout la vie,
Puisque moi-même je renais,
Des souvenirs de Félicie.

Après *le Malencontreux*, je publiai deux nouvelles, et *Mademoiselle de Clermont*, dont le succès fut si extraordinaire, que Maradan, de lui-même, eut l'honnêteté de me donner quatre mille francs au lieu de douze cents francs pour la *Bibliothèque des Romans*. Au bout de quatre mois, j'achetai des meubles, et j'allai m'établir dans la rue d'Enfer. Au milieu de tous ces travaux et de tous ces embarras, Casimir étoit ma plus grande consolation; je m'amusai à lui apprendre à jouer de la harpe, instrument sur lequel il a fait depuis des prodiges.

Cependant mes succès ranimèrent un peu madame de Montesson pour moi; elle me fit faire une espèce d'apologie de sa réception, et je retournai chez elle. Ce fut alors tout le contraire de la première fois : elle me reçut avec des témoignages d'affection les plus exagérés, ce qui a continué jusqu'à sa mort. Mais elle ne m'a pas rendu un seul service, et je ne lui en ai point demandé, et dans son testament elle m'a déshéritée.

Dans les premiers jours de mon établissement rue d'Enfer, je reçus de M. de La Harpe une lettre fort obligeante, qui me surprit beaucoup :

« Madame, c'est une singularité sans doute que de répondre aujourd'hui à Paris à une lettre écrite du Holstein, il y a près de quatre ans. Mais nous en sommes depuis long-temps aux singularités de toute espèce, et celle-ci est encore du genre révolutionnaire. Voici les faits :

» La lettre dont vous m'honorâtes me parvint au moment de la crise de *fructidor*. Obligé de fuir et de me cacher, je regardois comme une précaution nécessaire que mon écriture qui étoit connue ne parût pas à la poste, de quelque manière que ce fût, surtout dans une lettre pour le pays étranger. Vous n'ignorez pas que toutes les lettres étoient ouvertes sans exception : la mienne eût été assurément fort indifférente à la chose publique. Mais vous savez ce que c'étoit que le directoire, et ce dont il étoit capable; ayant en main une lettre de moi, quelle qu'elle fût, j'étois poursuivi avec rage, et je ne voulois pas lui donner cette arme de plus.

» Au reste, madame, les sentimens qui dictèrent alors cette lettre, dont j'ai été touché jusqu'au fond du cœur, vous répondaient d'avance des miens, parce que de part et d'autre ils tenoient à des principes qui nous étoient communs; la profession publique que j'en faisois et que j'en ferai toute ma vie ne me permettoit de ressentiment personnel contre qui que ce fût, à plus forte raison contre vous, madame, à qui je devois de la reconnoissance pour toutes les bontés dont vous m'avez comblé pendant le temps trop court de notre liaison. Heureusement fondée sur le seul amour des lettres et le charme de vos talens, elle n'eut jamais rien qui pût laisser à l'un ni à l'autre ni regret ni repentir, et vous saviez vous-même me défendre de la séduction qu'une autre espèce de charme auroit pu rendre dangereuse pour moi. C'est une justice que j'aime à vous rendre; et quant à celle qui est due à vos ouvrages, vous la trouverez à sa place dans celui que je m'occupe actuellement d'achever.

» Si des défiances ou des picoteries d'amour-propre ont fait cesser cette liaison dont le souvenir me sera toujours cher, vous êtes aujourd'hui aussi capable que personne d'apprécier ces vanités littéraires. Votre lettre m'en donne l'assurance, et, pour ce qui me regarde, je ne puis que vous prier de vouloir bien ajouter à vos anciennes bontés celle d'excuser les torts que j'ai pu avoir avec vous. Pour vous, madame, si vous croyez en avoir eu, assurément la démarche que vous avez daigné faire les effaceroit de reste ; elle vous honore encore plus que moi, ou plutôt elle honore celui qui est l'auteur de tout bien.

» Agréez, madame, le respectueux hommage de ma reconnoissance. La Harpe.

» *P. S.* Dans la retraite où je vis, je n'ai su que depuis deux jours votre retour à Paris et votre demeure. »

Peu de temps après j'en reçus une autre qui contient un paragraphe si curieux, que je l'ai gardée. *La sainteté* change entièrement et tout à coup le caractère ; une âme subitement éclairée par toutes les lumières de la religion, et se donnant à Dieu sans réserve, prend avec rapidité toutes les vertus et toute la perfection que souvent ne donne pas une longue mais indolente pénitence,

soutenue néanmoins par une foi sincère, mais sans ardeur et sans enthousiasme. Ainsi, une simple conversion ne détruit qu'à la longue un défaut dominant, et celui de M. de La Harpe étoit la fatuité. Dans la lettre dont je viens de parler, après quelques phrases sur nos querelles passées, il ajoute : « Que, dans tous les temps cependant, il a
» rendu justice à mon caractère, et que même
» il m'avoit justifiée de plusieurs calomnies *en*
» *disant hautement qu'il m'avoit aimée, et que*
» *je lui avois toujours résisté!...* »

Je répondis de mon mieux à cette singulière lettre. Il vint me voir. Je le félicitai du fond de l'âme sur sa conversion; je lui rappelai que jadis, avant la révolution, je la lui avois prédite. Il me répondit qu'en effet son esprit avoit toujours été frappé des preuves de la religion, de sa grandeur et de sa morale, et qu'il ne s'étoit éloigné de *cet unique but de la vie que par orgueil et par l'attrait de la volupté*. Ce furent ses propres expressions. Il m'apprit qu'il donnoit *à ses amis* un jour par semaine; que ce jour ils se rassembloient tous chez lui pour y passer toute la soirée, seulement pour *causer*. Il me pressa vivement d'y aller, et je le promis vaguement. Mais, en prenant des informations à ce sujet, j'appris que ces assemblées, toujours de vingt ou vingt-cinq personnes, formoient à la fois un *bureau d'esprit* et un *conciliabule mystique et politique;* et, n'ayant nul goût pour les associations secrètes, qui n'ont pas pour seul but la charité pour les pauvres, je me décidai à n'y point aller. M. de La Harpe m'écrivit deux billets pour me renouveler son invitation. Il y avoit cette phrase dans le premier : *Vous devez naturellement être des nôtres.* Cette expression, *des nôtres*, me confirma ce qu'on m'avoit dit. Je persistai à ne pas mettre le pied chez lui. Je m'excusai sur mes occupations, *ma sauvagerie*, et je le refroidis tout-à-fait pour moi. Il ne revint plus chez moi, et notre réconciliation en resta là. Par la suite, ces assemblées furent regardées comme séditieuses, et M. de La Harpe fut exilé aux environs de Paris. Comme il est certain qu'on se bornoit, dans cette société, à parler librement du gouvernement, sans former de complots contre lui, cette rigueur contre M. de La Harpe fut une injustice et une maladresse : les talens et l'âge de M. de La Harpe auroient mérité non-seulement des égards particuliers, mais toutes les faveurs et toutes les distinctions littéraires. Il n'en eut aucune sous le gouvernement impérial, et on les vit prodiguer à des littérateurs qui lui étoient inférieurs à tous égards. Sa santé, déjà altérée lorsqu'il fut exilé, acheva promptement de se détruire tout-à-fait; il sentit sa fin approcher, et il la vit avec toute la fermeté d'un chrétien. Lorsqu'il connut qu'il n'avoit plus que peu de jours à vivre, il demanda et reçut tous ses sacremens. En même temps il écrivit à M. de Fontanes[1], son ami, qu'il désiroit le voir avant

---

[1] La vie littéraire de M. de Fontanes n'est guère moins connue que sa vie politique. Il débuta par la traduction de l'*Essai sur l'Homme*, de Pope. Le *Jour des Morts*, imitation du *Cimetière* de Gray, le *Verger*, le *Cloître des Chartreux*, et d'autres petits poëmes, le firent distinguer de la foule des écrivains froids et maniérés des temps qui précédèrent la révolution, et lui valurent de bonne heure une réputation honorable, que les vers qu'il a écrits depuis n'ont ni accrue ni affoiblie. Il réussissoit mieux encore dans l'éloge, personne mieux que lui ne sut assaisonner la louange et l'exagérer sans l'avilir. La mort du marquis de Fontanes, arrivée en 1821, fut une perte pour les belles-lettres; les circonstances qui hâtèrent le terme de sa vie ont excité la compassion des hommes de toutes les opinions. Il étoit né à Niort, en 1757.

(Note de l'éditeur.)

de mourir. M. de Fontanes se rendit aussitôt chez lui, et il trouva M. de La Harpe avec toute sa connoissance et toute sa tête, et dans les sentimens de la plus haute piété. Deux heures avant de mourir, il se fit dire tout haut les prières des agonisans, et il y répondit lui-même d'un ton pénétré, mais ferme. Ainsi mourut, exilé dans un village, le premier littérateur de ce temps, et l'un des meilleurs critiques du siècle. Je tiens tous les détails relatifs à sa mort de M. de Fontanes, auquel je les ai entendu raconter peu de jours après chez madame de Montesson, ma tante.

M. de La Harpe, comme poëte, eut beaucoup de talent ; on trouve des choses charmantes dans ses poésies fugitives, et la versification de ses pièces de théâtre est belle en général. Cependant on peut lui reprocher quelques faux brillans et plusieurs galimatias. M. de Voltaire se préserva de ce mauvais goût, devenu presque général vers le milieu du siècle de Louis XV. M. de La Harpe eût été, dans tous les temps, un excellent moraliste si la fausse philosophie n'eût pas altéré, pendant sa jeunesse et son âge mûr, ses principes et sa raison. Il eût été le premier des critiques, et dans tous les temps, si l'amour-propre et l'ambition littéraires n'eussent pas prodigieusement influé sur ses jugemens. Son Cours de Littérature est en général un excellent ouvrage; mais il y manque l'impartialité. Pour y soutenir ses premiers jugemens, et surtout les flatteries sans bornes qu'il avoit jadis prodiguées à Voltaire, il y dissimule beaucoup trop les défauts des pièces de théâtre de cet auteur, et surtout la défectuosité de tous ses plans. Il y loue beaucoup trop *Zaïre*, qu'il préfère à toutes ses pièces, à laquelle certainement tous les connoisseurs préféreront toujours *Brutus*, *Alzire* et *Mahomet*. Il ne loue point assez Racine; il est injuste pour Crébillon, et il l'est encore d'une manière choquante pour du Belloi; enfin, il excuse en général une quantité de fautes, uniquement parce qu'elles se trouvent dans ses propres ouvrages. On peut lui reprocher encore de n'avoir point assez connu les poëtes gaulois : il n'avoit point étudié cette partie de notre littérature. Il est fâcheux aussi qu'il n'ait eu qu'une très-superficielle idée des littératures étrangères, surtout de la littérature angloise, quoiqu'il ait fait des dissertations séparées sur Shakspeare. Il en a fort mal parlé, parce qu'il ne le jugeoit que sur les moqueries de Voltaire et sur quelques traductions : il ne savoit pas un mot d'anglois. La connoissance des langues modernes a totalement manqué aux littérateurs du dernier siècle. Malgré tout ce que je viens de dire, le Cours de Littérature de M. de La Harpe est un ouvrage fait pour rester et qui sera toujours très-utile. On y trouve une admirable réfutation des principes philosophiques, et, dans tout le cours de l'ouvrage, une raison supérieure et un esprit infini. L'époque à laquelle M. de La Harpe publia ce Cours pourroit seule immortaliser sa mémoire. Ce fut au milieu de l'impiété triomphante qu'il eut le courage de débiter lui-même ces grandes et belles leçons. Il essuya beaucoup d'insultes, il fut poursuivi, persécuté, se fit de nouveaux ennemis; il brava tout, supporta tout pour soutenir la cause de la religion et de la vérité. Sa conversion donna à son caractère et à son esprit une énergie, une chaleur, une verve qu'il n'avoit jamais eues; cependant, dix ans après, ses ennemis ont osé dire qu'il n'étoit qu'un hypocrite. L'époque de sa conversion, et les années qui se sont écoulées depuis jusqu'à sa mort, répondent assez à cette absurde accusation.

Je reprends la suite de mon récit.

J'étois à peine établie dans la rue d'Enfer, lorsque Maradan vint me trouver, pour me prier de m'intéresser en faveur d'un jeune homme nommé M. Fiévée[1], auteur de deux romans intitulés, l'un, *Frédéric*, et l'autre *la Dot de Suzette*, et qui étoit en prison pour ses opinions politiques[2]; je m'occupai avec ardeur

---

[1] M. Fiévée, né en 1770, à Soissons, vint de bonne heure à Paris, et s'associa, en 1791, à Millin et à Condorcet, pour la rédaction d'une *Chronique de Paris*. Il publia, en 1792, une comédie intitulée *les Rigueurs du Cloître*, et trois ans après il fit paroître une brochure sur la *Nécessité d'une Religion*. Forcé de s'éloigner de Paris, en 1797, il composa dans sa retraite deux romans, *la Dot de Suzette* et *Frédéric*. Ses *Lettres sur l'Angleterre*, et ses *Réflexions sur la Philosophie du dix-huitième siècle*, parurent en 1812. Depuis la restauration, M. Fiévée a publié un grand nombre de brochures politiques, des Nouvelles, et l'*Histoire des Sessions législatives*. Il a concouru à la rédaction du *Mercure* et du *Journal des Débats*, de la *Bibliothèque des Romans* et du *Conservateur*.
(Note de l'éditeur)

[2] Cette persécution doit lui faire honneur aujourd'hui, puisqu'elle eut pour cause une correspondance avec Louis XVIII.
(Note de l'auteur.)

du soin de lui faire rendre sa liberté, et j'eus le bonheur d'y réussir. Pendant qu'il étoit encore privé de sa liberté, il m'envoya son jeune ami pour me remercier des démarches que je faisois en sa faveur; ce jeune homme étoit aimable et spirituel; j'eus un grand plaisir à m'entretenir avec lui, et je le chargeai d'une lettre pour M. Fiévée, dont voici la réponse :

« Madame, vous voulez que je vous écrive. Après vos ouvrages qui prouvent votre esprit, vos connoissances et vos principes; après l'intérêt que vous m'avez témoigné sans me connoître, intérêt dont je m'honore et qui prouve votre amour pour la justice, il est donc encore des qualités qu'il faut deviner! J'en serois là en effet sans les visites de Théodore; mais, après l'avoir vu plusieurs fois, croyez-vous que je puisse ignorer cette bonhomie qui rend votre société si douce, et cette attention de faire remarquer dans les autres tout ce qui peut les faire valoir? Il parle de vous tant et si bien, que je vous connois à coup sûr beaucoup plus que bien des personnes qui ont eu le plaisir de se trouver souvent avec vous.

» Je ris quelquefois de l'idée de notre première entrevue, et peut-être uniquement parce qu'il est impossible de m'en faire une idée.

» Il ne seroit pas étonnant que d'emblée nous nous parlassions comme de vieilles connoissances, qui s'entretiennent d'elles sans amour-propre, parce que l'intimité l'exclut, et sans scrupule, parce que lorsqu'on peut intérieurement s'avouer quelques qualités, on n'est pas fâché de s'entendre reprocher quelques défauts. Cela donne tant de prix aux éloges! nous parviendrons à oublier que nous avons eu de l'esprit pour le public, et alors ce sera la dernière chose dont nous ferons usage pour nous. Je vous gronderai de votre amitié pour Théodore, parce qu'elle le rend trop fier; vous ne manquerez pas de motifs pour me gronder à votre tour, et je vous réponds qu'il jouira de voir enfin son mentor sous le joug. Tout bien calculé, je suis convaincu que vous serez toujours deux contre moi.

» Bonsoir, madame; vous vous apercevrez qu'après avoir commencé par moraliser, je finis par bavarder, n'est-ce pas un peu l'usage? »

Il vint me voir pour me remercier, et nous formâmes ensemble une liaison intime qui a duré ainsi jusqu'à la restauration. A cette époque, M. Fiévée, sans querelles, sans discussions, sans mauvais procédés, cessa de me voir et de m'écrire. Je le regrettai, parce que j'avois une véritable amitié pour lui, et que je savois apprécier son esprit et ses talens. Je puis me plaindre à cet égard de son injustice en amitié, mais je n'ai pas le droit de l'accuser d'ingratitude; je lui ai rendu un grand service: il s'en est acquitté, en m'en rendant un autre très-important, que je ne demandois pas, et qui pouvoit l'exposer, comme on le verra dans la suite de ces mémoires.

Je ne restai que neuf mois dans la rue d'Enfer. Trouvant la vie de Paris trop chère, j'allai m'établir à Versailles, où je louai une petite maison dans l'avenue de Paris [1]. J'avois augmenté mon ménage de deux personnes: l'une ma filleule, âgée de quatorze ans, fille de M. Alyon, qui avoit été attaché à l'éduca-

[1] J'étois depuis treize mois en France, et outre les ouvrages dont j'ai parlé, j'avois donné un volume de plus des *Annales de la vertu*, presque entièrement fait en Allemagne, ainsi que ma nouvelle *Méthode d'enseignement*. Je donnai aussi mes *Heures* pour les enfans, ouvrage qui manquoit, et qui a eu un nombre infini d'é-

tion de Belle-Chasse; l'autre une jeune Allemande de dix-sept ans, fort jolie, très-spirituelle, dessinant fort agréablement et faisant dans sa langue des vers qui annonçoient le plus grand talent. Il y avoit de la poésie dans son sang; sa grand'mère, nommée Karschin, avoit eu la plus grande réputation dans ce genre; son histoire est singulière, la voici :

« Elle étoit gardeuse de moutons en Silésie; la nature l'avoit tellement faite poëte que, tout en filant dans sa chaumière et dans les champs, elle faisoit de beaux vers; elle composa une ode à la louange du grand Frédéric, qui vivoit encore; un voyageur rapporta de Silésie à Berlin cette pièce de vers, qui produisit une grande sensation; le roi voulut en connaître l'auteur, et ne pouvant croire qu'une bergère eût un tel talent, il la fit venir de Silésie. On la lui présenta sous ses habits de paysanne : le roi fut charmé de son esprit; elle fit de jolis vers en sa présence sur de petits sujets que le

---

ditions; et enfin je donnai ma nouvelle édition du *Petit La Bruyère*, à laquelle j'ajoutai à la fin du volume beaucoup de pensées nouvelles, qui, à mon avis, sont au-dessus de l'adolescence, et même de la première jeunesse.

(Note de l'auteur.)

roi lui donna; ce prince lui assura une pension; elle s'établit à Berlin et s'y maria. Sa petite-fille Helmina avoit tout son talent pour la poésie.

Je fus assez malade à Versailles, et cependant je travaillai toujours : ma situation m'y forçoit, et, comme je n'en convenois avec personne, on me faisoit sans cesse des remontrances sur *ma déraison;* ce qui m'inspira un jour des vers que je n'ai jamais ni publiés, ni montrés, mais que je retrouve dans un vieux livre manuscrit; les voici :

> Et malade et souffrant, un malheureux auteur,
>   Languissamment assis à son pupitre,
>   En gémissant composoit une épître
>   Sur la gaieté, sur le bonheur.
>   Dans ce moment arrive son docteur,
>   Qui, mécontent de le voir à l'ouvrage,
>   L'exhorte à devenir plus sage
>   Si de ses maux il veut guérir.
> « Hélas! répond l'auteur, en poussant un soupir,
> Ce conseil est très-bon, que ne puis-je le suivre!
> Je ne travaille pas, ami, pour mon plaisir;
> Croyez-moi, ce n'est pas la gloire qui m'enivre;
>   Qui mieux que moi sauroit jouir
>   Des charmes d'un heureux loisir!...
> Mais je suis obligé de me tuer pour vivre. »

Un chagrin affreux que j'éprouvai à Versailles m'en rendit le séjour odieux; mon neveu César et mon élève, après avoir montré tant de valeur et de témérité à la guerre, après avoir eu plus d'une fois ses habits percés de balles, sans recevoir une seule blessure, fut tué dans une fête nationale par une baguette de feu d'artifice; ainsi périt à vingt-huit ans ce jeune homme le plus accompli par ses vertus, son caractère, son esprit, ses talens; et par une perfection de conduite et de sagesse qui ne s'est jamais démentie; j'ai vu bien rarement réuni autant de gaîté et de grâces à tant de raison; je fus très-sérieusement malade pendant deux mois; décidée à retourner à Paris, je sollicitai du gouvernement un logement; on m'offrit de me donner celui de mademoiselle Arnoult, l'ancienne actrice de l'Opéra, qui, mourante, n'avoit pas deux mois à vivre, elle logeoit à l'hôtel d'Angevillers. Ce nom étoit celui d'un émigré [1], parent de M. de Genlis; il avoit occupé cet hôtel comme surintendant des arts. Cette maison appartenoit au gouvernement; mais comme elle portoit le nom d'*Angevillers*, je craignis qu'on ne la regardât comme un bien de famille, et qu'on ne m'accusât d'a-

[1] Frère de M. de Flahaut.

voir profité d'une confiscation; c'étoit pousser beaucoup trop loin la délicatesse, néanmoins je ne crus faire qu'une chose fort simple en refusant ce logement; on m'en donna un à l'Arsenal; il étoit très-beau et contigu à la bibliothèque; le ministre, M. Chaptal, donna l'ordre de me prêter tous les livres que je demanderois, ce qui fut exécuté.

Pendant les deux premières années de mon séjour à l'Arsenal, je continuai de travailler à la *Bibliothèque des Romans*; ensuite, voulant finir sans distraction le roman de *la Duchesse de La Vallière*, que j'avois commencé et qui étoit déjà fort avancé, je cessai de travailler à la *Bibliothèque des Romans*, qui perdit alors ses souscripteurs. Un peu avant la publication de *Madame de La Vallière*, M. Fiévée, qui étoit en correspondance avec le premier consul, sachant que ni moi ni aucune personne de ma famille n'avoit fait pour moi la moindre démarche auprès du chef du gouvernement, dit qu'il étoit décidé à lui écrire que je n'avois rien retrouvé en France et que je vivois absolument de mon travail; je remerciai M. Fiévée, en le conjurant de ne point faire une démarche qui le compromettroit sûrement, puisque le premier consul ne lui permettoit de lui écrire que sur la politique ; M. Fiévée persista généreusement, et le fruit de sa lettre fut que le premier consul m'envoya M. de Rémusat[1], préfet du palais, pour me dire en propres termes que le premier consul venoit d'apprendre ma situation ; *que, s'il l'avoit sue à mon arrivée en*

---

[1] M. de Rémusat fut successivement homme du monde, homme de cour et administrateur revêtu d'une assez haute fonction dans le palais impérial (il étoit premier chambellan de l'empereur Napoléon, et surintendant des théâtres) ; il se montra toujours poli, sincère, amateur éclairé des arts et plein d'une estime bienveillante pour ceux qui les cultivent. La restauration, en lui enlevant ses charges de cour, lui ouvrit une carrière plus sérieusement utile, qu'il remplit avec une rare distinction. Préfet, d'abord à Toulouse, puis à Lille, il tempéra les passions d'une époque difficile avec beaucoup de sagesse et de dextérité ; il fit servir sa prudence de cour à comprimer les partis, et il favorisa l'industrie, le commerce et tous les travaux utiles, avec beaucoup d'habileté. Le département du Nord, surtout, l'un des plus riches et des plus laborieux de France, dut beaucoup à son zèle et à ses lumières ; il y laissa les plus vifs regrets et les plus honorables souvenirs. Après la plus injuste des destitutions, M. de Rémusat succomba, en 1823, à une longue et douloureuse maladie

(Note de l'éditeur.)

France, je n'y serois jamais restée une minute, et qu'il me faisoit demander ce qui pouvoit me rendre heureuse; comme mes premiers mouvemens sont toujours romanesques, je répondis que je vivois fort bien de mon travail, et que je ne demanderois jamais rien.

Ce fut, comme je l'ai dit, à l'Arsenal que je donnai le roman de *Madame de la Vallière;* j'avois besoin d'argent, je vendis cent louis, pour trois ans, cet ouvrage qui eut, dans l'espace de deux ans, huit éditions in-8°., et dix in-12. Il mit le siècle de Louis XIV extrêmement à la mode.

Les journaux même traitèrent fort bien cet ouvrage; on ne parloit dans la société que de madame de La Vallière; on ne me rencontroit point dans le monde sans prononcer ce nom avec les épithètes de *charmant, ravissant,* et à tel point, que j'en étois véritablement ennuyée, et que je n'écoutois qu'avec une extrême distraction, comme je le prouvai un soir chez madame de Lascours. Il y avoit beaucoup de monde; j'étois seule assise sur un canapé, une dame aussi spirituelle qu'aimable (madame de Rémusat[1]) vint se placer à côté de

---

[1] Cet hommage rendu à madame la comtesse de Ré-

moi, et, suivant la coutume, me parla de madame de La Vallière. Comme dans cette soirée j'avois déjà entendu plus de trente fois ce compliment, j'étois dans une parfaite distraction, et je répondis machinalement, *oui, c'est charmant, ravissant*. La surprise qui se peignit sur le visage de madame Rémusat me fit con-

musat, par une personne qui n'a jamais trahi la vérité, est une justice qu'un auteur, même moins véridique, n'auroit pu refuser à une femme qui fut aussi distinguée par ses qualités attachantes que par son esprit.

Madame de Rémusat, née Vergenne, fut une des femmes le plus distinguée par la finesse et l'élévation de son esprit; long-temps retenue dans le monde et à la cour de l'empereur, elle écrivit peu, avec un rare talent pour écrire. L'ouvrage qu'elle a laissé (*Essai sur l'Éducation des Femmes*), publié par un fils digne d'elle, a frappé tous les juges éclairés par une supériorité de raison qui se cache sous les formes les plus ingénieuses et les plus élégantes; ce sont les vues d'un penseur, et le langage d'une femme pleine de grâces et de raison. On y sent une droiture de cœur et une pureté de sentiment moral qui formaient son caractère et qui ont mérité tant de regrets à sa mémoire. Aucun livre n'est plus honorable pour les femmes de notre siècle, que cette production de madame de Rémusat, et nul éloge ne pourroit surpasser la peinture qu'elle y fait d'elle-même, sans le savoir.

(Note de l'éditeur.)

noître ma sottise ; je la réparai, en lui contant bonnement le fait, qu'elle trouva assez simple, qui la fit beaucoup rire, et qu'elle conta pendant plusieurs jours. Mais je n'eus pas cette insouciance pour un suffrage qui me causa un véritable enthousiasme ; une de mes amies, madame de Bon, m'écrivit le billet suivant :

« Je vous dirai, mon ange, que le premier consul a lu *Madame de La Vallière* avant-hier, qu'il l'a lue tout d'un trait, sans pouvoir la quitter, et qu'il a pleuré. C'est un fait positif, car c'est M. Fontanes qui me l'a dit et qui le tient de lui-même. Marigné prétend que je vous envoie les larmes du consul, et que cela vaut mieux que des vers ; le fait est que cela m'a fait un plaisir extrême. Adieu, vous que j'adore, et pour qui je donnerois ma vie.

» ÉLISABETH. »

Ce billet m'enchanta ; j'étois fière d'avoir fait pleurer celui qui venoit de rétablir la religion, l'ordre et la paix, d'arracher mon pays à l'anarchie, et qui étoit le plus grand capitaine de son siècle. Dans le premier enchantement de ce glorieux succès je fis un impromptu en vers, que j'envoyai sur-le-champ à madame de Bon. Elle donna ces vers à M. de Fontanes, qui les remit sans délai au premier consul. Je regrette de n'en avoir point conservé de copie, car on y trouva de la *verve*, le sentiment et la vérité en donnent toujours [1].

Je reçus aussi à cette occasion, d'un excellent juge littéraire (M. Fiévée), la lettre qu'on va lire :

« Je n'ai point donné de billet à l'homme qui m'a apporté *Madame de La Vallière*, parce que je voulois vous envoyer plus que des remercîmens; j'ai lu jusqu'à la page 109, et il faut que je vous écrive avant de me coucher.

» Votre Préface est bien, votre ouvrage mieux que tout ce que vous avez jamais fait, au-dessus de tout ce que j'ai jamais lu; et vous savez que je suis peu complimenteur. A la

[1] Madame du Brosseron, après avoir lu cet ouvrage, me fit présent d'un charmant portrait original de Mme. de La Vallière dans sa jeunesse, et depuis M. Crawfurd détacha de sa belle collection de portraits, celui de Mme. de Maintenon, peinte, assise, de la tête aux pieds, et de grandeur naturelle. A l'époque de la restauration je vendis ce tableau à feu Mme. la duchesse douairière d'Orléans. Il est maintenant dans la superbe galerie de S. A. R. monseigneur le duc d'Orléans. Note de l'auteur.)

page 109, où je suis forcé de m'arrêter, je ne puis que vous dire, comme le père Anselme : *Persévérez*. Quelle vérité dans tous les détails ! quelle grâce et quelle profondeur dans les réflexions ! et les portraits ! Vous m'expliquerez pourquoi cette vérité me fait rire d'un rire qui n'est pas celui de la gaieté : il me semble que c'est de satisfaction de voir à découvert tous les mouvemens du cœur humain. Depuis que je vous connois, voilà votre premier ouvrage que je lis sans penser à vous : il semble que vous n'êtes plus, parce que vous devez avoir été témoin de tout cela. »

J'obtins encore un suffrage qui me procura une lettre charmante de M. le comte de Ségur[1]

---

[1] Rien ne peut mieux faire connoître M. le comte de Ségur que le portrait que ce personnage illustre a fait de lui-même dans le premier volume de ses Mémoires. Le voici :

« Ma position, ma naissance, mes liaisons d'amitié et
» de parenté avec toutes les personnes marquantes de
» la cour de Louis XV et de Louis XVI ; le ministère de
» mon père, mes voyages en Amérique, mes négocia-
» tions en Russie et en Prusse, l'avantage d'avoir connu,
» sous des rapports d'affaires et de société, Catherine II,
» Frederic le Grand, Potemkin, Joseph II, Gustave III,
» Washington, Kosciusko, La Fayette, Nassau, Mirabeau,

aîné, et contenant une critique très-judicieuse d'un mauvais genre de romans qui, depuis quelque temps, commençoit à être à la mode.

« Madame de Valence m'a remis, madame, l'exemplaire de *Madame La Vallière*, que vous avez eu la bonté de me destiner. Recevez tous mes remercîmens de cette aimable preuve

» Napoléon, ainsi que les chefs des partis aristocrati-
» ques et démocratiques, et les plus illustres écrivains
» de mon temps ; tout ce que j'ai vu, fait, éprouvé et
» souffert pendant la révolution, ces alternatives bi-
» zarres de bonheur et de malheur, de crédit et de dis-
» grâces, de jouissances et de proscriptions, d'opulence
» et de pauvreté, tous les états différens que le sort m'a
» forcé de remplir, m'ont persuadé que cette esquisse de
» ma vie pouvoit être piquante et intéressante, puisque
» le hasard a voulu que je fusse successivement colonel,
» officier général, voyageur, navigateur, courtisan, fils
» de ministre, ambassadeur, négociateur, prisonnier,
» cultivateur, soldat, électeur, poète, auteur drama-
» tique, collaborateur de journaux, publiciste, histo-
» rien, député, conseiller d'état, sénateur, académicien,
» pair de France.

» J'ai dû voir les hommes et les objets, sous presque
» toutes les faces, tantôt à travers le prisme du bonheur,
» tantôt à travers le crêpe de l'infortune, et, tardive-
» ment, à la clarté du flambeau d'une douce philo-
» sophie. »

(Note de l'éditeur.)

de souvenir. Vous me rendez justice, si vous croyez que je sens le prix de cette pureté de goût et de style que vous conservez presque seule aujourd'hui, et qui rend vos ouvrages dignes des plus beaux jours de notre littérature. *Madame de La Vallière* est, selon moi, celui dont vous devez être le plus contente; vous avez parfaitement rajeuni un sujet connu de tout le monde, vous y avez répandu tout l'intérêt d'un roman sans altérer la vérité de l'histoire; la simplicité du sujet étoit un écueil qui ne vous a point embarrassée; tout ce qui est événement pour un cœur passionné vous a tenu lieu de ces aventures, de ces combats, de ces catastrophes, qui sont l'unique ressource de la plupart des romanciers. Vous avez l'art de créer des situations si touchantes et si variées, que vous êtes parvenue à peindre la simplicité et la constance sans uniformité et sans langueur. Le triomphe de la piété, après un long combat entre l'amour et les remords, rend ce roman très-moral, et l'innocence même peut se livrer sans danger au charme que lui fait éprouver cette lecture. Recevez, je vous prie, avec bonté, madame, l'hommage de ma reconnoissance et de mon respect. »

Quelques mois après, je donnai *Madame de Maintenon*; ce qui acheva de renouveler l'admiration pour le grand siècle, et ce qui me valut cette lettre de M. de Fontanes, que je connoissois à peine.

« Madame, j'ai été aussi flatté que surpris de l'envoi que vous avez bien voulu me faire d'un de vos derniers ouvrages. Je n'ai jamais eu l'honneur de vous connoître que par le plaisir que m'a procuré leur lecture. On a dit que Fénélon étoit le premier des écrivains dans l'art de rendre la vertu aimable. Il me semble que vous partagez avec lui cette gloire. Fénélon eut des ennemis; il faut bien que vous ayez les vôtres: Les injustices dont vous semblez vous plaindre dans vos écrits sont de tous les temps. Je doute même que, dans un siècle plus digne de vous, mesdames de Sévigné et de La Fayette vous eussent pardonné de les surpasser. Il est vrai que les Larochefoucault, les La Fontaine et les La Bruyère auroient été à vos pieds; mais où sont-ils aujourd'hui?

» Agréez, madame, ma reconnoissance et mon respect.   FONTANES. »

Les estampes de ces ouvrages se trouvoient dans toutes les boutiques; le gouvernement finit par prendre quelque ombrage de cette espèce d'enthousiasme : un ordre de police, sévèrement exécuté, interdit à tous les marchands d'étaler ou de vendre les gravures de ces deux romans. Je fis dans le même temps la *Vie pénitente de madame de La Vallière*. Toutes les rigueurs du gouvernement sur ces ouvrages m'étonnèrent d'autant plus, que l'empereur avoit beaucoup loué toutes ces productions, et même ma nouvelle intitulée, *Un trait de la vie de Henri IV*, dont on fit un vaudeville, mais sous un autre nom. M. Dupaty fit un joli opéra comique de *Mademoiselle de Clermont*, mais sous le nom de *Mademoiselle de Guise* [1]. On a mis aussi au théâtre presque toutes mes nouvelles, entre autres, *Ida, ou le Jupon vert, les Réunions de famille, les Préventions d'une femme*, où l'on a conservé ma romance; *les Amans sans amour*, et *le Mari instituteur* [2]. On a pris aussi de mes

[1] Lorsqu'il fit imprimer cette pièce, il me la dédia; cette dédicace, en vers, est charmante et du meilleur goût.

(Note de l'auteur.)

[2] Ce fut cette nouvelle qu'un littérateur justement célèbre, M. Étienne, mit au théâtre, sous le nom de *la Jeune Femme Colère*. Un ouvrage ainsi travesti, lors-

nouvelles et de mes romans, *Arthur et Sophronie*; *Clara*, tirée du *Siége de La Rochelle*; *Bélisaire*, de mon roman de ce nom; les *Chevaliers du Lion*, tirés des *Chevaliers du Cygne*; *Camille dans le souterrain*, tirée d'*Adèle et Théodore*; et on a même travesti deux de mes comédies, l'une *la Cloison*, dont on a fait *Aucassin et Nicolette*; l'autre *la Curieuse*, dont M. A. Duval a fait, avec tant de succès, le drame intéressant d'*Édouard en Écosse* [1]. On a pris beaucoup d'autres choses dans mes ouvrages, sans compter les plagiats. Je n'ai jamais relevé que celui du roman de madame Cottin [2], intitulé *Malvina*, entière-

qu'il réussit, montre tout le talent qui peut se trouver dans une bonne traduction; il faut changer tant de choses à ce sujet d'emprunt, que l'auteur qui l'a choisi s'en approprie tout le mérite, en y ajoutant même beaucoup de traits d'imagination.
(Note de l'auteur.)

[1] Le roi de Suède (celui qui fut assassiné et qui fit pour l'*Aveugle de Spa* des choses si charmantes, d'après ma comédie de ce nom) avoit fait à ma *Curieuse* l'honneur de la traduire en suédois. (Note de l'auteur.)

[2] Madame Cottin, sitôt enlevée aux lettres, avoit, à l'âge de trente-quatre ans, composé *Claire d'Albe*, *Malvina*, *Amélie Mansfield*, *Mathilde* et *Élisabeth* Le prix

ment calqué sur *les Vœux téméraires.* J'ai passé sous silence ceux de madame Gay, qui a fait un roman de deux de mes contes; l'un qui se trouve dans les *Souvenirs de Félicie,* dont le héros est un muet; et l'autre intitulé *les Rencontres.* Si je voulois revendiquer tout ce qu'on m'a volé, il faudroit ajouter un volume de plus à ces Mémoires.

Quelque temps après M. de Lavallette m'écrivit que le premier consul, devenu empereur, désiroit que je lui écrivisse tous les quinze jours, *sur la politique, les finances, la littérature,*

qu'elle retiroit de ses ouvrages les consacroit par quelque chose de plus doux que la gloire, elle l'employoit tout entier à des actes de bienfaisance. Au moment où la mort vint la frapper, en 1807, madame Cottin achevoit le deuxième volume d'un roman sur l'éducation. Elle avoit entrepris d'écrire un livre sur *la Religion chrétienne, prouvée par le sentiment.* La maxime de cette femme auteur étoit que les personnes de son sexe ne doivent point faire de livres, parce que, disoit-elle, « On y met toujours quelque chose de son propre cœur, et il faut garder cela pour ses amis. » Cette pensée me paroît plus touchante que vraie : les sentimens tendres sont inépuisables, surtout dans le cœur des femmes.

(Note de l'éditeur.)

la morale, sur tout ce qui me passeroit par la tête. Je ne lui ai jamais écrit tous les quinze jours, ni sur la politique, ni sur les finances; je ne lui ai jamais demandé une seule grâce pour moi; je lui en ai demandé beaucoup pour d'autres; il me les a presque toutes accordées sans m'écrire une seule ligne. Je ne lui ai jamais dit un mot contre mes ennemis, et plus d'une fois je lui ai parlé en leur faveur; je lui écrivois à peu près tous les mois, je ne lui parlois que de religion et de morale, de littérature et des philosophes du dernier siècle [1]; ce n'est pas ma faute si je ne l'ai pas rendu dévot. J'ai su par M. de Talleyrand et par quelques autres personnes qu'il aimoit beaucoup mes lettres, parce qu'il y trouvoit de la raison, du naturel, et quelquefois de la gaieté. Cette espèce de correspondance me fit un nombre prodigieux de nouveaux ennemis, les uns par envie, et les autres par la persuasion que je ne l'amusois qu'en lui disant du mal de tout le monde;

[1] Il y avoit une sorte de courage à lui écrire contre les philosophes, car tout le monde savoit, et je n'ignorois pas que l'empereur avoit fait, étant premier consul, une visite à madame Helvétius, en lui disant qu'il avoit voulu voir la veuve d'un grand homme. (Note de l'auteur.)

cette calomnie me fit beaucoup de peine; j'y répondis indirectement par une note que je plaçai dans *Madame de Maintenon*, et qui fut une réfutation complète de cette basse accusation. Je dis dans cette note, à propos de la correspondance si pure de Fénélon, trouvée dans les papiers du duc de Bourgogne après sa mort, qu'il faudroit avoir l'âme la plus vile pour parler contre qui que ce fût dans une correspondance de ce genre, quand elle est secrète, et qu'on s'adresse à une personne de ce rang, et que de plus ce serait *manquer de respect au prince auquel on écrit, que de ne pas craindre son mépris et son indignation en lui montrant des sentimens si bas*. Cette note me justifia entièrement [1]. Les calomniateurs

[1] Voici cette note qui se trouve dans *Madame de Maintenon*.

« Nous avons vu publier une correspondance d'un
» homme de lettres avec un prince étranger, mais d'un
» genre bien différent; celle de M. de La Harpe avec le
» grand-duc de Russie. On ne trouve nullement le ta-
» lent de M. de La Harpe dans cette frivole production ;
» mais ce qui la rend véritablement odieuse, ce sont les
» impiétés et les méchancetés dont elle est remplie. C'est
» manquer de respect à un prince que de l'entretenir de
» ses inimitiés et de ses querelles littéraires; car, indé-

furent réduits au silence, mais les ennemis restèrent.

Je n'ai pas gardé de copie de ma correspondance avec l'empereur, mais j'ai conservé quelques notes morales et religieuses qui en faisaient partie. Voici quelques-uns de ces fragmens :

« SIRE,

» Comme je veux qu'en toutes choses ma conduite soit claire aux yeux de sa majesté, je dois lui rendre le compte suivant :

» J'ai reçu pour la première fois depuis quinze ans une lettre de madame de Bourbon, et datée de Barcelone. Elle me mande qu'elle a beaucoup écrit sur la religion,.... qu'elle ne veut pas faire imprimer ses manuscrits, mais qu'elle

» pendamment de tout principe, si l'on estimoit le ca-
» ractère du prince, on voudroit montrer de la délica-
» tesse et de la générosité, et l'on ne dévoileroit pas
» tant d'orgueil et de petitesse. Je pense même que dans
» un tel commerce, un homme de lettres devroit s'in-
» terdire de rendre un compte critique des ouvrages de
» ses ennemis. La correspondance de M. de La Harpe ne
» contient que le détail faux ou très-exagéré de ses suc-
» cès, des satires, et par conséquent des mensonges et
» des anecdotes scandaleuses : quelle opinion avoit-il
» donc du grand-duc de Russie ? »   (Note de l'auteur.)

désire que je les voie et que j'en corrige le style, si j'approuve le fond des choses. Je n'ai pas cru devoir refuser madame de Bourbon dans la situation où elle est. J'ai toujours eu de l'inclination pour cette princesse spirituelle, qui a de l'originalité dans le caractère et des qualités attachantes, entre autres, la sincérité la plus parfaite; d'ailleurs je serois charmée de pouvoir la détourner d'écrire. Je lui ai répondu que sa confiance m'honoroit et que puisqu'elle m'en jugeoit capable, je lirois ses manuscrits pour lui en dire franchement mon avis. Sa lettre m'est parvenue par un homme inconnu dont j'ignore le nom et l'adresse, et que je n'ai point vû parce qu'il a été me chercher à l'Arsenal, où il a remis la lettre à une femme que j'ai laissée à l'Arsenal pour garder mes meubles, il n'est point revenu.

» Il y a de cela douze à quinze jours ; j'ai donné ma réponse à un de mes amis qui l'a envoyée par la poste à l'adresse d'un négociant de Barcelonne. Depuis que je suis revenue en France je n'ai pas eu la moindre relation avec les personnes en pays étrangers qui peuvent, par leur situation ou par leurs opinions, être mécontentes de notre gouvernement.

» Dans les pays étrangers mêmes, proscrite et dépouillée, je me conduisois ainsi. Avant de rentrer en France je n'écrivois plus à M. d'Orléans, depuis le mois d'avril 1794. Je n'ai eu nuls rapports avec messieurs ses frères depuis 1792. Mademoiselle d'Orléans sera toujours la plus chère de mes élèves, elle a pour moi la plus tendre reconnoissance et la plus vive amitié, elle m'a écrit constamment depuis notre séparation tant que j'ai été dans les pays étrangers, mais elle a entièrement cessé aussitôt que j'ai été en France, et je sais que c'est uniquement par discrétion, car j'ai toujours su indirectement de ses nouvelles. Cependant, après un silence de cinq ans, elle m'a écrit une longue lettre il y a trois mois, mais seulement pour me parler de sa tendresse ; je lui ai répondu et nous en sommes restées là. J'ai gardé cette lettre et celle de madame de Bourbon, voilà toutes mes relations avec cette famille malheureuse, pour laquelle je me suis sacrifiée jadis sans autre intérêt, sans autre motif que celui du plus tendre attachement, qui n'a été bien véritablement récompensé que par la conduite angélique, les talens charmans, la raison parfaite et les sentimens de mademoiselle d'Orléans et de ses frères.

» Je n'ai vu en Angleterre qu'un attachement politique à la religion ; la multiplicité des sectes y produit d'ailleurs un septicisme presque universel, mais les catholiques de ce pays, faisant de grands sacrifices à la religion, y sont attachés de cœur. J'ai vu la même chose en Hollande et je l'ai vu mieux encore en Allemagne. C'est là que j'ai acquis une preuve de plus de la profondeur de vues de Bossuet qui a prédit, dans ses *Variations*, que tous les protestans finiraient par être *sociniens*, car il est de la nature de l'erreur persistante de s'égarer de plus en plus. Tous les pasteurs protestans en général sont déistes. A peine prononcent-ils dans leurs sermons le nom de Jésus-Christ. Rien n'est plus ridiculement profane que leurs discours en chaire. J'ai entendu à Berlin le pasteur de l'église protestante françoise, prédicateur très-renommé dans cette ville (M. Ancillon), ne parler en chaire que de la *sensibilité*, de l'amitié, ce *sentiment divin*, et dans une exhortation pastorale, pour un mariage, il dit en parlant des femmes : *Ce sexe enchanteur* ; ce discours, également fade et ridicule, fut imprimé; je l'ai apporté. Ce ton déplacé et de mauvais goût prouve assez l'étonnante dégénération des idées religieuses parmi les prêtres et les auditeurs. Le peuple dans ce pays n'est pas plus attaché à sa religion : il permet tant qu'on veut que ses enfans soient élevés dans la religion catholique, et parmi mes élèves j'en puis compter deux exemples : lady Edward Fitz-Gérald et l'enfant que j'ai amené de Berlin. »

Voici ce que j'écrivois un jour à l'empereur, sur la vieillesse :

« Dans ma jeunesse, je me suis toujours promis d'étudier sur moi-même cet âge si j'y parvenois. M'y voilà, et je me tiens parole. Je me faisois jadis une idée terrible de cet état, effrayant surtout en perspective pour une femme quand elle est leste, animée, brillante, et qu'elle se voit entourée d'admirateurs.... Un vieux monarque, qui a régné avec bonté et avec gloire, présente la vieillesse sous un aspect divin : on est tenté de lui rendre un culte. Un vieux guerrier, un vieux magistrat, qui ont bien rempli leur devoir, inspirent une profonde vénération. Mais, une vieille femme!....

cette dénomination seule est si dure!.... J'ai vu bien peu de vieilles de mon goût, même parmi celles qui passoient pour être aimables. Les unes avoient une douceur affectée et un ton mielleux qui ressembloient à la fausseté; les autres montroient une gaieté ou peu naturelle, ou qui leur ôtoit toute la dignité de leur âge. Celles-ci avoient une gravité ennuyeuse; celles-là parloient et contoient trop. D'ailleurs, que fait une vieille femme dans un cercle? Premièrement, elle le dépare; et puis, n'est-il pas ridicule que l'art des brodeurs, des bijoutiers et des marchandes de modes s'épuise sur une figure de soixante ans? Shakspeare a dit qu'un grand emploi qui a été exercé par un homme de génie et donné ensuite à un sot, *est l'habit d'un géant mis sur un nain*. Que dira-t-on d'une élégante coiffure faite par Leroi, et posée sur la tête d'une vieille femme? C'est pourtant ce qu'on voit tous les jours; on voit même souvent ces reines, depuis si long-temps détrônées, porter encore des diadèmes de diamans et de fleurs. Il m'a toujours semblé qu'il est si difficile, pour ne pas dire impossible, qu'une vieille femme puisse plaire dans le grand monde, qu'elle a quelque chose d'un peu *moquable* quand elle y est; à moins qu'elle n'y soit forcée par un devoir positif. Mais si elle est naturelle et bonne, si elle a bien connu le monde, sa société intime peut être agréable, pourvu toutefois qu'elle n'ait pas la manie des anecdotes, et qu'elle ne conte jamais qu'à propos.

» Cicéron est celui qui a le mieux parlé des vieillards, c'est lui qui a dit qu'ils sont comme les vins que le temps a rendus aigres ou qu'il a bonifiés.

» Il existe des créatures humaines qui n'ont point été vicieuses, et qui, dans le cours de la vie, n'ont été trouvées ni imbéciles ni déraisonnables, et qui, cependant, parvenues à l'âge de soixante-dix ans, pensent de très-bonne foi qu'elles n'ont été créées que pour s'habiller, déjeuner, dîner, souper, jouer au piquet, et dormir.

» Si l'on est capable de quelque réflexion, on doit être bien malheureux dans la vieillesse, lorsqu'en jetant les yeux sur le passé, on n'y voit qu'une longue suite d'années écoulées dans une insouciante oisiveté; et que, dans l'espace de plus d'un demi-siècle, on trouve, non la vie utile, animée d'un être intelligent, industrieux et sensible, mais la honteuse végétation d'une brute.

» Lorsqu'un vieillard est exempt d'infirmités, qu'il a conservé ses facultés intellectuelles, et qu'il est religieux, il est dans un état habituel de bonheur qu'il n'a pu connoître dans sa jeunesse. Il est naturellement débarrassé de toutes les sujétions sociales; et cet heureux affranchissement double pour lui le temps qui lui reste. Il ne sauroit regretter les amusemens qui ne sont plus de son âge; s'il a un bon esprit, il en a été fatigué et même ennuyé long-temps avant d'y renoncer. Son avenir est court, mais il en est véritablement le maître : il en peut disposer sans craindre que ses résolutions soient anéanties ou traversées par les passions, l'étourderie et l'imprudence. Il connoît la juste valeur des choses; il ne s'agitera plus pour des misères; il est calme, il juge bien; c'est là tout le secret des conduites parfaites. Si sa présence n'excite plus la joie turbulente et la gaieté, elle inspire le respect et la vénération; la jeunesse bien née ne dispute point sur les déférences qui lui sont dues; les avoir toutes pour cet âge, auquel on désire atteindre un jour, c'est s'honorer soi-même dans l'avenir;

rien n'est plus attachant que la conversation d'un vieillard aimable qui n'abuse pas du privilége d'être écouté avec intérêt. Enfin la foiblesse physique, la débilité même de la vieillesse a ses dédommagemens. Cette légère lassitude, que lui donne sans la faire souffrir sa pesanteur habituelle, lui rend le repos si doux ! S'asseoir dans un bon fauteuil, surtout en revenant de la promenade; goûter le charme d'un calme parfait, et quelquefois, au milieu d'une agréable rêverie, céder pour quelques instans au sommeil, voilà pour elle de vrais plaisirs, et qui se renouvellent tous les jours.

» On ne conçoit pas comment un vieillard peut se livrer à l'humeur, à la colère, à l'avarice, à l'ambition, et se rendre insupportable à tout ce qui l'entoure. Prêt à tout quitter, à quoi lui serviront ces honneurs qu'il sollicite, cet argent qu'il amasse, toutes ces superfluités de luxe qu'il accumule autour de lui ? Il n'a plus que le temps de donner et de pardonner. Quel est l'homme qui, au moment de s'expatrier pour toujours, voudroit employer les instans qui lui restent jusqu'à son départ, à gronder, à bouder, à maltraiter ses proches et ses amis, dont il va se séparer sans retour ? Il n'en est point qui, dans cette situation, ne désire laisser des regrets, et qui ne cherche à les mériter. Ah! la sagesse véritable, dans la vieillesse, c'est la douceur, l'indulgence sans bornes et la bonté. Ces qualités, que la religion prescrit à tous les âges, peuvent-elles coûter à celui-ci? Elles n'excluent nullement la vigueur de l'esprit et la force de l'âme; elles s'allient parfaitement avec le courage qui fait condamner sans ménagement les mauvaises actions, l'impiété publique et les principes corrupteurs; mais le vieillard, tel qu'il doit être, parle en faveur des mœurs, sans fiel, sans exagération. Il est inaccessible à la haine, il met tous ses soins à rendre heureux ceux qui l'environnent, il n'en exige rien; il leur offre tous les conseils de la raison et de l'expérience; il est, pour sa famille et pour ses amis, une sentinelle attentive, placée là pour quelques jours [1]. »

Les récits qu'on me faisoit sans cesse de la cour me parurent si mesquins, qu'ils

---

[1] On a bien voulu citer avec éloge, le chapitre sur la vieillesse, que j'ai placé dans l'*Emploi du Temps* Je crois devoir dire ici que dans ce chapitre j'ai envisagé la vieillesse sous un autre point de vue. (Note de l'auteur.)

m'inspirèrent ce fragment, adressé à l'empereur :

« Il n'est pas étonnant qu'après un tel début de campagne et de telles victoires, on soit rempli de confiance; mais il est très-vrai, qu'avant ces brillans succès, on ne doutoit pas du triomphe des armées commandées par un tel chef. Aujourd'hui l'enthousiasme est général, on est fier d'être François; mais le commerce va mal, les marchands ne vendent rien, surtout les bijoutiers, marchands d'étoffes, de broderies, de modes, etc., tout cela se plaint. Il seroit à désirer que les princes et tous les gens en place donnassent de grands dîners, des concerts, et eussent chez eux des assemblées à des jours fixes. Cela seul donneroit bon air à Paris, et feroit vendre des étoffes et travailler des ouvriers. Toutes les fortunes actuelles sont des bienfaits de l'empereur, et ceux qui les possèdent doivent désirer concourir aux vues du gouvernement; leur représentation dans ce moment seroit certainement très-utile; et si les princes et les ministres donnoient cet exemple, il seroit facile d'engager les sénateurs et les autres personnes riches à le suivre par quelques articles mis dans les journaux, dans lesquels on loueroit adroitement et avec la mesure convenable cette conduite. Il faut observer que le suffrage des gros marchands, des grands manufacturiers (et même celui des artistes distingués) a plus de poids aujourd'hui que jadis, parce que la société est un composé de toutes les classes : leurs murmures se perdoient autrefois dans les comptoirs; maintenant ils pénètrent dans les salons. J'étois il y a quelques jours dans une maison où l'on trouve en général une société fort brillante; il y avoit dix ou douze personnes, et entre autres, un homme qui m'étoit inconnu, et qui se plaignit beaucoup de la misère actuelle, et de ce que toutes les maisons sont fermées ; il prédit avec amertume que l'hiver seroit *désastreux*, parce qu'on ne donneroit pas une fête ; pas un grand dîner, il ajouta d'un ton si plaintif qu'il étoit persuadé qu'on n'*allumeroit pas un lustre* dans les salons des particuliers, que je dis à mon voisin, que moi je pariois qu'il vendoit de la bougie ; et en effet il est intéressé dans une manufacture de bougies. Cet homme, et mille autres, applaudiront de bien meilleur cœur nos exploits ; si les princes et les gens riches tiennent cet hiver un état brillant. Ajoutez que le contraire, les maisons fermées, annoncent de la défiance sur les événemens, sur les finances, etc. Le bois est d'une cherté prodigieuse, si l'hiver est rigoureux les pauvres seront bien à plaindre ; quelques libéralités de ce genre, faites au peuple au nom de leurs majestés, feroient un bien bon effet. Avant la révolution tous les princes du sang faisoient allumer, sur la place de leurs palais, de grands feux ; j'aimerois à voir ces feux devant les Tuileries en l'absence de leurs majestés, si elles ne sont pas encore revenues au mois de décembre, et en outre de l'argent donné aux curés pour du bois pour les pauvres. Cette espèce de libéralité fait toujours un grand effet parmi le pleuple. Enfin, je voudrois qu'à chaque victoire, tous les gens qui ont de grandes places donnassent des espèces de fêtes en réjouissances ; la cour de leurs maisons illuminées ; grand dîner d'extraordinaire, un concert, et à leurs portes une distribution de vivres aux pauvres. Tout cela, sans avoir l'air d'être fait par ordre et comme de leur propre mouvement.

» Quand il y aura de grandes maisons ouvertes, les femmes se pareront; les marchands et les ouvriers seront contens, et de temps en temps quelques libéralités publiques aux pauvres achèveront de réunir tous les cœurs, et de faire former à tous les mêmes souhaits[1]. »

Voilà ce que j'écrivois une autre fois à l'empereur :

« Enfin, l'Institut s'est *ravisé* : il a bien voulu décerner un prix au beau poëme des *Tombeaux de Saint-Denis*, de M. de Tréneuil, qui a ajouté à cet ouvrage un morceau admirable sur *les autels expiatoires*, morceau qui tout naturellement ne peut être qu'à la louange de l'empereur. Je ne l'ai entendu lire qu'une fois, et je n'en ai retenu que ces deux beaux vers :

Et sans verser le sang d'une seule victime,
L'hommage expiatoire a surpassé le crime.

» Il y a une belle exhortation de fidélité aux François, et beaucoup d'autres morceaux d'une grande beauté. M. de Tréneuil est à la fois un

[1] Ces conseils furent en grande partie suivis très-promptement, de sorte que peu de temps après on ne parla plus que du luxe *asiatique* de la cour et de la ville. (*Note de l'auteur.*)

bon François, un *sujet* affectionné, et un vrai poëte. Il a un caractère plein de franchise et de loyauté; il est aimé et estimé de tout ce qui le connoît; cependant il a été l'occasion, c'est-à-dire le sujet de terribles scènes à l'Institut. On l'attaqua avec fureur, avec rage, on le défendit vaillamment et avec tout l'avantage que peuvent donner la justice et la raison. Ces détails sont bien curieux. Au reste M. de Treneuil a pour lui le public et tous les honnêtes gens : ses ennemis le savent; c'est pourquoi ils ont pris le parti de s'adoucir.

L'empereur confirme bien ces belles paroles de Massillon : *que les princes sont sur la terre une providence visible*. Comme il sait récompenser le mérite et la vertu! Voilà madame de Montesquiou nommée gouvernante. C'est un choix qui, malgré l'envie, est bien universellement approuvé. Je connois une personne qui a un beau nom et beaucoup de mérite, qui rempliroit parfaitement l'emploi de sous-gouvernante; c'est madame de Lascours : l'âge convenable; trente-deux ans, des manières charmantes, un ton excellent, une réputation irréprochable, l'esprit le plus distingué que je connoisse parmi les femmes, des talens charmans : elle est musicienne, joue du piano, et peint en miniature comme un ange; mais ce qu'on ne sauroit trop louer en elle, c'est son caractère et l'agrément de sa société. C'est la seule femme, sans exception, que j'aie vue aussi raisonnable, aussi prudente, aussi parfaite qu'aimable, parce que toutes ses vertus, toutes ses qualités sont naturelles. J'avoue que si l'amitié rend suspecte de partialité, je dois en avoir pour elle; mais cependant je n'ai cette amitié que par l'estime que j'ai prise pour ses vertus, et par l'agrément infini de sa société. Je suis séparée d'elle depuis cinq mois, et j'ai tant d'occupations, que mon commerce de lettres est fort irrégulier. J'ignore entièrement ses sentimens sur cette place; je sais seulement que personne n'y conviendroit mieux, et qu'outre le mérite le plus solide, elle y auroit fort bon air, chose qui ne me paroît nullement frivole, surtout à la cour, où tout doit avoir de la dignité.

» Voilà mon ouvrage sur les femmes tout-à-fait arrêté! J'ai sollicité vainement qu'il fût censuré sur les épreuves; *après un mois* d'attente, on me refuse. Il faut donner le manuscrit, dont je n'ai point de copie, plein de renvois, très-peu lisible. Il faudra attendre six semaines d'examen, et subir les chicanes déraisonnables d'un censeur malveillant, et peut-être mon ennemi personnel. Cela est bien triste, avec des intentions telles que les miennes, et un cœur aussi françois!

» Le cardinal Maury sera un bien bon archevêque : il a beaucoup d'esprit et un bon esprit, vif et sage, ferme et conciliant; il auroit été un très-bon ambassadeur. Il m'a dit que rien ne peut se comparer à l'émotion qu'il a éprouvée en prêtant serment, et que l'empereur, dans les choses qu'il accorde, a tant de grâce et de majesté, qu'on se trouveroit heureux, dans ces momens-là, de se faire tuer pour lui. Il m'a conté qu'il trembloit à ne pouvoir pas se soutenir; ce n'est pas qu'il soit naturellement timide; il auroit pu dire à sa majesté ce qu'un vieil officier, intimidé par l'éclat de la royauté, disoit à Louis XIV : « Sire, je ne tremble pas ainsi devant vos ennemis. »

» Les grâces qu'on n'a point sollicitées, les

grâces qui surprennent, ont un double prix.
La reconnoissance en est mille fois plus vive ;
elle se proportionne à l'étonnement. Un événement heureux, tout-à-fait inattendu, fait à
jamais une époque dans la vie ; et pour le
bienfaiteur, le plaisir est beaucoup plus grand,
parce que le bienfait est plus généreux. »

Voici un autre fragment de cette correspondance :

« La littérature, à Paris, dans ce moment,
n'offre point de nouveauté intéressante, à l'exception des trois excellens articles de M. de
Bonald[1], qui ont paru dans *le Mercure*. Dans
les deux premiers, il compare l'athéisme à
l'anarchie politique, les principes de la démo-
cratie à ceux du déisme, ceux de la religion

---

[1] Bonald (Louis-Gabriel-Antoine-Pierre de), issu d'une
ancienne famille de Rouergue, composa, pendant le
temps de son émigration, un ouvrage intitulé : *Théorie
du pouvoir politique et religieux ;* dans lequel il prédi-
soit le retour, en France, de la famille des Bourbons.
Cet ouvrage fut saisi par ordre du directoire exécutif.
En 1808, Napoléon nomma M. de Bonald conseiller de
l'université impériale, il a été maintenu dans cet emploi
depuis la restauration. Le plus célèbre de ses ouvrages
est celui qu'il a publié sous ce titre *Législation pri-*

catholique à ceux du gouvernement monarchique. Tout cela, admirablement bien exprimé et prouvé, produira des résultats lumineux et sublimes. Son troisième article est une belle critique de la tragédie des *Templiers*, la seule où, selon moi, on ait eu à la fois du jugement, de l'esprit, de la politesse et de l'impartialité. Je ne connois pas du tout M. de Bonald, je ne suis l'amie d'aucun de ses amis; je n'ai jamais eu avec lui la moindre relation, même indirecte; mais je n'en pense pas moins qu'il est un grand écrivain; qu'il a un esprit plein de finesse, et un prodigieux génie. Avec ces talens de la première force, cet homme vit paisiblement au fond d'une terre, il est vertueux, il n'intrigue point, il se tient à l'écart : toutes ces choses sont rares.

mitive. Ses autres ouvrages sont : *Du Divorce, considéré au dix-neuvième siècle; Recherches philosophiques sur les premiers objets des connoissances humaines*, des *Mélanges littéraires, politiques et philosophiques*, plusieurs discours prononcés à la tribune de la chambre des députés, et des articles insérés au *Mercure de France*. M. de Bonald est membre de l'Académie françoise, depuis le mois de mars 1816.

(Note de l'éditeur.)

— » Il a paru des lettres imprimées *de conscrits*, des dialogues *de conscrits*, faits avec de bonnes intentions; mais, pour réussir, il faut que ces choses-là soient faites avec un goût parfait; si elles ne sont pas extrêmement agréables, elles manquent leur but. On m'a dit qu'elles étaient faites *pour le peuple* : (puisqu'il m'est permis de dire toutes mes pensées, parce qu'elles sont sans conséquence), il me paroît qu'il ne faut pas que le peuple croie que l'on travaille pour lui dans ce genre; car il en conclut qu'on veut le gagner, et qu'on le craint. On a beaucoup employé ces petits moyens dans des temps qu'il faut oublier; mais, dans nos jours de gloire, ils sont au moins inutiles. Il faut aimer le peuple, s'occuper de son bonheur, mais peu penser à son suffrage, dans les opérations générales; car sans doute le souverain doit désirer personnellement son amour. Mais le peuple a cela d'excellent, qu'il aime naturellement ce qu'il admire, et surtout le peuple françois, le meilleur de tous les peuples. Je crois donc que la police ne doit faire *composer pour le peuple* que des chansons gaies, faites pour être chantées dans les rues. Cela n'a point l'importance des brochures, et convient au caractère national; la musique anime les paroles, et l'on retient ces chansons. Ce moyen, employé de tous temps, est le seul de ce genre qui soit bon, sans avoir d'inconvénient.

« J'ai découvert une dépense du gouvernement tout-à-fait inutile, et même nuisible. Le Conservatoire de musique donne des prix de composition, et celui qui obtient le prix est envoyé en Italie aux frais du gouvernement, pour achever de *se perfectionner dans la composition*. C'est comme si l'on envoyoit un géomètre dans un autre pays pour se perfectionner dans la géométrie. Les règles de la composition sont les mêmes partout; on les sait aussi bien en Angleterre ou en Hollande, où l'on n'a pas le génie musical, qu'en Italie. Il n'est même pas nécessaire d'envoyer en Italie pour perfectionner le goût. La musique instrumentale concertante y est très-inférieure à la nôtre. Nos compositeurs sont très-bons : Le Sueur est très-savant, Chérubini[1] est l'un des premiers

---

[1] Chérubini, né en 1760, à Florence, avait, à l'âge de treize ans, composé et fait exécuter, dans cette ville, une messe et un intermède. Il travailloit à la fois pour l'Église et pour le théâtre, ce qui est aussi inconvenant dans un musicien que dans un poëte, et de la

compositeurs de l'Europe, et beaucoup plus jeune que Paësiello. Il est peut-être le premier à présent. D'ailleurs, il n'en est pas de la musique comme de la peinture : il faut aller voir les tableaux des grands maîtres; mais les grands compositeurs font graver leurs ouvrages. A cinq cents lieues d'eux on a leurs chefs-d'œuvre, qu'on peut étudier tout comme si l'on étoit près d'eux. Ces jeunes gens que l'on envoie si loin, vont perdre en Italie leur temps, leurs mœurs, et leur santé. Voilà tout ce qu'ils gagnent à cette magnificence mal pla-

part d'un laïc que de celle d'un ecclésiastique. Il fut à la fois l'élève et l'ami de Parti, sous lequel il étudia pendant quatre années. En 1784, M. Chérubini se rendit à Londres, où il fit représenter *la Fausse Princesse*, et *Sabineau*. Il retourna en Italie, en 1788, et donna, à Turin, son *Iphigénie en Aulide*. Peu de temps après il vint en France où il est resté. Il y a composé la musique d'un grand nombre d'ouvrages dramatiques. Les plus célèbres sont *Lodoïska*, *Médée*, *les Deux Journées*, *Anacréon*, et *l'Hôtellerie Portugaise*. On lui doit un grand nombre de messes, de motets, des oratorio, des cantates et des intermèdes. Il a publié avec Gossec, Mehul et Lesueur, des *Principes élémentaires de musique*, et des *solféges pour le Conservatoire*.

(Note de l'éditeur)

cée. Il vaudroit beaucoup mieux leur donner une gratification. Par attachement pour mon souverain et pour mon pays, je désire qu'on vienne chez nous pour se former et s'instruire, et que nous n'ayons pas (du moins inutilement) le mauvais air d'aller chez les autres chercher des lumières et des talens. Il me semble encore que l'on pourroit fort bien aussi à présent se dispenser d'envoyer les peintres en Italie. Ce voyage, peut-être, n'est plus utile qu'aux architectes. »

Voici encore un autre fragment que j'adressai à l'empereur :

« Ceux qui ne regrettent le temps passé que pour fronder et souvent pour calomnier le temps présent, se plaignent sans cesse de la décadence de la littérature, des arts et des mœurs; dans tous les siècles de certains esprits ont eu cette manie de détraction; sous tous les règnes on a loué le règne précédent pour dépriser celui sous lequel on vivoit, à moins que le dernier souverain ne fût un tyran sanguinaire, et alors on prenoit le parti de s'extasier sur les rois ses contemporains, ou de comparer les mœurs du temps actuel avec celles de l'*âge d'or*. Cet esprit critique a produit plus d'exagérations ridicules et plus de mensonges que la flatterie même.

» Après plusieurs années d'une anarchie sanglante, après le règne des scélérats insensés qui voulurent anéantir la religion, et par conséquent la morale, doit-on s'étonner de l'altération que l'on peut remarquer dans la politesse, les manières et les mœurs? Il faut avouer que ce changement est tel parmi le peuple en général, qu'on ne trouve point d'époque qui puisse en offrir un plus triste et plus frappant. Le peuple égaré par les orateurs des tribunes, par les impiétés publiques qu'on appeloit *fêtes*, par les pamphlets composés pour lui, et enfin maintenant par les devins et les sorcières, et encore par *les libelles à deux sous*, le peuple ne ressemble plus (du moins à Paris) à ce qu'il étoit jadis, et il a tout perdu à cette métamorphose. Mais la révolution n'a pas eu à beaucoup près une si funeste influence sur les autres classes de la société : il ne seroit pas difficile de prouver que la corruption des mœurs a été plus grande en France du temps de la régence qu'elle ne l'est maintenant, parce que le rigorisme des dernières années de

Louis XIV fit prendre à tous les caractères une teinte plus ou moins forte de fausseté, et qu'à sa mort tous les hypocrites levèrent le masque. Qu'on relise les mémoires de ce temps, et l'on ne niera point cette vérité. La dépravation fut telle alors, que la plume d'une femme n'en pouvoit tracer le tableau. On conviendra que le temps où nous sommes fournit un champ très-vaste à la critique; mais ce temps si décrié nous offre aussi beaucoup de choses particulières et générales dignes des plus grands éloges : sous l'ancien régime quelques femmes (en temps de paix) ont suivi leurs maris dans leurs garnisons, mais on n'en a point vu traverser les mers pour ne pas s'en séparer au milieu des horreurs d'une guerre sanglante et cruelle, et refuser de les quitter durant la plus terrible contagion.... J'en connois une, qui, à peine convalescente d'une longue et dangereuse maladie, n'hésite pas à suivre son mari partant pour Constantinople.

» Quant à la littérature, il est certain qu'on n'a jamais vu paroître autant de mauvais ouvrages; mais c'est un malheur inévitable, quand tout le monde écrit. Il ne s'agit que de *trier*, et le goût le plus délicat peut encore être satisfait.

» Il me semble que lorsque l'on peut citer les noms de MM. de Châteaubriant, Fontanes, Bonald, Delille, Michaud, Dussault, Jay, de Barante, de Treneuil, Arnault, Duval, Picard, Étienne, le comte de Ségur, de Choiseul-Gouffier, madame de Staël, et tant d'autres si justement célèbres, et tant de talens agréables que la littérature françoise possède; il me semble que, telle qu'elle est dans ce moment, elle tient encore le premier rang parmi toutes celles des nations policées [1].

» Pour les arts, comment croiroit-on dire qu'ils sont en décadence, quand on a vu les ouvrages de David, Gérard, Guérin, Girodet, Le Thiers, Robert Lefèvre, de Vanspaëndonck, et ceux de nos sculpteurs modernes, et enfin le produit des arts dans tous les genres exposés au Louvre cette année. »

« Je voudrois qu'il y eût deux hommes nom-

---

[1] Ceci fut écrit en 1806. Nous avons à déplorer la perte de plusieurs écrivains illustres, cités dans ce passage, depuis dix ans, *Delille*, *Treneuil*, *Choiseul-Gouffier*, *Fontanes* et *Dussault*.

(Note de l'éditeur.)

més pour écrire toutes les campagnes de sa majesté; Louis XIV nomma Racine et Boileau pour ses historiographes; mais en choisissant des historiens contemporains, ils seront toujours accusés de flatterie. Il n'en est pas ainsi des campagnes de guerre, ce sont des faits positifs qui ont pour témoins tous les braves de la nation. On peut faire ces récits avec autant d'intérêt durant la vie du héros qu'après sa mort, et même il vaut mieux les écrire de son vivant, l'ouvrage gagnera tout à être revu manuscrit par lui; c'est au général vainqueur à éclairer l'écrivain. Cet ouvrage seroit un admirable monument de la gloire françoise portée au comble par le seul génie du héros qui la gouverne. Il me semble que l'on verroit dans cet ouvrage une chose unique, c'est que l'envie et la mauvaise foi des ennemis de la France ont provoqué, ont nécessité ces exploits inouïs; c'est que la France étoit démembrée et perdue si l'Europe n'étoit pas soumise. Toutes les puissances jurèrent, depuis la révolution, à l'instant où Louis XVI fut détrôné, elles jurèrent d'anéantir à peu près la France, *pour l'exemple.*

» J'étois en Angleterre à l'époque où la république fut décrétée. M. Davis et M. Shéridan me dirent alors que désormais il falloit que la France l'emportât sur l'Europe, ou qu'elle fût anéantie; que son abaissement ne suffisoit pas aux puissances épouvantées, qu'il falloit sa destruction pour assurer les trônes. En 1793 j'étois en Suisse; il parut alors une brochure (je crois de Mallet-du-Pan) qui fit beaucoup de bruit, je la lus avec horreur. Ce bon François disoit qu'il falloit tellement, quand on auroit relevé le trône, anéantir les vestiges de la révolution, qu'il ne restât rien de ce qu'elle avoit pu produire d'utile; ainsi tout remettre comme jadis, rendre toutes les conquêtes, et punir tous ceux qui avoient le plus petit emploi, ou prêté un serment, ou servi avec grade d'officier comme militaire, afin que pour l'exemple de l'univers on pût dire avec vérité qu'il n'est résulté que du mal et des calamités de la révolution. On ne se dissimuloit pas que la France seroit tout-à-fait déchue, mais le bien du monde entier le vouloit. De sorte que cette conjuration étoit formée et affermie long-temps avant les triomphes de l'empereur, de sorte qu'il ne falloit rien moins qu'une suite de prodiges pour faire échouer tous ces complots, c'est-à-dire, tout ce qu'a fait l'empereur. De sorte que jamais victoires et conquêtes n'ont été légitimées et ennoblies par d'aussi puissans intérêts, puisque le salut de la France en dépendoit. Voilà ce qu'il faudroit développer dans le brillant récit de ces campagnes miraculeuses, et ce qui donneroit un caractère tout particulier à l'ouvrage. Les mémoires seroient fournis par des militaires, et deux hommes de lettres les emploiroient. Il me semble qu'il n'y en a que trois dignes de travailler à une telle histoire, M. de Bonald, M. Fiévée, dont les réflexions politiques seroient si parfaites ; et M. Dussault, qui écrit avec une pureté et une élégance très-remarquables aujourd'hui. Tout ceci n'est que dans ma tête ; non-seulement je n'ai entendu parler de ceci à personne, mais moi-même, ainsi que tout ce que j'écris de ces notes, je n'en ai parlé à qui que ce soit. »

Je donnai *les Monumens Religieux*, à l'époque où le pape vint en France ; je lui en offris un exemplaire, et le saint père eut la bonté de m'en remercier, par une lettre que m'écrivit en son nom M. le cardinal de Bayane : le pape n'écrit jamais de sa main à une femme ; sa plus grande marque de considération est de faire écrire par un cardinal. Voici la lettre qu'il a daigné me faire écrire à cette occasion :

« Madame,

» Des deux exemplaires de l'excellent ou-
» vrage que vous m'avez fait remettre par
» M. de Cabre, après avoir lu avidement celui
» que vous avez eu la bonté de me destiner,
» j'ai donné l'autre au pape, en lui rendant
» compte de ma lecture. S. S., qui vous con-
» noissoit déjà beaucoup de réputation, m'a
» ordonné de vous en faire mille remercie-
» mens de sa part, et de vous témoigner la
» satisfaction extrême qu'elle éprouve de vous
» voir employer au bien de la religion l'heu-
» reux génie dont il a plu à Dieu de vous
» douer.

» Après avoir exécuté, madame, les ordres
» du saint-père, si je ne sentois l'importance
» de ménager vos momens, je remplirois des
» pages pour vous témoigner les sentimens

» d'admiration dont la lecture de vos ouvrages
» m'a pénétré.

» J'ai l'honneur d'être avec respect,

» Madame,

» Votre très-humble et très-obéissant serviteur,

» Le Cardinal de BAYANE.

» Pavillon de Flore, 14 décembre 1804.

» Je n'ai pas manqué aussi de remettre votre lettre
» à Sa Sainteté, qui m'a ordonné de vous répondre,
» pour elle, dans les termes que j'ai transcrits. »

Sa Sainteté eut la bonté de m'envoyer un chapelet; j'allai aux Tuileries recevoir sa bénédiction; j'y menai Casimir, à peine entré dans l'adolescence, mais qui fut si touché de la majesté du pape, qu'il en fut particulièrement remarqué et caressé.

On trouve dans *les Monumens religieux* des recherches curieuses et plusieurs morceaux intéressans. M. l'abbé Frayssinous fit l'honneur à cet ouvrage de le citer dans ses belles conférences [1], et d'engager ses auditeurs à lire un

---

[1] Dont l'éloquence fut si persuasive, qu'elle convertit une infinité de jeunes gens qui n'y étoient allés que pour s'en moquer. L'empereur, contre toute raison, et

chapitre sur les tableaux représentant la Sainte-Vierge. On blâme avec raison dans cet ouvrage l'ordre peu naturel que j'ai suivi, en décrivant *les monumens religieux* : j'aurois dû les décrire par pays, et non suivant leurs titres particuliers; par exemple, je range sous les mots *cathédrale*, *chapelle*, toutes les cathédrales et chapelles de l'Europe; il auroit fallu, au lieu de cela, donner les descriptions des églises de chaque pays; par exemple, toutes celles d'Italie, ensuite celles de France, ainsi du reste. J'avois suivi un mauvais ordre, parce que j'avois fait d'abord, dans les pays étrangers, de cet ouvrage un dictionnaire de la Bible; quand je vis la religion rétablie en France, je pensai qu'au milieu d'un clergé qui se formoit de nouveau, le titre de mon ouvrage avoit quelque chose de trop *ambitieux* pour une femme; je fis les *Monumens religieux*; mais, pour profiter des articles tout faits sur ces monumens, je conservai cette forme de dictionnaire; j'ai chargé mon éditeur de la changer; ce qu'il fera sûrement dans une édition générale.

sans aucun prétexte, même frivole, defendit ces utiles conférences, et le vertueux abbé Frayssinous n'en eut que plus de célébrité. (Note de l'auteur)

Rien ne peut donner une idée de la figure paternelle de Pie VII, du calme et de la majesté de son maintien, de sa belle représentation dans la grande et magnifique galerie de Diane, remplie de personnes des deux sexes les plus distinguées par les talens, le mérite, le rang, et la réputation. Toutes ces figures, sans exception, exprimoient la vénération la plus profonde; je trouvai un tel plaisir à contempler ce spectacle imposant et religieux, que lorsqu'en sortant de la galerie, j'allai avec M. de Cabre faire une visite au cardinal de Bayane, il me fut impossible de parler d'autres choses; le cardinal me répondit que cette impression avoit toujours été si générale, que le meilleur observateur n'auroit pu distinguer en présence du pape, les gens éminemment religieux de ceux qui ne l'étoient pas. Il me conta à ce sujet que M. Delalande, l'astronome, étoit venu quelques jours auparavant à son audience publique; que, la laideur de ce fameux athée ayant frappé le saint-père, il avoit demandé son nom, et qu'aussitôt il s'étoit approché de M. Delalande et lui avoit dit : « Je suis
» charmé que par votre seule présence ici vous
» démentiez d'une manière si authentique,

» l'horrible calomnie qui vous attribue un li-
» vre¹ si indigne à tous égards d'un person-
» nage tel que vous. » A ces mots M. Delalande
tomba aux pieds du souverain pontife, qui lui
donna sa bénédiction.

Une autre fois le pape aperçut à l'une des
extrémités de la galerie un jeune homme qui
affectoit la moquerie la plus indécente. C'étoit
la première fois qu'il pouvoit remarquer ce
maintien insultant; il se dirigea de son côté,
et, lorsqu'il fut près de lui : « Jeune homme,
» lui dit-il, mettez-vous à genoux, la béné-
» diction d'un vieillard porte toujours bon-
» heur. » Le jeune homme, touché jusqu'au
fond de l'âme, se prosterna et l'on vit couler
ses larmes.

A la fin de cet entretien le cardinal nous
congédia parce qu'il alloit se mettre à table
avec le pape, et que le dîner étoit servi; il me
demanda si je désirois passer par la salle à
manger parce que le pape n'y arriveroit certainement que dans dix ou douze minutes, j'acceptai avec empressement et nous passâmes
sur-le-champ dans cette salle; je m'arrêtai un
instant, et, en voyant un somptueux service,

¹ Le *Dictionnaire des Athées.*

je dis, en souriant, que le pape aimoit sûrement la bonne chère. « Non, madame, reprit le cardinal, car il vit toujours en *minime*. Ce repas est pour nous, on ne servira au saint-père que quelques légumes à l'huile, dans de petites assiettes; et tels sont constamment tous ses repas. » Il ajouta que le pape avoit la bonté de rester à table tout le temps du dîner, quoique le sien ne durât pas le quart du temps de celui des cardinaux; qu'il ne se levoit jamais de table, et qu'il y restoit pour causer avec autant d'affabilité que d'agrément.

Le pape ne vint à Paris que dans l'unique dessein de sauver la religion, et il est certain qu'aucun de ses prédécesseurs ne fit une démarche aussi utile à cette cause sacrée; il refusa avec fermeté tous les avantages temporels qu'il en auroit pu retirer et qui lui furent offerts, il voyagea à ses frais et n'accepta rien pour sa dépense durant son séjour à Paris. Le cardinal nous conta même qu'on lui avoit volé en route une caisse très-précieuse, qui contenoit ses plus riches et ses plus beaux chapelets. Le saint-père ne s'abusa point sur l'effet que produiroit en Europe cette marque éclatante d'estime et d'admiration que Charlemagne même, bienfaiteur de l'Église, n'avoit point obtenue. On sait que Pie VII dit publiquement qu'il étoit certain que cet acte solennel exciteroit un grand mécontentement parmi les princes ses contemporains. «Mais, ajouta-t-il, j'empêcherai la France de devenir protestante, et mon désintéressement prouvera que tel est le seul mobile de ma conduite. »

Il falloit en effet des vues aussi religieuses, aussi profondes de sentimens, aussi pures, pour soutenir un vieillard, au milieu des dangers d'une route si longue et si fatigante, entreprise et continuée dans la saison la plus rigoureuse. Le ciel bénit son courage; sa seule présence ranima la foi dans tous les cœurs et rendit respectables aux yeux même des incrédules les croyances qui pouvoient inspirer tant de force et de grandeur d'âme.

Je ne perdis pas une occasion pendant le séjour du saint-père à Paris, de le voir dans les églises, ou seulement de l'entrevoir passer dans les rues : aussi j'éprouvai le désir le plus vif de juger par moi-même si son portrait, fait par David, étoit aussi beau et aussi ressemblant qu'on le disoit; je fus charmée de ce portrait, mais la reine de Naples (depuis reine d'Espagne) m'assura que la figure du pape étoit encore plus belle dans le tableau du couronnement, qu'on ne voyoit alors que dans l'atelier de David. Je témoignai le regret de ne pouvoir y aller, parce que j'avois fort blâmé, dans mon *Précis de Conduite*, les actions et les opinions politiques de David, et que je supposois, avec vraisemblance, qu'il refuseroit de me recevoir. Alors la reine eut la bonté de me dire qu'elle se chargeoit de m'y mener, ce qui eut lieu dès le lendemain. David me reçut sans aucune rancune; de mon côté, je louai de bien bon cœur, non le tableau entier que l'on peut critiquer à quelques égards, mais la figure du pape, qui est véritablement admirable. Quelqu'un disant un jour à David que tout le monde trouvoit avec raison qu'il avoit ridiculement rajeuni l'impératrice Joséphine : *Allez le lui dire*, répondit David.

M. de Cabre, mon ami, qui étoit intimement lié avec le maréchal Bernadotte, et qui alloit très-souvent chez la reine de Naples, lui inspira le désir de me connoître; elle me témoigna tant de bonté, je découvris en elle tant de vertus, que je m'y attachai du fond de l'âme. Par une singularité qui tenoit à la noblesse de ses sentimens et de ses manières, elle m'a toujours rappelé le souvenir des princesses de l'ancienne cour, elle avoit, par exemple, tout le maintien et toute la représentation de la dernière princesse de Conti; si le ciel l'eût fait naître sur un trône il n'auroit pu lui donner une bienfaisance plus étendue; cette grande qualité, qui doit caractériser tous les princes, fut perfectionnée en elle par la piété la plus sincère et la plus ennemie de toute ostentation. En voici un trait, entre mille autres qu'on pourroit citer. Les prêtres de Saint-Sulpice (paroisse du Luxembourg) remarquèrent que, depuis cinq ou six mois, la quêteuse pour les pauvres de la messe de neuf heures rapportoit tous les jours, dans sa bourse, une pièce d'or de quarante francs; il étoit évident que cette charité partoit de la même main, et l'on connut bientôt qu'elle venoit d'une dame voilée, placée toujours auprès du même pilier, dans un coin de l'Église. On la fit suivre, et l'on découvrit que cette personne, si charitable, avec si peu d'éclat, étoit la reine d'Espagne, qui alloit dans cette église régulièrement, tous les matins, sans valet de pied, sans aucune suite, et, comme on l'a dit, toujours voilée. Ceux qui avoient découvert cette magnificence de charité, eurent l'indiscrétion de la divulguer. De ce moment la reine supprima ce bienfait anonyme, mais les pauvres n'y perdirent rien, cette générosité changea seulement de forme et de lieu.

Ce fut à peu près vers ce temps que je pris la liberté de recommander à cette princesse une jeune personne que je ne connoissois que par ses malheurs, qui étoit d'autant plus intéressante, qu'elle joignoit à une jolie figure une grande jeunesse et la plus déplorable pauvreté. La reine me donna l'adresse d'un de ses aumôniers chargé de la distribution des secours qu'elle accordoit aux infortunés. Cette jeune personne, après avoir reçu ce qui lui avoit été destiné, vint me voir et me conta qu'arrivée à la porte de la maison de l'aumônier elle n'avoit pu pénétrer chez lui qu'au bout de deux heures, parce qu'il y avoit une telle foule dans sa petite cour et sur l'escalier, qu'il étoit impossible d'y avancer promptement sans danger. Cette jeune personne fut presque aussitôt placée dans une communauté, où l'on perfectionna ses talens pour le dessin d'ornement.

et pour la broderie, et sa pension a toujours été exactement payée.

J'avois déjà eu l'honneur de recevoir plusieurs fois, à l'Arsenal, madame la maréchale Bernadotte (sœur de la reine d'Espagne), qui avoit alors tout le charme de la plus jolie figure et les manières les plus agréables. Je fus frappée de l'harmonie qui se trouvoit entre son aimable visage, sa conversation et son esprit. Je la rencontrai, pour la première fois, chez M. de Cabre, qui nous donna à dîner; j'étois placé à côté du maréchal qui ressembloit de la manière la plus étonnante à tous les portraits du grand Condé. Sa belle tournure, la noblesse de son ton, sa politesse, secondoient cette glorieuse ressemblance, qu'il complétoit d'ailleurs par ses grandes qualités guerrières. Je crois avoir déjà conté, qu'en sortant de table je dis tout bas à M. de Cabre que le maréchal avoit des *manières de roi*. Je ne croyois pas faire une prophétie. Il est revenu depuis à Paris, étant prince royal de Suède. J'allai lui faire ma cour et je le retrouvai aussi poli, aussi obligeant, qu'avant son immense fortune. Enfin il s'estimoit assez (et il en avoit le droit) pour n'avoir pas cru nécessaire de changer quelque chose à son extérieur. Il n'avoit point substitué l'air affable et protecteur à sa grâce naturelle et bienveillante.

Je pris, à l'Arsenal, un jour pour recevoir du monde, mais heureusement les *routs* n'étoient point encore introduits en France; je fis une liste qui s'étendit beaucoup par la suite, parce que plusieurs étrangers y furent inscrits; mais je n'y plaçai d'abord que des personnes remarquables par leur esprit, leur caractère et leurs talens.

Madame d'Harville, mon ancienne et fidèle amie, madame la baronne de Lascours, dont j'ai déjà fait le portrait, que tous ceux qui la connoissent ne trouveront certainement pas flatté. M. de Lascours, son mari, aussi recommandable par ses nobles sentimens que par sa capacité dans les affaires. Mesdames de Châtenay. J'ai déjà souvent, dans mes ouvrages, rendu justice au mérite, aux connoissances et aux talens de madame Victorine de Châtenay, qui a toujours fait le bonheur d'une mère aussi tendre que vertueuse, et d'un père digne d'être le chef d'une telle famille. Madame la princesse de Beaufremont (depuis comtesse de Choiseul), et dont j'ai déjà parlé; à laquelle ma famille avoit l'honneur d'être alliée. C'est une personne dont l'originalité m'a toujours autant frappée que ses vertus et ses talens m'ont paru dignes d'admiration : elle joint, à une extrême vivacité, une raison parfaite et la plus grande discrétion ; elle a presque l'air de l'étourderie, et nulle femme au monde n'est plus en état de juger sainement et de donner un meilleur conseil. On lui trouvoit quelquefois, dans sa première jeunesse, l'apparence de la coquetterie ; on se trompoit, elle n'a jamais eu envie de plaire que par bienveillance ou par sentiment, et cependant sa modestie est incomparable, elle n'a nul désir de briller : elle en connoît les dangers, et son âme, forte et sensible, en dédaigne la gloire ; malgré sa modestie, elle n'est point humble, parce qu'elle se connoît et se juge comme elle jugeroit une autre. Madame Kénnens, dont l'esprit, la douceur, la sensibilité et le talent d'écrire rendent le commerce si agréable et si sûr. Madame de Vannoz, rivale heureuse de Delille, relativement au poëme de *la Conversation*, et dont la réputation littéraire n'a pas besoin de mes éloges. Madame du Brosseron, avec laquelle je fis connoissance d'une manière agréable et singulière, dont je donnerai par la suite des détails; madame Roger (depuis comtesse de Montholon), deux personnes remplies d'aménité, qui possédoient toutes les qualités aimables qui font le charme de la société. Madame Hainguerlot, que M. de Cabre, à mon arrivée à Paris, me fit connoître, que je trouvai, ce qu'elle étoit, remplie d'esprit. Sa conversation étoit aussi piquante qu'animée; ma liaison avec elle a duré plusieurs années; ensuite le dépérissement de sa santé l'a forcée de voyager, d'aller aux eaux; et je l'ai entièrement perdue de vue. Madame Cabarus (depuis princesse de Chimay); durant mon séjour à Berlin ma fille me manda qu'elle avoit contribué à lui sauver la vie. Lorsqu'elle voulut bien me prévenir et venir me voir, je la reçus avec autant de plaisir que de reconnoissance; son entretien dans l'intimité, rempli d'anecdotes curieuses, qu'elle seule avoit pu recueillir, avoit l'intéressante et rare singularité d'être toujours exempt de médisance et de déclamation. Elle est peut-être la personne du monde qui a rendu le plus de services et qui, par conséquent, a fait le plus d'ingrats. Elle étoit encore extrêmement belle et sa beauté devoit plaire généralement;

il y avoit de la noblesse dans sa taille et dans son maintien, et la plus agréable expression dans son sourire. Mon amie, madame de Bon, auteur de la jolie traduction de la *Dame du Lac*, de Walter Scott, très-passionnée dans son amitié, avec d'autant plus de charmes, qu'elle n'est jamais exigeante; elle est capable d'une généreuse profusion de soins et d'attentions, et n'est jamais blessée de la négligence et même de l'oubli, pourvu qu'elle puisse compter dans les choses essentielles sur le fond des sentimens. Enfin, mesdames de Bellegarde, que l'on peut citer comme des modèles de l'union fraternelle et de l'amabilité spirituelle et bienveillante.

M. Briffaut, fort jeune alors, et qui annonçoit déjà les talens qu'il a montrés depuis [1]; il avoit un si bon goût naturel, qu'indépendamment de toute réflexion, il étoit blessé du mauvais ton qui se trouvoit encore alors quel-

---

[1] Il vient de donner, au mois de mai de cette année 1825, un dialogue charmant, dans lequel l'un des interlocuteurs supposés, M. de Fontanes (qui n'existe plus) s'exprime comme il auroit pu écrire. Je reviendrai, avec détail, à la fin de cet ouvrage, sur ce dialogue, si digne d'être cité. (Note de l'auteur.)

quefois dans la société; il aimoit les vieilles traditions, il s'attacha d'abord à moi pour en recueillir. J'avois un plaisir extrême à lui parler de l'ancien temps : il comprenoit tout, sentoit tout, il écoutoit si bien ! Il avoit besoin de rétrograder, il cherchoit un autre siècle ; on trouve dans ses vers celui de Louis XIV.

M. Laborie, aussi obligeant qu'il est spirituel, et auquel il ne manqueroit, pour être parfaitement aimable, que d'être moins affairé, moins *pressé*; on croit toujours être sa vingtième visite, car il entre essoufflé en s'essuyant le visage ; on est charmé de le revoir, à peine est-il assis qu'il regarde à sa montre et tressaille : il voit qu'un rendez-vous l'appelle, il se lève et disparoît, il ne s'est montré que pour laisser des regrets.

M. Pieyre, dont j'ai déjà tant parlé et avec tant de plaisir. M. Millevoye, jeune poëte, dont la figure, les vers et le caractère sont également aimables [1]. M. de Charbonnières,

---

[1] Il a fait des vers charmans pour ma *Guirlande*, je ne les cite point ici, parce que je ne veux rien extraire de ce petit ouvrage manuscrit. Ce jeune poëte intéressant est mort depuis !..
(Note de l'auteur.)

ami fidèle et sûr, qui, comme poëte, jouiroit d'une grande réputation, s'il eût mieux choisi ses sujets [1]. M. Descherny, disciple passionné de J.-J. Rousseau et philosophiste outré, et qui me plaisoit beaucoup, parce qu'il avoit de l'usage du monde, de l'amabilité, et qu'il n'affichoit ses principes et ses opinions que dans ses écrits ; il avoit d'ailleurs un goût très-vrai pour les beaux-arts et il offroit le singulier phénomène d'un homme de soixante-douze ans ayant encore une très-belle voix et chantant avec la meilleure méthode [2].

M. de Cabre, mon ancien ami, qui, sans avoir été engagé dans les ordres, étoit *abbé* avant la révolution. Ce fut lui qui alors dans une société, où quelqu'un lui demandoit de faire le portrait d'une femme attrayante par ses grâces, et même par ses défauts, fit sur-le-champ cet impromptu.

> Pourquoi me demander ce que c'est qu'une femme,
> A moi dont le destin est d'ignorer l'amour !
> De l'aveugle affligé vous déchirerez l'âme,
> Si vous lui demandez ce que c'est qu'un beau jour !

[1] Ceci fut écrit peu d'années avant sa mort.
[2] Il mourut âgé de plus de quatre-vingts ans.

M. de Coriolis, que j'aimerois, quand je ne connoitrois de lui que sa *Messe de Minuit*, l'une des plus charmantes pièces fugitives en vers que l'on eût faites depuis long-temps, mais qui d'ailleurs par l'égalité de son caractère, l'agrément de sa conversation, et ses vertus, réunit tant de moyens de plaire et de droits à l'estime générale.

M. de Courchamp, qu'on n'a jamais pu accuser de pédanterie et de prétentions dans la société, quoiqu'il ait, et depuis sa plus tendre jeunesse, une étonnante instruction, et une foule de talens agréables ; ce qui seul est un éloge de la vie entière d'un homme du monde ou d'un savant, car il est impossible d'avoir fait une telle lecture et d'acquérir des connoissances si variées et si approfondies, sans avoir une grande suite dans le caractère, le goût de l'ordre et la passion de l'étude. Jamais les intrigans et les ambitieux n'obtiendront cet heureux résultat de l'emploi de leur temps. D'ailleurs M. de Courchamp réunit à l'invariabilité des meilleurs principes religieux et politiques l'esprit le plus juste et le plus piquant et une parfaite bonté de cœur.

M. de Tréneuil, dont les beaux vers ont

été la plus noble expiation des vers d'un autre poëte [1].

Je vis d'abord chez l'aimable et vertueuse

[1] M. Lebrun, dans son ode intitulée *Patriotique*. Voici la strophe exécrable qui provoqua les profanations des tombes royales de Saint-Denis :

> Purgeons le sol des patriotes
> Par des rois encore infecté.
> La terre de la liberté
> Rejette les os des despotes.
> De ces monstres divinisés
> Que tous les cercueils soient brisés !
> Que leur mémoire soit flétrie !
> Et qu'avec leurs mânes errans
> Sortent du sein de la patrie
> Les cadavres de ces tyrans !

Cette strophe (dit M. de Tréneuil, dans ses notes du beau poëme intitulé , *Les Tombeaux de Saint-Denis*), en ce qu'elle n'outrage du moins que les rois dans leurs cercueils, est une des plus *humaines* de l'ode dite *Patriotique*.... Si la poésie ne vit et ne doit vivre que de religion , d'affections pathétiques et tendres, de sentimens nobles et vertueux, l'auteur des odes *Patriotiques* a terriblement méconnu la sainteté de son ministère.

Ajoutons que M. Lebrun, malgré son enthousiasme philosophique et républicain, s'est fort bien accommodé du gouvernement impérial, et qu'il en fut grand admirateur.

(Note de l'auteur.)

reine d'Espagne M. Després; il est impossible de le rencontrer sans désirer le connoître; et il est affligeant d'en être oublié, quand on l'a connu.

M. Radet, auquel je dois de la reconnoissance pour avoir embelli plusieurs de mes nouvelles qu'il a mises au théâtre avec le plus grand succès.

M. Dussault, qu'on pouvoit louer sur trois choses qui ne sont pas communes dans ce siècle : il fut journaliste impartial, bon écrivain, et ami fidèle dans tous les temps [1].

La belle collection des portraits historiques possédés par M. Crawfurd me fit faire connoissance avec lui; on ne peut rien voir dans ce genre de plus curieux et de plus intéressant; M. Crawfurd en étoit un digne appréciateur, ce qui ne se rencontre pas toujours dans les amateurs de tableaux; il eut la galanterie magnifique, comme je l'ai déjà dit, de me faire présent d'un très-beau portrait de grandeur naturelle de madame de Maintenon; mais un portrait qui, dans cette riche collection, effa-

---

[1] Les lettres et l'amitié viennent de le perdre dans cette année 1825.

(Note de l'auteur)

çoit tous les autres par le dessin, le coloris, l'expression, la composition, et l'importance du personnage, c'étoit celui de Bossuet. Quand on n'auroit jamais vu d'estampes de l'auteur des *Oraisons Funèbres*, de tant d'admirables *sermons*, des *Variations*, etc., il suffiroit d'avoir lu ces ouvrages et de jeter les yeux sur cette peinture pour l'y reconnoître et pour s'écrier : Voilà le grand Bossuet !..... Je n'ai rien vu qui m'ait autant frappée [1].

Je voyois aussi deux hommes du monde aussi remarquables par leurs talens, la douceur de leur commerce que par leur distraction, MM. de Sabran et de Laborde. J'ai déjà cité de M. de Sabran la réponse remplie de grâce et de finesse qu'il me fit un jour où je lui parlois de sa distraction. Au reste, ces deux personnes qui n'écoutent guère que par hasard ont tant de charme dans l'esprit et dans le caractère, que leur distraction n'a jamais rien de désobligeant, elle n'inspire que le désir de fixer sur soi leur attention; ils n'ont pas besoin d'*à-propos* pour plaire. Les

---

[1] M. Crawfurd n'existe plus. J'ignore ce qu'est devenu l'incomparable portrait dont je viens de parler.

(Note de l'auteur.)

gens distraits ont en général un naturel et une franchise qui leur donnent, lorsqu'ils ont de l'esprit, la plus aimable originalité [1]; on pardonne leurs imprudences, on est si flatté de leur suffrage! il n'y a pour eux ni préparations flatteuses, ni complimens étudiés; ils seroient de mauvais courtisans, ils sont d'excellens amis.

Parmi les gens du monde je rassemblois

---

[1] Voici un trait comique et nouveau (et du genre *rêveur*) des distractions de M. de Laborde: il étoit invité à une cérémonie nuptiale; arrivé à l'église, il se plaça en face du grand autel, vis-à-vis des nouveaux mariés, et au moment où ils prononçoient le serment irrévocable, il se pencha vers son voisin et lui dit : *Irez-vous jusqu'au cimetière ?*.... Il croyoit assister à un enterrement !

M. de Laborde, passionné pour tous les arts, est véritablement connoisseur en musique; enthousiaste du talent incomparable de Casimir Baecker, mon élève, il fit une dissertation aussi lumineuse que savante sur les découvertes extraordinaires et sur les effets étonnans produits sur la harpe, par Casimir, et que lui seul, jusqu'ici, peut exécuter. Dans cet écrit, qui fut imprimé et qui a été traduit en anglois, M. de Laborde explique parfaitement, par ces découvertes et ces effets, plusieurs passages des livres anciens, grecs, sur la lyre antique qui jusqu'alors avoient paru absolument inexplicables.

(Note de l'auteur.)

encore, le samedi, les hommes les plus distingués de la société, entre autres, MM. de Lascours [1]; d'Estournelle [2], Carion de Nisas, si connu par son talent dramatique; de Choiseul, auteur du premier et du meilleur voyage pittoresque [3]; nulle conversation ne retraçoit mieux que celle de M. de Choiseul le bon temps de la société françoise : on n'a jamais conté avec plus de grâce, on n'a jamais eu des manières plus nobles et plus agréables; on peut lui donner justement des éloges plus solides sur sa loyauté et sur d'excellens principes qu'il n'a jamais démentis, soit en France, soit dans les pays étrangers.

[1] J'ai déjà parlé, dans mes *Prisonniers*, des actions bienfaisantes que M. de Lascours a faites à Auch, dont il étoit préfet, et où il a laissé, en quittant cette préfecture, des regrets si unanimes et si bien fondés. Bon, loyal, religieux, et rempli de capacité, il a, dans tous les temps, mérité l'estime de tous ceux qui ont eu des rapports avec lui.

[2] Qui joint aux agrémens d'un homme du monde une grande capacité dans les affaires, et le talent de la poésie.

[3] Les dessins de ce voyage sont aussi beaux que ce grand ouvrage est bien écrit.

(Notes de l'auteur.)

Le cardinal Maury [1], dont les talens comme orateur ont tant d'éclat, et dont l'entretien, semé d'anecdotes piquantes, a tant de charmes.

M. de Sennovert, l'homme du monde qui possède l'instruction la plus variée, et l'un de ceux qui causent le mieux sur les arts, la littérature, la politique, et les petits intérêts de société [2].

[1] Il disoit beaucoup de bons mots et il avoit souvent des reparties très-saillantes, faites de premier mouvement; en voici une qui eut le plus grand succès de ce genre, celui d'être universellement citée : un jour, en présence de Napoléon et d'un grand nombre de courtisans, il eut une discussion très-vive avec M. de ****, qui finit par lui dire grossièrement . —« On sait, monsieur le cardinal, que, dans votre pensée, vous vous élevez au-dessus de tout le monde. » — « Non, monsieur, répondit le cardinal, je suis sans orgueil, quand je *me juge*; mais j'avoue que j'en ai quelquefois, quand je *me compare* à de certaines gens. » Le cardinal est mort à Rome en 1821. (Note de l'auteur.)

[2] M. de Sennovert a été depuis s'établir à Pétersbourg, où son mérite et le discernement supérieur de l'empereur de Russie lui ont procuré d'honorables emplois, qu'il a exercés pendant un assez grand nombre d'années. Sa santé l'a forcé dernièrement de revenir en France.

(Note de l'auteur.)

M. Marigné, qui fait des vers si charmans, qu'on ne peut s'empêcher de regretter que sa muse, renfermée dans le cercle étroit d'une société particulière, ait consacré tous ses chants à l'amitié.

Et enfin M. Denon. Son beau cabinet de curiosités attire chez lui tous les amateurs de ce genre, et l'accueil aimable, l'entretien du possesseur, sont un moyen plus sûr encore de les rappeler [1].

D'après cette nomenclature, il eût été bien simple que l'on eût donné à ces réunions (qui ont duré neuf ans) le titre de *Bureaux d'Esprit*, et c'est ce qu'on n'a jamais fait, ni pendant que j'étois à Belle-Chasse, où je recevois de même, tous les samedis, des gens de lettres, des savans, et les personnages de la société de cette époque les plus distingués par leur esprit.

[1] M. Denon vient de mourir dans le cours de cette année 1825. Les collections de son cabinet étoient toutes également intéressantes dans leur espèce, et particulièrement celle de vieux laques, les plus beaux qu'on ait jamais vus, et celle des ouvrages faits par des sauvages; cette dernière ne pouvoit être riche, mais elle est complète et charmante.

(Note de l'auteur.)

Je crois qu'en général, lorsque la personne qui fait les honneurs d'un cercle n'a nulle espèce de pédanterie, on n'ose en montrer devant elle; cependant on appeloit les assemblées de madame du Deffant des *Bureaux d'Esprit*, quoique la conversation en fût aussi aimable que variée; et d'ailleurs madame du Deffant étoit aussi naturelle que je puis l'être, et elle étoit certainement beaucoup plus aimable.

M. de Talleyrand venoit aussi assez souvent me voir à l'Arsenal, mais pour mieux jouir du charme de sa conversation, je le recevois toujours seul; il y a naturellement dans son maintien et dans toute sa personne quelque chose de froid et d'insouciant qui a blessé plus d'une fois les gens qui le connoissent peu. On pardonne difficilement la sécheresse aux personnes dont la réputation de mérite et d'esprit font désirer le suffrage. Mais cette apparente indolence de M. de Talleyrand donne tant de prix aux marques particulières de son intérêt et de son amitié !... Un signe d'approbation, un sourire bienveillant, un air attentif, attendri, sont en lui de véritables séductions. Ses détracteurs sont forcés de reconnoître la supériorité de son esprit; de cet esprit si flexible, qui, sans effort et sans pédanterie, peut dans les grandes occasions se manifester avec éclat, et qui dans le commerce intime peut aussi égayer la conversation par des épigrammes, ou se prêter avec une grâce inimitable au badinage le plus frivole. Ses ennemis n'ont pas rendu justice à la bonté de son cœur, bonté dont j'ai moi-même, durant l'émigration, éprouvé les effets, comme je l'ai déjà conté dans ces Mémoires. M. de Talleyrand n'a jamais mis de pompe et d'emphase dans les services qu'il a rendus. En général, ses bonnes actions sont faites avec tant de simplicité qu'il en perd facilement le souvenir, à moins qu'on ne les lui rappelle.

J'avois joui d'une si grande tranquillité à Berlin, j'avois tant admiré la douceur et l'équité du gouvernement de ce pays, que je désirois depuis long-temps rendre un hommage à son souverain; mais je voulois que ce tribut de reconnoissance fût désintéressé. Plusieurs personnes de mes amis, à Berlin, m'avoient conseillé de dédier au roi un ouvrage, je leur répondis que je n'y manquerois pas, quand je ne serois plus sous sa puissance. J'imaginai donc à l'Arsenal d'écrire *la Vie de Henri le Grand* et d'en offrir la dédicace au roi de Prusse. J'écrivis à Berlin pour obtenir cette permission, qui me fut accordée de la manière la plus flatteuse, dans une lettre pleine de bonté. Alors j'assemblai tous les matériaux de cette histoire, mais ensuite j'appris avec certitude que je n'aurois pas la permission de la publier en France. Je l'écrivis depuis à la première restauration; mais, comme les Prussiens étoient entrés en vainqueurs à Paris, je ne la dédiai point au roi de Prusse. Pour m'en dispenser et en disant une chose parfaitement vraie, j'eus l'honneur d'écrire à ce prince que, lorsque j'avois sollicité la permission de lui rendre cet hommage, je n'avois pas réfléchi que je serois obligée de parler des calvinistes d'une manière qui pourroit lui déplaire, et que par cette raison, lui offrir un tel ouvrage seroit un manque de respect.

Cette histoire étoit tout-à-fait imprimée, quand Louis XVIII fut obligé de quitter la France, je lui en fis présenter un exemplaire la veille de son départ, et l'ouvrage fut mis en vente deux jours avant l'entrée de Bonaparte à Paris. On m'avoit proposé d'y mettre des cartons; je l'avois écrit sans le projet de faire des allusions, mais naturellement il s'en trouva par les faits un grand nombre de très-offensantes pour Bonaparte; j'eus le courage de donner cette histoire sans aucun changement; elle ne pouvoit paroître dans un moment plus désavantageux à son débit, cependant l'édition s'écoula promptement; on en fit une seconde au bout de deux mois. Très-peu de journalistes osèrent en rendre compte, et dans la crainte de déplaire à Bonaparte, aucun n'eut le courage d'en parler avec détail, et je l'ose dire, avec l'approbation que méritoit l'ouvrage; cependant tous convinrent que c'est la seule histoire complète de *Henri IV*, et que tous les portraits qui s'y trouvent sont bien faits. Madame de Staël, dans son dernier ouvrage posthume, en parlant de Henri IV, s'est servie du portrait que j'ai tracé de ce prince; elle dit que Henri fut de tous nos rois le plus François : les journalistes, en parlant de ce trait, l'ont cité comme sublime; il est pris de mon ouvrage, et l'on n'en avoit point parlé, quand mon *Henri IV* parut. Tel est l'esprit de parti [1].

[1] Les rédacteurs d'alors du *Journal des Débats*, et qui

J'écrivis dans ce temps (à l'Arsenal) les *Mémoires de Dangeau*. Je fis cette lecture immense sur un manuscrit *in-quarto* en quarante et tant de volumes, copié d'après l'original *in-folio*, qui est dans la maison de Luynes. Cette copie d'une belle écriture est aussi authentique que l'original ; elle est *verbalisée*, et fut faite avec une exactitude minutieuse ; cependant je voulus en confronter une partie, et madame la duchesse de Luynes eut la bonté de me prêter tout son manuscrit, tous les jours, pendant sept ou huit mois ; à l'aide de deux ou trois amis, je m'amusai à en confronter quel-

depuis ont changé, chargèrent M. Hoffmann de rendre compte de cet ouvrage ; ce qu'il fit avec toute la malveillance qu'on lui connoissoit pour moi, et une ignorance qu'il étoit impossible de prévoir dans un homme qui prend le titre de littérateur (titre qu'il a mérité d'ailleurs) ; par exemple, il confond dans son extrait une conférence théologique avec une bataille ; il se récrie sur ma maladresse d'insister sur un trait qui représente mon héros comme le plus ingrat des hommes, lorsque Henri écrit au duc d'Épernon pour lui témoigner sa joie *de l'éclatante victoire remportée par l'évêque d'Évreux contre les calvinistes entièrement défaits et vaincus* ; et M. Hoffmann déclame sentimentalement contre *la joie barbare* de Henri. De quoi se réjouit Henri IV ? dit-il, *de sang répandu*, de la défaite de ces que chose, et nous trouvâmes que l'exactitude en étoit véritablement scrupuleuse; il y avoit aussi une copie *in-folio* à la Bibliothèque du Roi, j'ai mieux aimé travailler sur celle de l'Arsenal, à cause de la beauté de l'écriture et de la commodité du format. Comme la bibliothèque de l'Arsenal appartenoit à l'empereur, j'obtins de lui la permission de marquer à la marge, par des barres sur l'exemplaire, les passages que je voulois extraire, et que je faisois copier à mesure ; ensuite sur cette copie j'ajoutai mes notes. Cet abrégé est certainement l'ouvrage qui fait le mieux con-

---

calvinistes qui l'ont mis sur le trône ! Quelle ingratitude ! quelle horreur !.. Ainsi, M. Hoffmann croyoit que, sous le règne du plus belliqueux de nos rois, un évêque avoit commandé nos armées ! ainsi, il faisoit d'un des triomphes de la religion et d'une discussion théologique, un combat sanglant, et d'un *évêque* un général d'armée, versant des flots de sang !... Voilà une étrange manière de lire et de juger !... Nul journal ne voulant recevoir ma réclamation sur cette inconcevable distraction, je la plaçai, deux mois après, dans la préface de la deuxième édition de Henri IV, et avec le plus grand détail, citant littéralement l'article de M. Hoffmann, et le numéro du journal. Il n'y avoit rien à répondre à cela ; M. Hoffmann garda le silence.

(Note de l'auteur.)

noître la grandeur et la bonté de Louis XIV, et les mœurs du beau siècle où il a vécu; mais il falloit la patience dont je suis capable, pour entreprendre la lecture de ce prodigieux ouvrage; il falloit avoir lu tous les mémoires connus du temps pour en faire un bon extrait, afin de ne pas tomber dans des répétitions fastidieuses; il falloit encore, pour y joindre des notes utiles, avoir vécu à la cour et dans le grand monde, et connoître toutes les traditions de ce règne et de celui de la régence. Je crois avoir rendu un important service à la littérature par ce prodigieux travail, qui, comme on le verra par la suite, a été double pour moi. J'ai mis neuf mois à lire cet ouvrage, que je lisois constamment tous les soirs depuis onze heures jusqu'à trois ou quatre heures du matin. Ce travail fini, la permission de l'imprimer, sur laquelle j'avois dû compter, me fut positivement refusée. Je donnai mon manuscrit à l'empereur, en l'assurant que je n'en gardois aucune espèce de copie, ce qui étoit parfaitement vrai.

Quelques jours après je reçus de M. de Lavalette une lettre conçue en ces termes:

« Sa Majesté m'ordonne, madame, de vous

prévenir qu'elle accepte l'offre que vous lui faites des mémoires manuscrits du marquis de Dangeau ; elle désire que je les lui envoie à Boulogne. Je vous prie, madame, de vouloir bien me les adresser promptement, pour que je les envoie à l'empereur [1].

» J'ai reçu aussi l'ordre de vous annoncer que Sa Majesté vous accorde une pension de six mille francs sur sa cassette [2]. Je suis chargé de vous la payer par douzièmes. Je vous prie, madame, de vouloir bien me faire connoître comment je pourrai effectuer ce paiement.

» Je me trouve heureux, madame, d'être, dans cette circonstance, l'organe des volontés de l'empereur, et je désire bien vivement qu'elle me procure quelquefois l'occasion de vous présenter l'hommage du profond respect avec lequel j'ai l'honneur d'être, etc. Lavalette. »

Je regardois déjà l'empereur comme mon bienfaiteur, par les offres généreuses qu'il m'a-

---

[1] J'ai conservé l'original de cette lettre, ainsi que d'un très-grand nombre de lettres *intéressantes* que j'ai reçues depuis que je suis en France, et que ne citerai pas dans ces Mémoires pour ne pas les rendre trop volumineux.
(Note de l'auteur.)

[2] Le *maximum* des pensions des gens de lettres étoit de quatre mille francs. (Note de l'auteur.)

voit fait faire par M. de Rémusat, offres que j'avois refusées, et que je devois à l'amitié de M. Fiévée. En voyant que je ne pouvois faire imprimer les *Mémoires de Dangeau*, je saisis un moyen de prouver ma reconnoissance à l'empereur, en les lui offrant. Ainsi, je fis ce don avec plaisir, puisqu'il m'acquittoit de la pension que j'allois recevoir. L'empereur fit le plus grand cas de ces Mémoires; je sus par M. de Talleyrand, qu'il les lisoit avec un extrême plaisir; M. de Talleyrand me donna l'espérance qu'il engageroit l'empereur à les faire imprimer; il y a fait ce qu'il a pu, mais inutilement. Ayant marqué à la marge du grand manuscrit in-4°., par des raies, tous les passages que j'avois extraits de l'ouvrage sur lequel j'avois travaillé, j'écrivis à l'empereur que si ce manuscrit restoit à la bibliothéque publique de l'Arsenal où l'on pouvoit copier tout ce qu'on lisoit, on ne manqueroit pas de s'approprier mon extrait, et de le faire imprimer dans les pays étrangers, si on ne pouvoit le publier en France. Cette réflexion frappa l'empereur, qui sur-le-champ fit demander cet ouvrage à M. Ameilhon, et le mit dans sa bibliothéque particulière.

Pour faire connoître ces importans mémoires, je vais citer ici une petite partie de la préface qui les précède.

« Si la candeur, la bonne foi, l'impartialité, la peinture la plus naïve et la plus fidèle des mœurs d'une cour brillante et célèbre, suffisent pour rendre attachante la lecture d'un ouvrage historique, il n'est point de mémoires plus intéressans que les *Mémoires de Dangeau*. Ils ont encore l'avantage inappréciable d'offrir le portrait le plus ressemblant et le moins suspect de flatterie que nous ayons, de l'un de nos plus grands rois. Le marquis de Dangeau, qui écrivit ce journal pendant un si grand nombre d'années avec une régularité si constante, n'en montra jamais une seule ligne, non-seulement à Louis XIV, mais à madame de Maintenon, son amie. On voit, par les lettres de cette dernière, qu'il refusa toujours de le lui communiquer tant qu'elle fut à la cour, et qu'elle le lut pour la première fois après la mort du roi, dans sa retraite de Saint-Cyr. On ne sauroit trop admirer la délicatesse d'un sujet, d'un courtisan qui craignoit de ternir la pureté de ses récits et d'affoiblir l'autorité de ses éloges en les mettant sous les yeux de son souverain. Madame de Maintenon, dans ses

lettres à madame de Dangeau, fait souvent l'éloge de la véracité de ce journal, et de la parfaite exactitude de tous les détails qu'il contient. « Je lis avec plaisir (écrivoit-elle à ma-
» dame de Dangeau) les *Mémoires de M. de*
» *Dangeau*; j'y apprends bien des choses dont
» j'ai été témoin, mais que j'avois oubliées.
» (4 juin 1716.) » Dans une autre lettre elle dit : « Les *Mémoires de M. de Dangeau* m'a-
» musent très-agréablement... j'ai tout lu ; vous
» entendez ce que cela veut dire [1]. (19 juin.) »
« J'attends avec impatience la suite des Mé-
» moires, qui m'amusent si fort, que je lis trop
» vite. (21 juillet.) » « Je voudrois savoir jus-
» qu'où M. de Dangeau conduit ses Mémoires,
» afin de les ménager plus ou moins, car c'est le
» seul amusement que j'aie. (20 février 1717.) »
Ces passages suffisent pour faire connoître l'opinion de madame de Maintenon : on en pourroit citer beaucoup d'autres, qui tous ex-

---

[1] Cela signifie qu'elle passoit les longues nomenclatures des personnes qui suivoient le roi dans ses voyages, le détail des promotions de grades militaires et des ordres du Saint-Esprit, de Saint-Lazare, etc., et une infinité de choses de ce genre qui tiennent une place prodigieuse dans ces Mémoires. (Note de l'auteur.)

priment la même approbation [1]. Madame de
Maintenon devoit en effet aimer ce journal ;
aucun ouvrage ne représente Louis XIV sous

[1] Cette seule approbation doit placer cet ouvrage au premier rang des mémoires les plus intéressans de cette grande époque de notre histoire. Madame de Maintenon avoit toujours été le témoin le plus éclairé et la confidente la plus intime de tous les faits et de tous les événemens retracés dans ces Mémoires : lorsqu'elle fait l'éloge de l'exactitude de ces récits, on ne peut révoquer en doute leur scrupuleuse fidélité. D'autres juges encore, dont le suffrage est d'un grand poids, ont aussi montré la plus grande estime pour ce Journal, entre autres, l'abbé de Choisi, le président Hénault, M. de La Baumelle, etc. M. de Voltaire est le seul écrivain qui ait parlé avec mépris des Mémoires de Dangeau. On trouvera dans ces Mémoires mêmes la raison de cette injustice ; on y verra, dans les années 1719 et 1720 (ces Mémoires furent continués après la mort de Louis XIV), le marquis de Dangeau blâmer *les imprudences et les essais satiriques du petit Arouet*. M. de Voltaire, comme on sait, ne s'est jamais engagé dans de longues lectures ; il n'en a jamais eu le temps. Il aura parcouru très-superficiellement quelques volumes de cet ouvrage ; il aura cherché surtout les années où l'auteur pouvoit parler de lui : ces articles, dont l'improbation froide et laconique n'est adoucie par aucun éloge, auront blessé son amour-propre ; et, suivant sa coutume, dans ce cas, il a décidé que l'ouvrage est détestable (*Note de l'auteur.*)

des traits à la fois si touchans et si nobles : on voit dans ce Journal que le charme de ses manières et de son langage venoit de sa bonté. La grâce dans les princes n'est point un avantage frivole; cette recherche de politesse n'est dans les particuliers que le désir de plaire; mais, dans les souverains, elle est à la fois l'annonce d'un caractère aimable, d'une âme sensible, et la preuve de leur estime; par un heureux privilége, elle honore autant qu'elle charme. Louis XIV n'a jamais accordé une grâce sans y joindre un mot flatteur qui en doubloit le prix; on répétoit ce mot avec délice dans sa famille, il y devenoit une tradition glorieuse; presque toujours ses refus étoient faits avec tant d'égards et de délicatesse, qu'on les recevoit avec reconnoissance. Que pourroit faire de mieux la politique la plus habile? Mais la politique ne donne qu'une fausse affabilité qui ne séduit personne; il est un langage qu'elle ignorera toujours, elle ne saura jamais parler au cœur. Sans doute Louis XIV eut des défauts; quel homme n'en a pas?. On peut lui reprocher quelques torts.... Il ne réprima point assez la fureur du gros jeu à sa cour et à la ville, du moins il s'occupa trop tard de ce dévoir. Sa magnificence dégénéra quelquefois en prodigalité ; il donna trop de diamans et de bijoux aux personnes de sa cour ; mais ses défauts même eurent de la noblesse et de l'élévation ; sa tendresse, poussée trop loin pour ses enfans naturels, n'altéra jamais son affection pour ses enfans légitimes ; il fut pour tous le meilleur et le plus tendre des pères [1]. On lui a reproché des défauts qu'il n'eut jamais, de la morgue, une hauteur arrogante, un orgueil excessif, une basse envie de la vie de Henri IV. Cette dernière imputation est bien formellement dé-

---

[1] C'est une étrange contradiction morale et religieuse, que le crime d'un particulier imprime à son enfant adultérin une tache ineffaçable, tandis que dans celui qui doit donner l'exemple à tous, dans un souverain, ce même crime, publiquement reconnu, donne à l'enfant, objet du plus éclatant scandale, un titre d'honneur et le plus haut rang dans la société. Il est facile de deviner pourquoi cette remarque n'a jamais été faite. On doit regarder comme un véritable malheur public qu'une seule vérité morale soit forcée de rester captive ou voilée, et c'est un grand bonheur et un prodige dans ce siècle que l'existence d'une cour assez pure pour que l'on puisse blâmer librement tout ce que la religion et la raison condamnent. (Note de l'auteur.)

mentie dans les *Mémoires du comte d'Estrade* [1], ambassadeur de France en Angleterre;
on trouve dans ces Mémoires une lettre admirable de Louis XIV, qui contient le plus bel
éloge de Henri IV, et dans laquelle, par une
modeste et noble exagération, Louis reconnoît
qu'il doit à ce héros tout ce que *sa couronne et
la France ont de grand et de glorieux* [2].
Louis XIV avoit en public une majesté imposante, mais qui fut toujours tempérée par la
grâce et la douceur, et jamais souverain ne fut

[1] Les mémoires du comte d'Estrade ont été souvent imprimés sous le titre de *Négociations*, la dernière fois à Londres, en dix-sept volumes in-12. Le recueil complet des lettres et des mémoires du comte d'Estrade forme vingt-deux volumes in-folio. Il fut à la fois bon général, diplomate habile, se distingua dans ses négociations avec la cour de Londres, à la conclusion du traité de Breda, et aux conférences de Nimègue. Il s'étoit élevé, dans l'armée, à la dignité de maréchal de France, et dans l'administration il avoit été nommé vice-roi de l'Amérique. Né en 1607, mort en 1685 (Note de l'éditeur.)

[2] Je m'enorgueillis d'être le premier écrivain qui ait cité cette belle lettre comme une justification complète de Louis XIV; j'en ai parlé pour la première fois dans les notes de la *Duchesse de La Vallière* et de *Madame de Maintenon*. (Note de l'auteur.)

plus aimable au sein de sa famille et dans sa société intime. Sa vieillesse n'eut rien de triste et d'austère, son indulgence ne se démentit jamais pour ses enfans, pour les princes de son sang, pour ceux qu'il honoroit de son amitié et pour ses domestiques. Aucun roi n'a été plus véritablement paternel que Louis XIV. Il étoit si accessible, que des gens même qui n'alloient point à la cour, en obtenoient facilement des audiences particulières, dont l'unique motif étoit de lui confier des intérêts de famille; il s'occupoit sans cesse du soin touchant de raccommoder des parens divisés, et, dans ces occasions, il ne parloit et n'agissoit qu'en arbitre, en conciliateur, et jamais avec l'autorité d'un souverain. Enfin, nul roi de France n'a plus aimé le travail, et ne s'est occupé des affaires avec plus d'assiduité, de constance et de courage; car les souffrances et les maladies n'ont pu lui faire négliger ses importans devoirs. Il a travaillé encore sur son lit de mort, et même le jour où il reçut l'extrême-onction.

» Tel est Louis XIV dans les *Mémoires de Dangeau*, qui ont le mérite de représenter ce prince avec toute sa grandeur et toute sa bonté, et seulement par des faits; l'auteur écrivoit à madame de Maintenon, après la mort de Louis XIV, que *s'il avoit pensé que d'aussi bons yeux liroient ses Mémoires, il ne les auroit pas écrits avec autant de négligence*. En effet, il écrivoit rapidement, et il n'avoit que la prétention d'être scrupuleusement exact. »

Il y a déjà plusieurs années que j'ai parlé pour la première fois de ce journal (dans les *Souvenirs de Félicie*). On me permettra de retracer ici quelques passages du jugement que j'en portai alors, et que la réflexion a parfaitement confirmé depuis.

« Le *Journal de Dangeau* est un ouvrage unique par sa simplicité, par l'exactitude, la bonne foi, l'impartialité, l'esprit de droiture, de modération, et les excellens sentimens qui s'y trouvent d'un bout à l'autre; c'est toujours un honnête homme qui parle et qui raconte.... Jamais homme n'eut moins de vanité : il a pris si peu de place dans ce prodigieux nombre de volumes! Il ne parle de lui que pour inscrire dans ses Mémoires les grâces qu'il a reçues de son souverain; d'ailleurs nulle ostentation, nul désir de se faire valoir, de donner bonne opinion de son caractère ou de son esprit; nulle animosité contre qui que ce soit. Que l'on compare ces Mémoires à tous les autres, on verra que c'est le monument historique le plus extraordinaire, et l'ouvrage, dans son genre, le plus estimable qui existe [1].

» On ne s'embarrasse guère que l'auteur d'un ouvrage d'imagination soit vertueux ou non, mais il est nécessaire d'estimer un historien, parce que, pour l'intérêt de son ouvrage, il faut qu'on puisse le croire impartial et véridique. Il faut estimer davantage encore celui qui écrit les Mémoires de son temps, car la franchise ne lui suffit pas. S'il est vain, envieux, haineux, vindicatif, il est impossible qu'il soit parfaitement sincère, même avec l'intention de l'être; les passions l'aveugleront; la vanité, pour le moins, lui fera faire un usage frivole et quelquefois ridicule de son esprit; il parlera trop de lui, il en parlera sans vérité. Les *Mémoires du cardinal de Retz* sont les plus spirituels que l'on connoisse; le style en est vif et naturel, la manière de conter de l'auteur

[1] Il faut toujours se rappeler que Louis XIV ne l'a jamais connu, et que madame de Maintenon ne l'a lu qu'après la mort de ce prince, et par conséquent lorsqu'elle étoit entièrement dépouillée de sa faveur.

(Note de l'auteur.)

est piquante et parfaite; il observe avec sagacité, il peint avec génie; mais c'est l'ouvrage d'un factieux, d'un ambitieux, d'un homme à bonnes fortunes : on le lit avec défiance et sans fruit, on ne le cite jamais avec autorité [1]. Il seroit désirable qu'un historien ait un esprit supérieur ; il doit remonter aux causes des événemens, les discerner, les faire connoître, et en tirer de grands résultats ; c'est-à-dire démontrer par des faits la sûreté des bonnes routes, le danger des mauvaises ; enfin, offrir aux princes et aux peuples un beau traité de *morale expérimentale*. Si l'histoire n'est pas cela, la lecture d'un roman bien fait vaut beaucoup mieux. Des mémoires historiques ne sont que des matériaux pour l'histoire. Un auteur de mémoires historiques fera bien rarement un bon ouvrage dans ce genre (en le supposant même sincère, vertueux et modeste), s'il a une grande imagination et le talent de bien écrire. Il combinera des rapprochemens singuliers, des oppositions frappantes ; il voudra faire des portraits, des réflexions ; il négligera les petits détails ; il voudra mettre de l'accord entre ses

---

[1] Il est souvent d'une injustice révoltante, surtout pour la reine Anne d'Autriche. (Note de l'auteur.)

portraits et les actions des personnages qu'il a
dépeints ; alors, malgré lui, par une pente ir-
résistible, il tombera dans les systèmes, dans
les déguisemens, dans les mensonges, en dissi-
mulant telle action qui démentiroit ses idées,
en supprimant ou dénaturant les faits pour ne
pas perdre une réflexion ingénieuse ou un résultat piquant. Je sais que les historiens eux-
mêmes sont bien loin d'être exempts de reproches à cet égard ; mais si tous les mémoires
étoient faits comme ceux de Dangeau, ils ôte-
roient aux historiens toute possibilité de broder
et de mentir [1]. Si ces Mémoires eussent été imprimés il y a quatre-vingts ans, M. de Voltaire
et ses copistes auroient-ils pu dire et tant répéter, que Louis XIV étoit rempli de hauteur
et d'orgueil, que sa dévotion rendit sa cour
triste, austère [2], et que ce fut madame de

[1] On ne peut appeler *Mémoires historiques* que ceux
qui suivent sans interruption le fil des événemens politiques, et qui rendent compte de toute la conduite des
personnages qui ont joué un rôle dans ces évenemens
publics, par conséquent ces Mémoires ne sont point
historiques. (Note de l'auteur.)

[2] On faisoit tous les jours de la musique chez Mme. de
Maintenon, on y jouoit sans cesse la comédie ; les masca-
rades, les bals, les loteries, les amusemens de tout genre
eurent toujours lieu à la cour jusqu'à la mort de Louis XIV.
(Note de l'auteur.)

Maintenon qui le harcela et le tourmenta dans les derniers temps de sa vie, pour l'agrandissement du duc du Maine, quand on voit si bien dans ces Mémoires que ce fut tout simplement la tendresse excessive que ce prince eut pour ses enfans naturels?

» Le siècle orageux qui vient de finir produira une multitude innombrable de mémoires détestables qui paroîtront successivement d'ici à cinquante ans. Comment pourra-t-on, sur de tels matériaux, écrire une bonne histoire de la révolution? Quel homme pourra débrouiller ce chaos rempli de discordances, de contradictions, de mensonges et de calomnies ? . . . . »

Comme l'auteur des mémoires est aussi in-

____

(1) Les mémoires faits pendant la minorité de Louis XIV furent écrits dans des temps de factions; et, en général, on y trouve un fond de droiture et d'impartialité, surtout dans les excellens mémoires de madame de Nemours, dans ceux de madame de Motteville, et dans ceux de Tourville. Mais il y avoit alors dans les âmes une élévation qui préserva toujours de la fausseté. Les différens partis conservoient au fond les mêmes principes, on n'avoit voulu renverser *ni le trône ni l'autel.* La philosophie moderne n'avoit point encore de prosélytes.

(Note de l'auteur.)

téressant que son ouvrage, on me saura sans doute gré de le faire connoître : « Il avoit (dit Fontenelle) une figure fort aimable, et beaucoup d'esprit naturel, qui alloit même jusqu'à faire agréablement des vers. »

« Le marquis de Dangeau [1] étoit de famille protestante ; mais, dans sa première jeunesse, il se convertit à la religion catholique. Il se distingua par sa valeur et par ses talens militaires.

» Un jour que M. de Dangeau s'alloit mettre au jeu du roi, il lui demanda un appartement dans le château de Saint-Germain, où étoit la cour. La grâce n'étoit pas facile à obtenir, parce qu'il y avoit peu de logemens dans ce lieu. Le roi lui répondit qu'il la lui accorderoit, pourvu qu'il la lui demandât en cent vers qu'il feroit pendant le jeu ; mais cent vers bien comptés, pas un de plus ni de moins ; après le jeu, où il avoit paru aussi peu occupé qu'à l'ordinaire, il dit les cent vers au roi ; il les avoit faits, exactement comptés et placés dans sa mémoire, et ces trois efforts n'a-

[1] Philippe de Courcillon, marquis de Dangeau, naquit dans la Beauce, le 21 septembre 1638.

(Note de l'auteur)

voient pas été troublés par le cours rapide du jeu [1].

» Le marquis de Dangeau eut la gloire d'être à la cour le protecteur de Boileau; qui lui adressa sa satire cinquième sur la *Noblesse*. L'abbé de Dangeau, frère du marquis, devenu, par le crédit de son frère, lecteur du roi, se servit aussi de sa place pour la gloire des lettres et le bien de ceux qui les cultivoient.

» Il fut chargé par Louis XIV, de plusieurs négociations ; il alla comme envoyé extraordinaire vers les électeurs du Rhin, il conclut le mariage du duc d'Yorck (depuis Jacques II) avec la princesse de Modène. Sans aucune intrigue, il dut à la sagesse de son caractère, de sa conduite, et à l'estime du roi, toutes les dignités de la cour. Il joignoit la bienfaisance au zèle et à l'activité ; il employa les revenus et les droits de sa grande-maîtrise

---

[1] Le roi n'avoit pas exigé que ces vers fussent beaux, et comme le talent d'improviser de mauvais vers est très-facile, il est possible que le marquis de Dangeau les ait improvisés après la partie, au lieu de les avoir faits pendant le jeu, ce qui seroit beaucoup moins merveilleux.

(Note de l'auteur.)

à faire élever, en commun, dans une grande maison consacrée à cet usage, douze jeunes gentilhommes des meilleures maisons du royaume, et destinés en grande partie à servir ensuite dans les armées. Ainsi il eut la gloire, qui n'est point assez connue, d'avoir établi en France la première école militaire, ou du moins d'avoir donné l'idée de former en grand cet établissement. On admettoit dans celui de Dangeau quelques pensionnaires roturiers : Duclos dit avoir été élevé dans cette maison. Ce bel établissement ne dura que dix ans ; après la mort du fondateur, le mauvais état des finances ne permit pas au gouvernement de le continuer.

» La cour, les affaires, d'utiles occupations particulières, n'empêchèrent jamais le marquis de Dangeau de cultiver les lettres et les sciences. Il remplaça Scudéri à l'Académie [1]. Il

[1] Une singularité plus frappante fut celle de M. de Courtanveau, descendant du grand Louvois, et succédant à son fils à l'Académie des sciences. Il étoit extrêmement savant, ainsi que son fils, et, pour lui procurer la place honorable d'académicien, il ne voulut pas en être, mais après la mort de son fils il lui fut impossible de se refuser au vœu unanime de l'Académie.

(Note de l'auteur.)

étoit dans la destinée des deux frères de succéder, dans cette compagnie, à des personnages ridicules : l'abbé de Dangeau y remplaça l'abbé Cotin, si ridiculisé par Boileau que le récipiendaire, forcé par l'usage de louer son prédécesseur, n'osa faire imprimer son discours. Tous les mercredis, le marquis et l'abbé de Dangeau réunissoient chez eux une société choisie de gens de lettres et de savans, dont faisoient partie le cardinal de Polignac [1], l'abbé de Longuerue [2], l'abbé Dubos [3], le marquis de

[1] Le cardinal de Polignac, auteur de l'*Anti-Lucrèce*.
(Note de l'auteur.)

[2] L'abbé Longuerue fut un prodige d'intelligence et de mémoire dès l'âge de quatre ans. A quatorze ans, il savoit presque toutes les langues. Il s'appliqua à l'histoire et surtout à la chronologie. Ayant employé le temps avant l'âge où communément on en peut tirer parti, et n'en ayant jamais perdu, il sut doubler utilement sa vie, et son savoir devint prodigieux. Il a laissé quelques ouvrages, entre autres une *Description historique de la France*.
(Note de l'auteur.)

[3] L'abbé Dubos fut un littérateur célèbre. M. le régent, qui ne pensoit pas que les gens d'esprit qui écrivent bien ne sont bons qu'à faire des livres, l'employa très-utilement dans plusieurs négociations. L'abbé Dubos montra dans cette carrière des talens distingués;

L'Hôpital 4 , l'abbé de Saint-Pierre 5, l'abbé
Raguenet 6, Mairan 7, l'abbé de Choisi : ce

il rendit de grands services. Il mourut à Paris en 1742,
secrétaire perpétuel de l'Académie françoise. Il a laissé
plusieurs ouvrages estimés ; le plus célèbre est celui qui a
pour titre · *Réflexions critiques sur la Poésie et sur la
Peinture*

(Note de l'auteur)

4 Le marquis de L'Hôpital, l'un des plus grands mathématiciens de son temps, servit quelque temps en qualité
de capitaine de cavalerie. La foiblesse de sa vue le força
de quitter le service, et alors il se livra tout entier à l'étude et aux sciences. Il fut reçu à l'Académie des sciences
en 1693. Son livre intitulé, *de l'Analyse des infiniment
petits*, in-4°., publié en 1696, lui fit une grande réputation parmi les savans, et dans la société il eut celle d'une
probité parfaite et d'un homme aimable. Il épousa Charlotte de La Chesnelaye, qui partagea non-seulement ses
goûts, mais ses études. Il développa en elle le génie des
mathématiques, et elle l'aida dans ses travaux en ce genre.
Le marquis de L'Hôpital mourut en 1704, à l'âge de quarante-trois ans.

(Note de l'auteur.)

5 L'abbé de Saint-Pierre obtint, sous le règne de
Louis XIV, par le crédit de ses protecteurs, des bénéfices, la place de premier aumônier de Madame, et la
riche abbaye de Sainte-Trinité de Tiron. Le cardinal de
Polignac, l'un de ses plus utiles protecteurs, contribua
surtout à lui faire accorder ces grâces, et à le faire rece-

dernier, célèbre par son esprit, ses aventures, ses écrits (surtout le *Journal du Voyage de*voir à l'Académie françoise, quoique l'abbé de Saint-Pierre n'eût aucun titre pour y être admis. Après la mort de Louis XIV, il fit un écrit rempli de flatteries pour le prince régent, et en même temps très-injurieux à la mémoire de Louis XIV, son bienfaiteur et celui de l'Académie françoise. Cette action le fit exclure à l'unanimité de cette compagnie, à l'exception du seul Fontenelle, qui refusa son consentement à cette exclusion. Fontenelle attachoit peu de prix aux inconséquences, de quelque genre qu'elles fussent. On sait que, dans les dernières années du règne de Louis-le-Grand, il publia plusieurs discours de la piété la plus édifiante, et qu'après la mort de ce prince il fit l'*Histoire des Oracles!*....
L'abbé de Saint-Pierre a été loué avec exagération par les philosophes du dix-huitième siècle; la raison en est connue : il a dans ses écrits déclamé contre le célibat des prêtres, contre Louis XIV, contre le gouvernement, et dit beaucoup de choses indirectement, et quelquefois directement contre la religion. Il fut un mauvais prêtre (en jouissant des biens de l'Église), un mauvais écrivain et un faiseur de projets chimériques On dit qu'il montroit peu d'esprit dans la société, ainsi il n'en montroit d'aucune manière, car on n'en trouve point dans ses écrits. Les philosophes modernes conviennent qu'il n'avoit pas des mœurs pures, mais ils assurent qu'il étoit fort charitable; enfin on le loue beaucoup d'avoir pris pour devise ces mots *donner et pardonner*. Il est néanmoins bien ridi-

Siam, et ses *Mémoires*), fut ramené à la religion par l'abbé de Dangeau, et s'y con-

cule de se vanter ainsi de sa charité ; mais il est vrai que ce n'étoit pas la charité évangélique, c'étoit de la *bienfaisance*; on prétend qu'il a inventé ce mot, qui est plus harmonieux, plus élégant ; les gens du monde le préfèrent, les pauvres aiment mieux l'autre.

(Note de l'auteur)

⁶ L'abbé Raguenet s'appliqua à l'étude des belles-lettres et de l'histoire. Son discours *sur le mérite et la dignité du martyre* emporta le prix de l'éloquence à l'Académie françoise, en 1689. Cent ans après, le plus beau discours sur le même sujet n'eût été qu'une cause d'exclusion à tous les honneurs littéraires. L'abbé Raguenet a laissé plusieurs ouvrages estimés, entre autres la *Description des Monumens de Rome,* qui lui valut des lettres de *citoyen romain*, titre qu'il a porté jusqu'à sa mort.

(Note de l'auteur)

⁷ Jean-Jacques Mairan naquit à Béziers en 1678, et mourut à Paris, en 1771, à quatre-vingt-treize ans ; il eut une conformité singulière avec Fontenelle ; il parcourut, comme lui, une longue carrière, et avec les mêmes talents, du moins pour les sciences, les mêmes places. Il fut savant et littérateur, et membre de l'Académie des Sciences et de l'Académie françoise. Comme Fontenelle, il a fait des éloges académiques qui sont estimés ; comme lui, il eut un caractère paisible, plein de douceur et d'aménité, et fut généralement aimé dans les

sacra depuis avec autant de sincérité que de zèle [8].

académies où il fut admis et dans la société ; enfin il succéda à Fontenelle, en 1741, dans la place de secrétaire perpétuel de l'Académie françoise. Il a laissé plusieurs bons ouvrages de physique et des éloges des académiciens de l'Académie des Sciences, morts en 1741, 1742 et 1743. On cite de lui un mot charmant, parce qu'il n'a pu venir que du cœur. Il disoit qu'*un honnête homme est celui à qui le récit d'une bonne action rafraîchit le sang.*

(Note de l'auteur.)

[8] L'abbé de Choisi eut une première jeunesse très-licencieuse ; il étoit d'une jolie figure, et il est vrai qu'il vécut en province pendant dix-huit mois sous des habits de femme, folie qui forme le sujet de son roman de *la Comtesse des Barres*, qu'il fit à cette époque. M. de Voltaire a dit que pendant ce temps il écrivoit son *Histoire ecclésiastique*, ce qui est faux et absurde. L'abbé de Choisi donna le premier volume de cet ouvrage (corrigé par Bossuet) en 1703 ; il avoit alors près de soixante ans ; mais un mensonge grossier ne coûtoit rien à M. de Voltaire, lorsqu'il pouvoit jeter du ridicule sur un ouvrage religieux. Il est bien glorieux pour la religion qu'un homme qui avoit tant d'esprit n'ait pu lui nuire qu'à force de cabales, de brigues, de mensonges et de calomnies.

(Note de l'auteur.)

M. Ameilhon[1], naturellement très-humoriste et très-violent, fut outré de perdre ce manuscrit, l'un des ornemens de la bibliothéque dont il étoit l'administrateur. L'aversion qu'il avoit déjà pour moi en fut très-augmentée. Voici les motifs de cette inimitié : il avoit toujours eu le désir d'unir à la bibliothéque le bel appartement que j'occupois, de sorte qu'il m'y vit entrer avec chagrin ; cet appartement avoit sous les fenêtres du salon un joli petit

[1] Né à Paris, en 1730, M. Ameilhon se fit connoître de bonne heure par son *Histoire du Commerce et de la Navigation des Égyptiens, sous le règne des Ptolémées*. Cet ouvrage, plein de recherches curieuses, annonçoit un homme capable de se livrer aux investigations les plus pénibles ; à la mort de Lebeau, il fut chargé de continuer l'*Histoire du Bas-Empire*. Les travaux de M. Ameilhon ont eu pour but principal de rechercher quel était l'état des arts chez les anciens, et de prouver qu'aux époques les plus reculées de la civilisation, les beaux-arts mêmes n'étoient point de vains objets de luxe, mais que les législateurs en avoient fait une des parties essentielles des institutions politiques. M. Ameilhon a consacré la plus grande partie de sa vie à la rédaction des journaux et au classement de plusieurs bibliothèques. Il étoit membre de l'Académie des belles-lettres depuis 1766. Il est mort en 1812.

Note de l'éditeur.

jardin; M. Ameilhon s'en empara, ce qui étoit d'autant plus ridicule qu'il en avoit un plus grand à son logement, le plus beau de l'Arsenal. Pour avoir la paix, quand j'entrai à l'Arsenal, je ne me plaignis que doucement de cette usurpation; et, voyant qu'il insistoit avec humeur, je cédai sans résistance. Nous vécûmes assez bien ensemble : il venoit me voir de temps en temps ; mais la perte des manuscrits de Dangeau ralluma toutes ses fureurs; il vint me faire des scènes inouïes. Je lui répondis avec calme, je détaillai mes raisons; rien ne put l'adoucir; depuis ce moment, il fut mon ennemi irréconciliable. Je ne rapporterai point toutes les tracasseries sans nombre qu'il m'a faites, je n'en citerai qu'une très-petite partie; il me refusa nettement de me prêter des livres de la bibliothéque. Je récrivis à ce sujet au ministre, qui lui donna l'ordre positif de me prêter tous ceux que je demanderois : il n'eut plus la ressource que de me les faire attendre des semaines entières. Je souffrois toutes ces choses avec une patience qui ne s'est jamais démentie. Je lui fis une petite malice qui mit le comble à sa rage, et dont cependant il profita. Il avoit fort peu d'esprit et écrivoit très-mal; il faisoit imprimer la suite de l'*Histoire du Bas-Empire;* on imprimoit aussi pour moi dans ce temps je ne sais quel ouvrage. On se trompa d'épreuve : on m'apporta celle de M. Ameilhon, je la lus et je m'amusai à corriger d'un bout à l'autre, non les fautes d'impression, mais le mauvais langage de l'auteur; je lui refis au moins une douzaine de phrases. Je montrai ce travail à deux ou trois personnes qui vinrent me voir, pendant que je faisois ces corrections; on en rit beaucoup. Ce trait fut conté; M. Ameilhon en fulmina, mais cependant il fit imprimer l'épreuve telle que je la lui avois renvoyée.

Cependant M. Ameilhon fut nommé membre de l'Institut. Un jour qu'il faisoit partie d'une députation et qu'il alloit pour la première fois chez l'empereur avec un désir ardent d'en être remarqué et d'en obtenir quelques mots, en passant, il se mit très en vue dans la salle d'audience; l'empereur, en effet, apercevant une figure qu'il ne reconnoissoit qu'imparfaitement, s'approcha de lui en disant : « N'êtes-
» vous pas M. Ancillon ? — Oui, sire....
» Ameilhon. — Ah ! sans doute, bibliothécaire
» de Sainte-Geneviève. — Oui, sire... de l'Ar-
» senal. — Eh ! je le savois; vous êtes le con-

» tinuateur de l'*Histoire de l'Empire ottoman*.
» —Oui, sire.... de l'*Histoire du Bas-Em-
» pire.* » A ces mots, l'empereur s'impatientant
lui-même de ses méprises, lui tourna brusquement le dos ; et M. Ameilhon, ne sentant que
l'honneur et *la joie* d'avoir arrêté quelques
minutes près de lui l'empereur, se pencha
vers son voisin en lui disant, avec emphase :
« *L'empereur est étonnant, il sait tout!* » Ce
trait me fut conté le jour même par un de
mes amis, M. Destournel, qui étoit présent.

Dès les premiers jours de mon entrée à l'Arsenal, je renouvelai la demande que j'avois faite
jadis en Allemagne, de prendre avec moi mon
petit-fils ; il avoit quatorze ans, il étoit charmant
de figure, d'esprit et de caractère. J'aurois pu
le garder deux ans : on me le refusa ; ce qui
me fit une peine que j'avois déjà éprouvée autrefois à Brevel, lorsque j'avois demandé avec
instance qu'on me l'envoyât à Hambourg, où
j'aurois été le chercher. Il avoit alors dix ans ;
il pouvoit sortir de France et rester dans les
pays étrangers trois ou quatre ans sans encourir les peines imposées par les lois révolutionnaires. On me refusa dans mon exil, et à
mon retour, cette satisfaction qui auroit été

si utile à son éducation. J'avois aussi demandé à Hambourg, à mon frère, de me donner ma nièce Georgette, âgée alors de six ans, et j'essuyai le même refus.

Je retrouvai en France quelques amis et beaucoup d'ingrats ; madame la comtesse d'Harville, très en faveur à la nouvelle cour, dont son mari occupoit l'une des plus belles places, me prouva que l'absence et les vicissitudes de la fortune ne sauroient altérer la véritable amitié ; je retrouvai aussi M. de Cabre et le bon Monsigny ; ce dernier me dit qu'il seroit heureux s'il avoit deux mille francs de plus. J'écrivis le soir même à l'empereur pour les lui demander, et le lendemain Monsigny reçut le brevet d'une pension de deux mille francs. M. de Cabre, qui faisoit de charmans vers de société, en avoit fait beaucoup jadis pour moi, et pour que je ne trouvasse aucun changement en lui, il en fit encore. Voici ces derniers pour une de mes fêtes :

Jadis je n'osois vous chanter,
Mon adorable Félicie,
J'aurois eu trop à vous conter,
Et ma lyre eût paru hardie.

Pour vous peindre mes sentimens,
Quelle assez pure allégorie !
Puisque la langue des amans
De votre cœur étoit bannie.

Aujourd'hui je me sens plus fier,
Mon amour n'est plus à la gêne;
Mieux que les messieurs du bel air,
Il se vante de sa trentaine.

Frivoles vainqueurs de vingt ans,
Dont l'ardeur chaque jour s'épuise !
Vous vous croyez les vrais amans...
Amour rit de votre méprise.

Ses secrets, ses dons les plus doux,
Il les réserve pour notre âge;
Quand ses feux follets sont pour vous,
Son feu pur est notre partage.
Par eux de l'imprudent Titon
Il accélère la vieillesse;
Mais il rajeunit Philémon
Avec sa flamme enchanteresse.

Vous n'obtiendrez pas la faveur
De cette jeunesse dernière,
Vous qu'un banal et faux bonheur
Rend prodigues de la première.
Ces transports, ces plaisirs si fous,
Comme vous tout sot les réclame;
On n'est jeune, heureux comme nous,
Qu'avec l'esprit, le cœur et l'âme.

Que de raison dans ses discours!
Dans sa personne que de grâce!

On voudroit l'entendre toujours,
Et sans cesse suivre ses traces ;
Dès qu'on la voit, on veut l'aimer,
On veut penser comme elle pense :
Oui, pour plaire, instruire, charmer,
Le ciel lui donna la naissance.

Ah ! si pour louer son esprit
Ma voix eût été plus sonore,
Déjà combien j'en aurois dit !
Et combien j'en dirois encore !
Vanter son talent, ses écrits,
N'est pas un droit que je m'arroge :
Mais tous ceux qui lisent Genlis
Mieux que moi feront son éloge.

Pour la scène bien des auteurs
Ont su puiser dans ses ouvrages,
Et par elle ses emprunteurs
Du public ont eu les suffrages.
Plusieurs s'en souviennent tout bas,
Plusieurs en perdent la mémoire ;
Quelques-uns ne s'en vantent pas ;
Mais quelques-autres en font gloire.

Voici d'autres couplets faits par M. Radet :

Ce jour où tout doit s'empresser
A vous rendre un sincère hommage,
De Villemonble, sans balancer,
Nous entreprenons le voyage ;
A vous fêter, en arrivant,
Chacun de nous gaiment s'apprête ;

Et voilà qu'en vous retrouvant,
De chacun de nous c'est la fête.

Ils nous ont laissé pour toujours
Une aimable réminiscence,
Ces instans si doux et si courts
Qu'embellissoit votre présence.
En y songeant avec plaisir,
On les sent, on les apprécie ;
Eh ! qui pourroit ne pas chérir
Les souvenirs de Félicie !

Nous y trouvons un esprit fin,
Un style que chacun admire,
Un tact heureux, un goût divin
Qui nous enchante et nous attire.
De vous voir a-t-on le bonheur,
Vous captivez tous les suffrages ;
On sent qu'il faut aimer l'auteur
Autant qu'on aime ses ouvrages.

Avant ce roman si touchant,
Dont l'héroïne a tout pour plaire,
On disoit d'elle en la citant :
La tendre et froide La Vallière.
Vous la peignez, un feu subit
Dans son âme naît et s'allume :
Elle s'arme de votre esprit,
Et s'embellit sous votre plume.

La Vallière fut pour Louis
Une amante triste et plaintive ;
Mais, sous le pinceau de Genlis,
Elle séduit, charme et captive.

Ah! si des couleurs du portrait
On eût vu briller le modèle,
Fixé par ce puissant attrait,
Louis seroit resté fidèle.

Nous savons tous que vos écrits
Trop souvent excitent l'envie :
Mais des bons cœurs, des bons esprits
Genlis sera toujours chérie :
Ses livres, comme ses discours,
Tout en elle plaît, intéresse :
Ne pouvant l'entendre toujours,
On voudroit la lire sans cesse.

M. Radet a mis au théâtre du Vaudeville une grande quantité de mes nouvelles; il travailloit en société avec MM. Desfontaines et Barré. Je demandai à l'empereur une pension de quatre mille francs pour M. Radet; quand l'empereur voulut la lui donner, on lui représenta que M. Radet travailloit avec deux autres gens de lettres; alors l'empereur répondit : « *Eh bien! cela fera douze mille francs.* » Deux ans après, je demandai pour mon frère la place de bibliothécaire à l'Arsenal, vacante par la mort de M. Saugrin; cette place étoit immédiatement après celle d'administrateur, et valoit mille écus. L'empereur donna sur-le-champ à mon frère une pension de mille écus, sans aucune obligation de travail, et il accorda la place de bibliothécaire à M. de Tréneuil.

Je passois tous les étés à la campagne; j'allai plusieurs fois dîner à Villemonble, où M. Radet possédoit une jolie maison, dans laquelle il assembloit très-bonne compagnie choisie parmi des personnes aussi spirituelles qu'aimables. Je vis là, avec un grand plaisir, madame Kénens, MM. Barré, Desfontaines et Moreau, etc. Ce dernier a, dans l'esprit, une grâce particulière qui n'a jamais de fadeur parce qu'il y joint une gaieté douce qui contraste agréablement avec une physionomie sérieuse et quelquefois mélancolique; il partageoit, à cette époque, les succès, au théâtre du Vaudeville, de MM. Radet, Barré et Desfontaines. Il faisoit des couplets charmans qu'il chantoit avec un agrément infini.

A propos de gens de lettres distingués par leur esprit et leurs talens, je veux me vanter ici d'une prédiction que je fis alors dans le *Mercure*, qui a été depuis parfaitement vérifiée. Un très-jeune littérateur (M. Charles Nodier) fit paroître dans ce temps un roman, intitulé *les Proscrits;* j'en rendis compte dans *le Mercure;* et je terminois cet article, en disant qu'on trouvoit dans cet ouvrage plusieurs pages qui faisoient plus d'honneur à l'auteur que certains livres qui ont cependant de la réputation ; et j'ajoutois, qu'avec de l'étude, M. Nodier obtiendroit certainement un rang très-élevé dans la littérature. En effet, il y avoit dans ce premier essai tout ce qui peut répondre de l'avenir, c'est-à-dire, de l'âme, le talent d'observer et de peindre, de l'imagination, enfin, tout ce qui forme le génie. J'étois loin de prévoir qu'avec une physionomie si douce, un air si timide, il auroit le courage, quelques années après, d'attaquer la puissance formidable de Napoléon, et de braver toutes les rigueurs d'une longue captivité.

Mes ouvrages, qui m'ont procuré de vrais amis dans les pays étrangers, m'en ont aussi valu en France, que je conserverai jusqu'à la mort : mesdames de Choiseul (alors de Bauffremont), de Lascours et de Brady. J'avois vu madame de Choiseul, dans son enfance, à Belle-Chasse ; ce fut un renouvellement de connoissance, qui devint la plus tendre amitié. Madame de Lascours demanda à me voir, dès les premiers jours de mon arrivée ; elle étoit fort jeune, charmante à tous égards, et elle annonçoit dès lors, par la maturité de sa raison et de son esprit, cette perfection de sentimens et de conduite que depuis on a constamment admirée en elle. Madame de Brady, très-jeune aussi et d'une éclatante beauté, m'écrivit, pendant un an, des lettres anonymes, en me donnant, pour lui répondre, une adresse et un nom de fantaisie. Ses lettres annonçoient tant d'esprit, qu'elles m'intéressèrent vivement. Je l'engageois, dans mes réponses, à cultiver cet esprit qui est devenu si supérieur, et auquel la vertu la plus pure et la plus irréprochable a donné toute l'étendue qu'il pouvoit avoir. Une autre personne très-intéressante aussi m'écrivit, pendant dix-huit mois, des lettres anonymes très-aimables, sous le nom de *Jeanneton;* c'étoit madame la duchesse de Chevreuse, née Narbonne, et belle-fille de madame la duchesse de Luynes, qui s'amusa à faire un petit roman de notre liaison. Notre premier entretien fut à travers une cloison, et, à notre première entrevue, elle vint à l'Arsenal déguisée en jardinière : elle remplit mon appartement de fleurs; je fis semblant de la prendre pour une paysanne; ce qui la charma. Elle croyoit être parfaitement déguisée, parce qu'elle avoit un habit de paysanne et qu'elle disoit *j'allions* et *je venions*. Ses petites mains blanches, la noblesse de son maintien, la douceur de sa voix et de son accent, formoient un plaisant contraste avec la rusticité de son habillement et de son langage ; elle me représentoit une jolie actrice destinée à l'emploi des princesses et jouant par hasard, et par conséquent sans illusion, un rôle de villageoise. Lorsque depuis elle a été exilée, j'ai écrit sans cesse à l'empereur en sa faveur, mais toujours inutilement ; il y avoit bien de la petitesse dans une telle rancune d'un souverain contre une jeune personne si intéressante à tous égards, et dont tout le crime étoit d'avoir montré, avec courage, une juste indignation sur les affaires d'Espagne.

Le jeune Anatole Montesquiou vouloit aussi faire connoissance avec moi; il l'auroit pu fort naturellement, puisqu'il y avoit des liens de parenté entre sa famille et celle de M. Genlis ; mais il avoit à peine dix-sept ans, il aima mieux former notre liaison d'une manière romanesque : il alla chez Maradan le prier de l'envoyer chez moi comme un garçon d'imprimerie, chargé de m'apporter des épreuves. Maradan le refusa; alors il eut recours à madame Lascours, qui tout simplement me donna à dîner avec lui. Je trouvai en lui tant d'esprit, de grâce et des sentimens si nobles, que je m'y attachai véritablement. Notre amitié a soutenu l'épreuve de deux ou trois révolutions, et par conséquent elle est aussi solide qu'elle est tendre. A l'époque de son mariage avec sa cousine, qu'il aimoit depuis son enfance, il me demanda de peindre un arabesque dans son livre de souvenirs; cet arabesque représentoit son nom et celui de la charmante personne qu'il alloit épouser. Je plaçai dans cet arabesque deux flambeaux allumés, dont la flamme est réunie, et au-dessous de cet emblème j'écrivis ces vers :

> Non, cette flamme vive et pure
> N'est point la fugitive ardeur
> De cet amour léger, enfant de l'imposture,
> Qui promet en vain le bonheur !
> J'ai voulu peindre ici l'amour sans inconstance,
> Sans traits piquans, sans ailes, sans bandeau,
> Né dans le sein de l'aimable innocence,
> Tendre et touchant, dès le berceau.
> Ah ! cette peinture si belle,
> Si digne d'un meilleur pinceau,

Devroit sans doute être immortelle !
Que j'aime à la tracer dans ce doux souvenir !
Heureux qui peut toujours contempler son modèle,
Mais plus heureux qui peut l'offrir !

J'ai fait d'autres vers pour lui; et, de son côté, il en a fait beaucoup pour moi. J'encourageai avec un grand plaisir son goût naissant pour la littérature et pour les arts qu'il a si bien cultivés depuis. Il prit beaucoup d'amitié pour Casimir, qui y répondit avec sa franchise ordinaire, et qui se trouva heureux de lui offrir, comme le gage d'un véritable attachement, deux manuscrits originaux, de moi, qui ont été imprimés, mais qui étoient écrits tout entiers de ma main, et dont, suivant ma coutume, je n'avois livré à l'impression que des copies. Casimir, attachant un grand prix à ces originaux, m'avait conjurée de les lui donner, ce que j'ai toujours fait. Depuis il a encore donné à mon petit-fils, Anatole de Lawoestine, un de ces manuscrits, et ces dons ont été pour lui de vrais sacrifices.

Il m'arriva dans ce temps une aventure qui me toucha sensiblement : une jeune personne de dix-huit ans, fille d'un ancien capitaine de cavalerie, nommée Hyacinthe de

Beaulieu, m'écrivit des lettres véritablement passionnées et si naturelles, que je lui répondis exactement, d'autant mieux qu'elle me disoit qu'elle se mouroit d'un mal de poitrine déclaré mortel. Ce commerce dura six mois, au bout desquels elle me manda que, pour me voir avant de mourir, elle profitoit de l'occasion du départ, de Beauvais, d'une de ses sœurs mariée, qui venoit en poste à Paris. En effet, je la vis arriver, un matin à midi, à l'Arsenal. Quoiqu'elle fût réellement mourante, sa figure étoit une des plus charmantes que j'aie jamais vues; elle se jeta dans mes bras en pleurant, ne me dit que deux ou trois paroles, passa la journée entière avec moi, ne prit pour toute nourriture qu'un bouillon, restant toujours silencieuse, les yeux fixés sur moi, me tenant la main qu'elle serroit et qu'elle baisoit à toute minute, et pleurant doucement de temps en temps. Sa sœur l'envoya chercher à huit heures du soir; alors elle se mit à genoux devant moi, me demanda ma bénédiction; je la pris dans mes bras, où je crus qu'elle alloit expirer. Enfin, baignée de larmes, elle me quitta et me laissa dans un saisissement inexprimable; elle retourna à Beau-

vais, où elle mourut le lendemain de son
arrivée. Son père m'écrivit pour m'annoncer
cette triste nouvelle; elle l'avoit chargé, en
mourant, de me faire ses derniers adieux, et
de me dire qu'elle avoit donné à sa plus jeune
sœur ce qu'elle avoit de plus précieux, qui
étoit une tresse de mes cheveux qu'elle tenoit
de moi. Je ne puis exprimer combien je la regrettai; ce n'étoit pas une âme commune que
celle qui pouvoit se passionner ainsi d'une manière aussi pure.

J'éprouvai un chagrin d'un autre genre : je
fus absolument obligée de me séparer d'Helmina. Cette jeune personne joignoit au caractère le plus aimable et le plus doux, à beaucoup d'esprit et de talent, une si mauvaise
tête, une conduite si extravagante, que nulle
indulgence ne pouvoit en supporter les incon-
véniens. Peu de mois après, madame Récamier
la prit avec elle, et les mêmes raisons la forcè-
rent à la même rupture. Stéphanie Alyon,
ma filleule, que j'avois depuis deux ans avec
moi, me resta. Casimir, quoiqu'il fût encore
enfant, lui donna un joli talent sur la harpe;
je lui appris l'orthographe, l'anglois, les élé-
mens de l'histoire; elle répondit parfaitement,

de toutes manières, à mes soins : elle a depuis traduit de l'anglois, avec beaucoup d'agrément, un volume qui fait partie d'un ouvrage intitulé *le Petit Naturaliste*. Elle est restée avec moi à peu près jusqu'à son mariage ; elle a épousé un militaire nommé M. Javary ; elle est aujourd'hui une femme aussi vertueuse qu'aimable.

Quelque temps après ma brouillerie avec Helmina, je reçus des lettres d'une dame de province, qui me peignoit la situation la plus déplorable ; ses lettres étoient spirituelles et bien écrites : elles m'intéressèrent vivement, car de telles lettres ont toujours eu sur moi un ascendant singulier. Je me passionnai pour cette personne infortunée qui étoit à cinquante lieues ; je payai son voyage : je la fis venir pour vivre avec moi. Je l'attendois avec une impatience inexprimable ; je savois qu'elle avoit cinquante ans ; mais comme dans mes lettres je lui avois demandé tous les détails imaginables sur sa personne, elle m'en avoit même fait sur sa figure qu'elle m'avoit dépeinte noble, belle, intéressante. Je me représentois une héroïne d'un ancien roman, ayant conservé tout ce qui pouvoit en rappeler les plus touchans souvenirs. Enfin elle arriva, et je vis une grande femme sèche, blafarde, minaudière, qui n'avoit jamais pu être jolie, et qui me fit une scène sentimentale du ridicule le plus comique. Elle remplit si peu mon attente, que j'imaginai d'abord qu'elle n'étoit pas l'auteur des lettres qui m'avoient charmée; mais je vis bientôt que, malgré tous ses désagrémens, ses prétentions en tout genre et son mauvais goût, elle avoit réellement beaucoup d'esprit; qu'elle savoit bien l'orthographe, et qu'elle avoit même étudié la grammaire. Alors je relus ses lettres que j'avois soigneusement conservées, et je trouvai que la prévention et mon imagination les avoient excessivement embellies; cependant elles étoient spirituelles, mais bien inférieures au jugement que j'en avois porté. Madame *** me devint chaque jour plus insupportable par sa pédanterie, son affectation, son mauvais ton et l'inconcevable ridicule de sa coquetterie. Un jour qu'elle entra chez moi très-parée, elle se regarda dans la glace de ma cheminée, et dit d'un air de satisfaction : *J'ai encore de la peau !* Ce qui signifioit qu'elle avoit encore une belle peau, chose qui n'étoit nullement, car son visage blafard étoit tout couvert de taches de rousseurs. « Mais mon Dieu, madame, lui dis-je brusquement, il n'y a rien d'étonnant à cela : le temps enlaidit, mais n'écorche pas. » Madame ***, que rien ne déconcertoit, sourit de ma simplicité, et me fit une longue dissertation pour me prouver que *j'ai de la peau* ou *j'ai du teint*, *elle a de la peau*, *elle a du teint*, sont des expressions très-usitées. Cette aimable compagne resta avec moi plus d'un an ; au bout de ce temps, sa passion pour M. Alyon, l'homme le plus laid que j'aie connu, et qui avoit aussi cinquante ans; cette passion, dis-je, qui fut partagée, éclata avec si peu de ménagement, que je fus forcée d'en témoigner ma surprise, et de surveiller ces jeunes amans, qui formoient à eux deux plus d'un siècle. Rien ne put les contenir, et un beau jour M. Alyon enleva sa conquête, il l'emmena, et, à ma grande satisfaction, j'en fus débarrassée.

Mes travaux littéraires ne m'empêchoient pas de donner des soins à l'éducation de Casimir; il avoit une pétulance, une témérité naturelle de courage, qui m'ont beaucoup fait souffrir, et que ceux qui ne l'aimoient pas ont fait aisément passer pour de la méchanceté; imputation bien calomnieuse, car il a toujours montré l'âme la plus généreuse et le cœur le plus sensible; mais il est vrai qu'il s'est promené plus d'une fois sur les toits de l'Arsenal, et, ce qui est plus effrayant encore, sur les pierres d'assises en dehors du bâtiment, et qu'après avoir pris deux leçons de l'art de nager, il a traversé tout seul la rivière. Pour apprendre à monter à cheval à quinze ans, il a fait une course de trente lieues pour aller, et autant pour revenir, à franc étrier. Toutes ces choses étoient fort effrayantes, mais elles s'allioient avec des qualités très-attachantes, un excellent cœur, une organisation admirable pour tous les arts, un esprit infini, un grand fonds de piété, et les sentimens les plus nobles : on n'a jamais fait l'aumône avec plus de plaisir, et il lui est arrivé plus d'une fois, quand je ne lui donnois pas d'argent pour la faire, de donner en secret de ses vêtemens. La première petite somme un peu considérable qu'il ait eue en son pouvoir fut cinq cents francs (il avoit quatorze ans), et il l'employa toute entière à me faire des présens, et sans en garder une obole pour lui. Il eut de son premier concert, à Paris, une somme très-considérable; il ne s'en réserva rien; il en acheta six fauteuils et un canapé, et des rideaux neufs pour un salon, et il fit du reste un emploi très-vertueux. Le succès inouï de ce concert fit désirer à M. Picard [1] qu'il se fît entendre à Louvois. huit jours après, Casimir y consentit et ne voulut y jouer que gratuitement. M. Picard eut non-seulement la salle remplie, mais de plus tous les corridors, et le succès de Casimir fut au moins aussi éclatant que la première fois. Dans ce temps, M. Pieyre fit quatre vers sur le talent de Casimir, qui furent bien véritablement un impromptu, car il les écrivit avec un crayon dans la salle même. Voici ce charmant quatrain qui m'étoit adressé :

Au jeune Orphée, à son luth enchanteur
Quand le public rend un si juste hommage,
Vous ressemblez au Créateur
Qui s'applaudit de son ouvrage.

Ces concerts de Casimir écrasèrent tous les talens des professeurs de harpe; je n'ai jamais vu égaler, et on ne surpassera jamais

[1] Auteur des comedies jouées au théâtre de l'Odéon avec tant de succès. (Note de l'auteur.)

celui de Casimir; il a achevé de perfectionner la harpe et les sons harmoniques, et il a trouvé d'ailleurs une autre espèce de sons inconnus jusqu'à lui : outre le son harmonique, il en tire deux autres différens sur la même corde et formant l'accord parfait; d'ailleurs, la méthode qu'il tient de moi pour la manière de poser les mains et de faire les gammes est tout-à-fait différente de celle des autres harpistes, qui en ont une si défectueuse, qu'il est impossible qu'elle puisse atteindre la perfection. Casimir, outre beaucoup d'inventions qu'il seroit trop long de détailler ici, a prouvé qu'on pouvoit jouer parfaitement des deux petits doigts (je ne jouois que de celui de la main droite); il a monté la harpe avec des cordes beaucoup plus grosses, dix fois plus tendues, ce qui quadruple l'intensité du son; il a imaginé de se poser sur un siége infiniment plus élevé, qui donne meilleure grâce et plus de facilité pour jouer et qui empêche la taille de tourner. N'ayant plus joué en public en France depuis ces deux concerts (il n'avoit que dix-sept ans alors), sa méthode n'a pu se propager universellement. Les professeurs ne pouvant jouer dans ce genre perpétuèrent leur mauvaise école; cependant deux élèves que Casimir a faits par amitié (et dont l'une n'est point artiste) [1] concourent à prouver combien la nôtre est préférable. Alfred le prouve aussi dans la Belgique, et il n'a que dix-huit ans [2]; il complétera la preuve par la suite. Enfin ma méthode gravée, qui a eu tant de succès et de débit, a seule fait des élèves, sans maîtres, préférables à tous ceux des professeurs.

Un jour, étant à pied dans les rues avec Stéphanie Alyon, et Casimir, âgé alors de quatorze ans, je m'amusai à regarder un petit étalage de boutique posé à terre près du ruisseau; tout à coup je me sentis saisie par derrière et enlevée : c'étoit Casimir, qui me porta, avec une force extraordinaire à son âge, dans la cour d'une maison dont la porte étoit ouverte; il me sauva la vie, car j'aurois été écrasée par un cheval échappé, qu'avec ma distraction ordinaire, je n'avois pas entendu; Stéphanie s'étoit sauvée; Casimir n'avoit pensé qu'à moi; ce courage et cet excellent cœur ne se sont jamais démentis. Il fit

[1] Mademoiselle de Marcieu.
[2] Ecrit en 1820.

une autre action qui mérite d'être rapportée. Comme il rentroit à l'Arsenal à neuf heures du soir, la roue d'une charrette chargée de pierres de taille se brisa; l'homme, qui conduisoit cette voiture, auroit été écrasé, si Casimir ne se fût précipité vers lui, n'eût retenu la charrette avec un genou et une main, et de l'autre n'eût retiré l'homme, qui étoit tombé à genoux, et qui, en voulant soutenir la charrette avec son épaule, avoit déjà eu la clavicule cassée; Casimir, voyant qu'il étoit grièvement blessé, le prit dans ses bras, lui demanda où il logeoit; cet homme, qui étoit un maçon, lui répondit que c'étoit dans la seconde cour de l'Arsenal; c'étoit en été, il faisoit encore jour; ceci se passa devant notre porte, en face de la bibliothéque; le portier et sa famille accoururent, ainsi que plusieurs passans, qui voulurent aider à transporter le blessé. Casimir ne le souffrit pas, il le porta lui-même, suivi de la foule, jusqu'à son logement à un quatrième étage; là, il envoya chercher un chirurgien, fit saigner le maçon, lui fit remettre la clavicule, en sa présence, le tenant dans ses bras, tout le temps de l'opération, pendant laquelle il m'envoya demander de *l'eau de tilleul* et *de fleur d'orange* pour son malade, qui certainement en prit alors pour la première fois de sa vie; Casimir resta là jusqu'à minuit, il paya le chirurgien, et il alla, pendant sept ou huit jours, visiter et soigner son malade. Trois semaines après, comme nous étions à notre paroisse dans l'église de Saint-Paul à la grand'-messe, nous vîmes trois hommes avec *des bouquets*, représentant le corps des maçons rendant le pain bénit; à la fin de la cérémonie tout le monde les vit, avec une grande surprise, s'approcher de Casimir et lui offrir une superbe brioche tout ornée de rubans; c'étoit un hommage que lui rendoit le corps des maçons, en reconnoissance de ce qu'il avoit fait pour leur camarade. Nous emportâmes, en triomphe à l'Arsenal, sa belle brioche, et jamais présent ne lui a fait plus de plaisir.

Nous faisions tout haut des lectures d'histoire et de pièces de théâtre tous les soirs; et je conterai à ce sujet un trait de Casimir, qui, de toutes manières, mérite bien d'être cité : un soir, je lui lisois l'histoire de *Caunus*, un philosophe, qui, condamné à mort, avant d'aller au suplice, joua tranquillement aux échecs avec son ami, et gagna la partie; chose remarquée par tous les historiens sans exception comme la preuve d'une grande force d'âme ; cette remarque se trouvoit dans le livre que je lisois ; quand je l'eus faite, Casimir m'interrompit et me dit : « Il n'y a rien d'étonnant à cela, » l'ami contre lequel jouoit le philosophe auroit » été un monstre, s'il avoit pu conserver assez » de sang-froid pour jouer passablement. » J'ose dire que cette réflexion est admirable ; celui qui le premier la faisoit, et de premier mouvement, n'avoit pas seize ans. Je veux citer aussi une remarque d'un autre enfant (Alfred Le Maire) dont je me chargeai et que j'élevai aussi dans ce temps, et dont je reparlerai dans la suite de ces Mémoires. La remarque dont il est ici question est d'autant plus *charmante*, qu'elle donne une intention morale, touchante et très-naturelle, à l'une des plus jolies fables de La Fontaine, qui n'avoit que le défaut d'en manquer. C'est la fable *du Loup et de l'Agneau* : quand je lis cette fable à des enfans, je supprime toujours les deux premiers mauvais vers qui la commencent[1]. Lorsqu'avec cette suppression, je lus à Alfred pour

---

[1] La raison du plus fort est toujours la meilleure ;

   Nous l'allons montrer tout à l'heure.

la première fois cette fable, il avoit huit ans; il s'attendrit beaucoup sur le sort de l'agneau, et ensuite il me dit : *Voilà ce que c'est que de s'éloigner de sa mère !........* Certainement si La Fontaine avoit eu cette idée, il l'auroit exprimée, et sa fable seroit parfaite.

Ce fut aussi dans ce même temps que je donnai *la Tendresse maternelle ou l'Éducation sensitive;* je fis dans cet ouvrage un tour de force, et qui, de l'aveu de tout le monde, me réussit. C'étoit d'entreprendre une nouvelle histoire d'une femme enfermée dans un souterrain, et l'on convint unanimement que l'histoire de Diana est infiniment plus intéressante que celle de la duchesse de C***, qui avoit eu tant de succès dans *Adèle et Théodore*. Il y a dans cet ouvrage une idée très-neuve sur l'éducation, celle d'attacher un souvenir religieux ou moral à toutes les sensations qui, par la suite, peuvent devenir les plus dangereuses; en y réfléchissant, on adoptera un jour cette idée, qui sera, pour les femmes surtout, de la plus grande utilité. Je donnai, peu de temps après, *le Siége de la Rochelle*[1], celui de tous mes romans qui a eu,

---

[1] C'est en suivant cette idée que j'ai fait long-temps

et qui a encore le plus grand débit. Cependant je n'ai point fait d'ouvrage qui ait été aussi maltraité par tous les journalistes, et nommément par M. de Feletz, qui dit dans son extrait que l'innocente Clara est accusée d'un crime exécrable, et reconnue pour un monstre par son amant même, *uniquement* parce qu'elle a été trouvée évanouie sur la table où l'on a jeté le corps de l'enfant; tandis que dans le roman j'ai accumulé une multitude de fausses apparences et de faits positifs qui ne laissent aucune possibilité de douter qu'elle n'ait commis ce crime; et c'est une chose dont tout le monde est convenu universel-

---

après (année 1824), pour mon arrière-petite-fille, Pulchérie de Celle, mon *Cantique des Fleurs*, avec la seule intention d'abord d'en faire le préservatif de toutes les fadeurs corruptrices que l'on adresse aux jeunes personnes en leur offrant *des lis*, *des roses*, etc.; et ensuite, pour rendre ce morceau de poésie plus instructif, j'imaginai d'en faire un cours de botanique, en ne présentant que les fleurs véritablement merveilleuses par leurs propriétés et leurs différens phénomènes; enfin j'ai tâché de montrer dans chaque couplet de ce cantique une moralité frappante, et d'y montrer toujours en même temps une Providence touchante et sublime.

(Note de l'auteur.)

lement. M. de Feletz [1] m'en vouloit, parce que j'avois repoussé les éloges qu'il m'avoit donnés dans le *Journal des Débats,* sur une relation de mon voyage à Ferney, chez M. de Voltaire, et qui se trouve dans le premier volume de *Mes Souvenirs,* parce qu'il avoit fait de ces éloges une comparaison et une critique très-amères du même voyage fait par madame Suard, et je n'ai jamais aimé les

---

[1] Il est, a dit Pope, deux sommets différens sur l'Helicon ; l'un est occupé par les écrivains qui s'efforcent d'attirer l'attention et de fixer les suffrages du public par leurs ouvrages ; sur l'autre sont, en observation continuelle, les rigides défenseurs du bon goût, examinant, loupe en main et souvent d'un œil prévenu, les titres des aspirans à la gloire. C'est de ce côté que M. de Feletz vint se placer en 1801. Les propriétaires du *Journal de l'Empire* l'attachèrent alors à la rédaction de leur feuille, et depuis il n'a pas cessé d'y fournir des articles. Les critiques de M. de Feletz sont toujours fines et ingénieuses, mais elles se font plus souvent remarquer par leur malice que par leur impartialité.

M. de Feletz est aussi connu par les articles qu'il a fait insérer dans *le Mercure ;* par une *Notice sur la Vie de l'archevêque de Cambrai ;* par des *Réflexions sur Télémaque,* et par des *Notes sur le poëme de l'Imagination.*

(Note de l'éditeur.)

louanges qu'on m'a données aux dépens d'une autre. Je ne connoissois point madame Suard : son mari avoit toujours été mon ennemi; mais je répondis à M. de Feletz¹, dans un journal, d'une manière fort sèche pour lui, et très-obligeante pour madame Suard, qui, pour toute reconnoissance, fit, un an après, *Madame de Maintenon peinte par elle-même*, ouvrage fort mal écrit, dans lequel elle a pillé toutes mes recherches et quelques-unes de mes réflexions, sans jamais me citer. Enfin je donnai encore mon *Bélisaire*, qui eut contre lui, comme je m'y étois attendue, toute la coterie philosophique. M. de Villeterque², dans le *Journal de Paris*, en

¹ Dans une dernière édition, récemment publiée, de cet ouvrage, j'ai rapporté ce fait, en ajoutant tout ce que je pense sur le talent distingué et le caractère estimable de M. de Feletz.

(Note de l'auteur.)

² M. de Villeterque a publié *les Veillées philosophiques*, *la Fatalité écrite*; *le Mari Jaloux*, *rival de lui-même*; *Lucinde*, *ou les Conseils dangereux*, comédies. On lui doit la traduction de l'anglois en françois, des *Lettres Athéniennes*; un *Éloge de Dussaulx*, traducteur de Juvénal; et un grand nombre d'articles littéraires insérés dans *le Journal de Paris*.

(Note de l'éditeur.)

fit la plus étrange critique, et qui, contre son intention, se trouva être le plus grand éloge : il dit que le début si dramatique et si religieux de cet ouvrage seroit de la plus grande beauté, si Bélisaire étoit *chrétien*, mais que, ne l'étant pas, ce début n'est qu'une extravagance ; M. de Villeterque croyoit que Bélisaire étoit païen ! J'eus la modération de ne faire aucune espèce de réclamation : Il venoit de se marier à une jeune personne, qui ne l'avoit épousé que pour ses talens littéraires : on me dit que, si je relevois cette bévue, je le mettrois au désespoir, et je sacrifiai à la bonté l'amour-propre d'auteur. Au reste, les littérateurs de bonne foi s'accordent à dire que mon *Bélisaire* est certainement l'un de mes meilleurs ouvrages. Plusieurs gens de lettres en ont pillé beaucoup de choses.

Le *Bélisaire* de M. Marmontel est certainement l'ouvrage le plus médiocre qu'il ait fait ; les meilleurs raisonnemens politiques de son *Bélisaire* se trouvent beaucoup mieux exprimés dans *Télémaque*, et la partie dramatique de ce livre est aussi invraisemblable qu'insipide et mauvaise. D'abord M. Marmontel annonce qu'il veut montrer un grand homme aux prises avec l'adversité, et au bout de quelques pages, il n'y a plus d'adversité. Bélisaire, à force d'être doucereux, est impassible; et, comme je l'ai dit, cette espèce de poëme n'est qu'une froide imitation de *Télémaque*, et dépourvue de toute espèce d'imagination; Bélisaire est *Mentor*, Justinien *Idoménée*, Tibère *Télémaque*, Eudoxe *Antiope*. Dans le poëme de Fénélon, il est tout simple que Mentor instruise Idoménée qui veut fonder une ville; mais il est ridicule que Bélisaire, un vieux militaire, se trouve tout à coup un pédagogue, et ne parle que de politique à un vieux roi, avec lequel il a vécu trente ans dans une grande intimité, et auquel il a dû dire toutes ces choses; d'ailleurs il est tout-à-fait incroyable que dans tous ces entretiens, si longs et si multipliés, Bélisaire ne reconnoisse pas le son de voix de Justinien; enfin le ton de Bélisaire est celui d'un bourgeois de la rue Saint-Denis : il appelle toujours Justinien *mon voisin*. L'auteur a voulu lui donner l'air de la bonhomie, il l'a rendu plat et ignoble. Le personnage de Gélimer est sans aucune couleur, ainsi que tous les caractères tracés dans ce livre, dont le style n'a ni pureté, ni clarté, ni noblesse;

en voici quelques phrases : « L'âme qui est es-
» clave de la cupidité est sans cesse exposée au
» plus offrant. — Quelle force peut balancer
» le goût des plaisirs, l'attrait des jouissances,
» le désir de posséder l'équivalent de tous les
» biens?... — L'homme privé s'anéantit pour
» céder au roi son âme toute entière. — Le
» monarque s'ennuie à table, dès que l'homme
» est rassasié. — Que l'habitude fasse à l'homme
» un premier besoin de sa propre estime [1];
» qu'il accoutume son âme à s'élancer hors
» d'elle-même, pour recueillir les suffrages de
» l'avenir. — Le luxe est dans un état, comme
» ces malhonnêtes gens qui ont fait de gran-
» des alliances; on les ménage par égard
» pour elles, mais on finit par les enfer-
» mer [2]. »

Voici un galimatias inexplicable :

« Les besoins rendent l'homme opulent

[1] Au lieu de *l'habitude*, un chrétien diroit *la religion*, et un ancien philosophe auroit dit du moins *la vertu*.
(Note de l'auteur.)

[2] Il est impossible de concevoir qu'un homme d'esprit écrive de telles choses.
(Note de l'auteur.)

» avare [1], et son avarice est un mélange de
» toutes les passions qu'on satisfait avec de
» l'or; mais si les plus ardentes de ces pas-
» sions, l'orgueil, l'ambition, l'amour même,
» car il suit la gloire, ne tiennent plus aux
» objets de luxe, voyez combien il perd de son
» attrait, et l'avarice de sa force! — La vérité
» que doit rechercher un prince est la connois-
» sance des rapports qui intéressent l'huma-
» nité; pour un souverain le vrai c'est le juste
» et l'utile [2] : c'est dans la société, le cercle
» des besoins, la chaîne des devoirs, l'accord
» des intérêts, l'échange des secours, et le
» partage le plus équitable du bien public entre
» ceux qui l'opèrent. »

Voilà de véritables énigmes, et l'on peut voir, dans ces échantillons, à quelle école se sont formés certains auteurs modernes si dogmatiques, si tranchans et si obscurs. Cet ouvrage n'eut du succès que parce qu'il entroit dans le plan de la conjuration encyclopédique

[1] Il falloit dire *les fantaisies*, car l'opulence donne plus qu'il ne faut pour satisfaire les besoins.
(Note de l'auteur.)

[2] *Pour un souverain*, ainsi que pour tout autre homme, le *vrai* est tout ce qui est vrai
(Note de l'auteur)

contre la religion et les rois : aussi fut-il prôné, exalté comme un chef-d'œuvre par tous les philosophes, qui montrèrent surtout le plus vif enthousiasme pour le chapitre le plus irréligieux de cet ouvrage ; aussi M. de Voltaire écrivit-il à Marmontel que, sans ce chapitre, *ce siècle seroit dans la boue*. C'étoit apprécier bien modestement ses propres ouvrages, et montrer un grand mépris pour ceux des philosophes ; mais M. Marmontel crut à la sincérité de cette louange : les philosophes s'en moquèrent entre eux et ne s'en fâchèrent point. C'est dans ce livre qu'il est dit, en parlant des rois, que : « c'est un mal qu'il y ait des hom- » mes qui puissent imposer à la société tous » les frais de leur existence. »

Si la société ne vouloit faire *les frais* de *l'existence d'aucun homme*, il n'y auroit ni juges, ni militaires, ni chefs, et ni par conséquent de société.

« Un souverain doit se dire : Je m'engage » à ne vivre que pour mon peuple. »

Quoi ! ne lui permettra-t-on pas de *vivre* un peu pour sa famille !

« L'autorité est fondée sur la volonté et sur » la force de tout un peuple. Je n'ai plus rien

» en propre, disoit un Antonin ; Mon palais
» n'est pas à moi, disoit un Marc Aurèle ; et
» leurs pareils ont pensé comme eux. »

Non, certainement; car ces empereurs et les autres nommoient leurs successeurs ou leurs collègues, et l'on ne dispose pas ainsi d'une chose qui ne nous appartient pas ; il est absurde et ridicule de donner comme fait positif un mot obligeant, une simple manière de parler. Certainement, quand Marc Aurèle disoit que son palais n'étoit pas à lui, il auroit trouvé fort étrange que le peuple fût venu y prendre les logemens vacans; le public avoit la jouissance des magnifiques jardins des empereurs, et c'est une faveur que tous les souverains de l'Europe accordent à leurs sujets et aux étrangers ; je ne sais pas si les empereurs païens donnoient des logemens dans leurs palais, et si Virgile et Horace y demeurèrent; mais nous avons vu beaucoup de gens de lettres et d'artistes logés au Louvre. Mais toutes ces phrases de Marmontel étoient applaudies comme des vérités lumineuses et toutes nouvelles; cependant il ne faisoit que répéter les déclamations du protestant Jurieu, si victorieusement réfuté par Bossuet. Bélisaire dit :

« Dans le souverain, les besoins de l'homme
» isolé se réduisent à peu de chose [1]; il peut
» jouir à peu de frais de tous les vrais biens de
» la vie [2]; le cercle lui en est prescrit, et au
» delà ce n'est que vanité, fantaisies, illu-
» sions [3]. S'il se frappe de l'idée de pro-
» priété, il deviendra avare *de ce qu'il ap-*
» *pellera son bien;* il croira s'enrichir aux dé-
» pens de ses peuples, et gagner ce qu'il leur
» ravira. »

Ainsi on est voleur et oppresseur (et surtout les rois) dès qu'on a une propriété. Toutes ces erreurs avoient été proscrites par le clergé de France, en 1682; elles furent renouvelées, avant *Bélisaire*, dans *l'Émile* de Rousseau, et condamnées le 9 juin 1762, comme tendant à donner un caractère faux et odieux à l'autorité souveraine, et à détruire le principe de l'obéissance qui lui est due en affoiblissant le respect et l'amour des peuples pour leur roi.

[1] Pourquoi auroit-il moins de besoins que les autres hommes?

[2] Et nous aussi.

[3] L'auteur auroit bien dû nous expliquer quel est ce cercle qu'il prescrit.

(Notes de l'auteur.)

L'*Encyclopédie* a consacré ces erreurs dans les articles *Gouvernement*, *Autorité;* tout cela se tient bien. Un roman est une espèce de poëme ; dans l'un et l'autre les règles sont à peu près les mêmes; l'une des premières est de ne jamais faire sortir les personnages de leur caractère, de se conformer aux temps, aux mœurs, aux lieux ; rien de tout cela n'est observé dans le *Bélisaire* de M. Marmontel ; son Bélisaire parle constamment comme un bourgeois de Paris ou comme un encyclopédiste, et alors il répète tout ce que Voltaire a dit dans son poëme de *la Loi naturelle*, et tout ce que Rousseau a écrit, dans ses divers ouvrages, sur le gouvernement, les finances, la noblesse, la cour, la vertu, et il étoit d'autant plus ridicule de faire de Bélisaire *un esprit fort*, que ce grand homme eut une extrême piété, et que, pour signaler son respect pour la religion, après la conquête d'Afrique, il fit porter en triomphe parmi ses autres trophées les livres des saints évangiles, qu'il fit enrichir d'or et orner de diamans.

On me pardonnera cette digression, puisqu'elle tient à la morale, à la religion, et à la littérature.

J'ai donné aussi, vers ce temps, *Alphonse, ou le Fils Naturel*; ouvrage où je crois avoir développé tout ce qu'on peut dire de plus raisonnable et de plus moral sur les bâtards; il me semble d'ailleurs que les situations de ce roman sont tout-à-fait originales, et que j'y ai bien peint le ton de la province et les mœurs des colonies.

Comme je l'ai déjà dit, M. de Cabre, très-occupé de mes intérêts, m'avoit fait faire connoissance avec madame la maréchale Bernadotte, et sa sœur la princesse Joseph, deux personnes pour lesquelles je conserverai toujours le plus tendre attachement. La princesse Joseph devint reine de Naples; elle avoit pris beaucoup d'amitié pour moi, et M. de Cabre, à mon insu, n'eut pas de peine à lui persuader de me choisir pour gouvernante de ses enfans; ce qui me fut proposé avec toutes les conditions les plus avantageuses et les plus brillantes. J'ai toujours eu l'aversion la plus naturelle pour tout ce qui manque de convenances, et je sentis que la personne qui avoit élevé trois princes et une princesse de la maison de Bourbon, ne devoit pas élever des enfans de la famille impériale de Bonaparte;

d'ailleurs je recevois une pension de l'empereur, il étoit mon bienfaiteur, et le premier et le seul que j'aie eu parmi les souverains. Je savois qu'il n'aimoit pas que les personnes qui avoient quelques talens quittassent la France, et je ne devois rien faire sans le consulter. Je répondis à la reine de Naples (après lui avoir exprimé ma reconnoissance) qu'il ne me suffiroit pas que l'empereur ne refusât point son consentement, parce qu'il pourroit ne le donner que par complaisance pour la reine; qu'il falloit qu'il me fît dire que cette nomination lui seroit agréable, et que j'allois lui écrire en conséquence; ce que je fis en effet. L'empereur ne me fit rien dire et je n'allai point à Naples. Voilà exactement comment la chose s'est passée.

Je dois ajouter que la reine *de Naples, d'elle-même*, et sans qu'assurément j'en eusse l'idée, voulut me faire une pension de mille écus; elle étoit reine, et reconnue de toute l'Europe : je dus accepter; mais ne voulant pas que cette pension me fût donnée gratuitement, j'imaginai de faire un travail entièrement pour elle : ce fut un cours par écrit d'histoire et de littérature; ce qui a formé un ouvrage manuscrit pour elle et pour ses enfans, qui lui est resté, et dont je n'ai gardé aucune copie; je lui ai donné en outre les originaux de tous mes arabesques mythologiques, que j'avois peints avec le plus grand soin, et fait relier dans un beau livre. A propos de cet ouvrage, j'ai oublié d'en parler; je le regarde pourtant comme un des plus utiles pour l'éducation.

Je crois que je donnai alors ma *Maison Rustique*, l'un des ouvrages les plus utiles que j'aie fait pour les jeunes personnes, et qui m'a coûté, pendant un an, les recherches les plus fatigantes. Ce fut aussi à cette époque que ma tante, madame de Montesson, tomba dans un état qui bientôt ne laissa plus d'espoir pour sa vie. J'étois depuis long-temps parfaitement réconciliée avec elle. Depuis mon retour, elle ne m'avoit pas rendu le plus léger service; mais je ne lui demandois rien, je n'en attendois rien. Elle me caressoit beaucoup; j'allois la voir à peu près tous les quinze jours, et nous étions fort bien ensemble. Aussitôt que je vis que sa vie étoit en danger, j'allai assidûment chez elle la soigner, lui tenir compagnie, depuis onze heures du matin jusqu'à neuf heures du soir, que je retournois à l'Arsenal. Comme elle aimoit à m'entendre lire tout haut, je lui faisois des lectures quatre ou cinq heures par jour; elle souffroit peu, et conserva sa tête presque jusqu'aux derniers momens. Je ne la quittai point dans son agonie : j'envoyai chercher un prêtre pour dire les prières des agonisans ; elle avoit reçu tous les sacremens qu'elle avoit elle-même demandés ; je priai pour elle derrière son rideau, tout bas et sans qu'elle me vît, pendant tout le temps que dura son agonie. Lorsqu'elle eut rendu le dernier soupir, je fis allumer deux cierges auprès de son lit, j'établis dans sa chambre un prêtre pour dire les prières des morts, et aussitôt après, je retournai à l'Arsenal. Jusqu'à ce qu'on eût vu un testament de madame de Montesson, mon frère et moi nous étions ses seuls héritiers ; mon frère étoit à Bordeaux, ainsi j'avois seule le droit de donner des ordres dans la maison jusqu'au lever des scellés ; mais avec mon insouciance ordinaire, aussitôt qu'elle eut les yeux fermés, je sortis de la maison, et je n'y retournai point ; j'appris quelques jours après la mort de ma tante que, par son testament (qui ne me fut point communiqué), elle instituoit M. de Valence son légataire universel, qu'elle me laissoit *vingt mille* francs, mais dont M. de Valence ne seroit tenu qu'à me payer la rente de *mille* francs ; enfin, elle avoit ajouté cette étrange clause, que je ne pourrois pas poursuivre en justice si on ne me payoit pas exactement ; elle faisoit le même legs à mon frère et aux mêmes conditions. Comme mon frère étoit fort mal à son aise dans ce temps-là, je lui donnai ma rente, dont je l'ai laissé jouir pendant huit ans. Madame de Montesson laissa à mon petit-fils, Amable de Lawoestine, et son arrière-petit-neveu, une somme de quatre mille francs une fois payée ; c'étoit le legs qu'on auroit pu faire à un laquais ; elle ne lui avoit jamais rien donné de son vivant. Certainement par sa conduite militaire, ses brillans succès dans le monde, son aimable caractère, la bonté de son cœur et l'élévation de ses sentimens, il auroit dû obtenir l'affection d'une personne qui pouvoit justement s'enorgueillir d'avoir un tel neveu. Du reste ce testament ne contenoit aucun legs d'amitié. Enfin il ne laissoit aucun sort à madame Robadet, sa dame de compagnie, qui lui avoit consacré tous les beaux jours de sa jeunesse, des talens charmans, qui avoit passé un grand nombre d'années avec elle, en lui prodiguant les plus tendres soins.

Je me trouvois fort heureuse à l'Arsenal avec Casimir, et un aimable enfant nommé Alfred Lemaire (dont j'ai déjà parlé), orphelin, sans aucun appui, que Casimir, vivement touché de son sort, m'avoit conseillé de prendre avec nous; Casimir avoit alors quatorze ans, et l'enfant n'en avoit pas tout-à-fait cinq : il annonçoit le meilleur naturel, de l'esprit, et d'heureuses dispositions de plus d'un genre; il n'a point trompé mes espérances; j'en parlerai dans la suite avec détail.

Casimir fit un voyage en Angleterre, où il eut, de toutes les manières, les plus éclatans succès. Il avoit dix-sept ans, et ayant dès lors un grand éloignement pour l'état d'artiste, il n'y voulut point être en cette qualité; mais son admirable talent, son amabilité personnelle, et sa conduite, qui fut parfaite, le firent rechercher avec un empressement universel par les princes et princesses, et tout ce qu'il y avoit de plus distingué en Angleterre. Il ne reçut d'argent de personne, mais on lui fit de magnifiques présens; il en garda une petite partie, qu'il me donna à son retour. Alors il acheta des meubles pour meubler son logement; il m'en donna plusieurs qui me manquoient. Il acheta un cabriolet et un cheval, le reste de l'argent passa dans le ménage; il n'en dépensa rien d'ailleurs en superfluités pour lui. En revenant en France, il trouva à Douvres Paméla logeant dans la même auberge; Casimir étoit avec le prince d'Esthérazy, qui le ramenoit en France sur un paquebot à lui. Le soir de son arrivée à Douvres, Paméla fit prier Casimir de passer chez elle; il y alla et la trouva en larmes: elle lui dit qu'elle étoit poursuivie par des créanciers qui l'arrêteroient, la forceroient de retourner à Londres, où elle retrouveroit d'autres créanciers et d'horribles embarras; mais qu'elle pourroit être quitte de ces craintes mortelles et de ce malheur pressant, s'il payoit sur-le-champ pour elle cinquante louis, argent de France, et s'il la faisoit passer furtivement dans la nuit, sur le paquebot de M. d'Esthérazy. Casimir donna les cinquante louis aux créanciers; il obtint, non sans peine, la permission qu'elle désiroit, et il la conduisit lui-même, au milieu de la nuit, sur le paquebot, où il la fit cacher à fond de cale, puisqu'elle redoutoit mortellement l'arrivée de nouveaux créanciers.

Casimir vint à franc-étrier, de Calais à Paris, m'annoncer l'arrivée de Paméla, à laquelle j'avois écrit pour la conjurer de ne point revenir à Paris, et, au lieu de cela, de retourner à Hambourg avec M. Pitcairn, son mari, lui représentant qu'elle avoit une fille qui étoit avec lui et qui réclamoit ses soins. Malgré toutes mes exhortations, elle arrivoit ; des raisons d'intérêt fort plausibles l'y décidèrent. Casimir me demanda en grâce de la prendre à l'Arsenal, de lui donner son logement, disant qu'il se contenteroit de coucher dans le salon sur un lit de sangle. Je lui offris toutes ces choses, c'est-à-dire, de la loger, elle, sa fille, l'intéressante jeune Paméla, fille de lord Edward Fitz-Gérald, et une demoiselle de compagnie, et de la nourrir. Je ne mis qu'une condition à ces propositions, qui fut qu'elle ne recevroit que les personnes de ma connoissance. Elle refusa toutes ces offres : alors je fis tous mes efforts pour l'engager à prendre un petit logement près de moi à la place Royale, lui représentant que ces logemens étoient jolis et à très-bon marché ; qu'elle pourroit venir à pied tous les jours dîner chez moi, et que de cette manière elle feroit très-peu de dépense : elle refusa de même.

M. Ameilhon fit tant par ses intrigues, et moi par mon indolence dans les affaires qui me sont personnelles je fis si peu, que le ministre m'écrivit que mon appartement étoit nécessaire à la bibliothèque, et qu'il me proposoit en échange le logement qui étoit au-dessus, moins beau, mais ayant plus de pièces, et auquel étoit attaché un petit jardin; le ministre ajoutoit que cependant j'étois la maîtresse de rester dans mon appartement, mais que *mon amour pour les lettres* me feroit accepter sa proposition. Je l'acceptai en effet pour éviter toutes les discussions, et pour avoir le bonheur de posséder un petit jardin. Il fut convenu que je déménagerois quand je le voudrois, aucun temps ne me fut fixé.

M. de La Borie, que je connoissois depuis longtemps, me fit demander un entretien particulier; il vint, et il me dit qu'il étoit chargé par M. Michaud et quelques autres gens de lettres, qui faisoient l'entreprise d'un nouveau dictionnaire historique intitulé *Biographie universelle*, de me proposer, aux conditions que je voudrois, d'y travailler et d'y faire les articles des femmes célèbres. Je répondis que j'y consentirois, pourvu que ce dictionnaire ne fût pas fait dans un esprit irréligieux ; il répliqua que le seul nom de M. Michaud devoit m'en donner l'assurance. En effet, cet écrivain a toujours respecté la religion. Je dis encore que je ne m'engagerois à rien sans avoir la liste de ceux qui travailleroient à cet ouvrage, parce que je ne voulois pas mettre mon nom à côté d'un nom que je mépriserois ; j'ajoutai que mon mépris pour les gens de lettres ne tomboit que sur ceux qui cherchoient à détruire la religion, parce que c'étoit vouloir anéantir la morale; que je ne regardois point comme impies ceux qui, par légèreté, laissoient échapper de leur plume quelques phrases peu réfléchies que l'on pouvoit mal interpréter, mais que je ne consentirois jamais à avoir pour collègues des hommes se déclarant ouvertement, sous ce rapport, disciples de Voltaire et de Diderot; et que d'ailleurs je travaillerois sans répugnance avec mes ennemis personnels, pourvu qu'ils n'eussent rien écrit contre la religion. M. de La Borie m'envoya cette liste : j'y vis les noms de MM. Suard et Auger [1], tous deux mes ennemis,

---

[1] La puissance de créer n'a point été donnée à M. Auger; tous ses titres au fauteuil académique, qu'il occupe depuis l'ordonnance en vertu de laquelle l'Institut a été

et passant pour être philosophes. Le premier avoit écrit jadis d'une manière peu religieuse, mais avec ménagement ; il étoit vieux, ses ouvrages étoient oubliés, il n'avoit plus l'intérêt de flatter un parti puissant ; j'imaginai qu'il étoit devenu plus sage, et je ne vis pas d'inconvénient à l'avoir pour collègue, ainsi que M. Auger, qui n'avoit écrit que quelques petits articles de journaux, dans lesquels on ne trouvoit rien de positivement répréhensible. J'eus la même tolérance pour quelques autres personnes qui se trouvoient sur cette liste, mais il me fut impossible d'étendre cette indulgence jusqu'à M. Ginguené [1] qui, dans

recomposé, consistent en Notices sur les auteurs, et en notes sur les ouvrages anciens dont il a surveillé les nouvelles éditions. Deux Éloges, l'un de Boileau, l'autre de Corneille, proposés par l'Académie, lui ont valu un prix et un accessit. Il a donné un grand nombre d'articles de critique littéraire dans *la Décade philosophique*, dans *le Journal Général*, dans *le Spectateur* et dans *le Journal de l'Empire*. C'est sans doute à cette vocation pour la critique que M. Auger dut l'honneur de faire partie de la commission de censure, en 1820. (Note de l'éditeur.)

[1] Ginguené, né à Rennes, en 1748, débuta dans la carrière des lettres par une jolie pièce de vers intitulée : *La Confession de Zulmé*. Il ne se nomma pas d'abord, et

des ouvrages pitoyables, avoit ouvertement montré le plus violent acharnement contre la religion; il avoit fait en outre un cours public de littérature italienne, et ce cours, fait sans aucune espèce de talent, avoit scandalisé tout le monde par son irréligion [1].

plusieurs poëtes du temps se laissèrent attribuer cette pièce, ce qui, par la suite, leur fit peu d'honneur. Il fut arrêté en 1793 et enfermé à Saint-Lazare, avec André Chénier et Roucher, qui tous deux périrent sur l'échafaud; le 9 thermidor sauva Ginguené. Bientôt après il fit partie du comité d'instruction publique, et ensuite fut nommé membre de l'Institut. Ambassadeur à Turin en 1798, et député au tribunat en 1799; il en fut éliminé en 1802, et la politique, qui l'avoit enlevé aux lettres, le leur rendit sans retour. *L'Histoire littéraire de l'Italie* est le plus important des ouvrages de Ginguené. Un *Éloge de Louis XII*; une *Notice sur les ouvrages de Piccini*, des *Lettres sur les Confessions de J.-J. Rousseau*, et des *Fables*, sont les autres titres littéraires de cet auteur. Ginguené mourut au mois de novembre 1816 Il a fait, dans la *Biographie universelle* les articles des auteurs italiens; et les articles sur la musique, dans l'*Encyclopédie méthodique*. Il avoit travaillé avec Chamfort à la *Feuille Villageoise*, et composé, pendant la révolution, quelques brochures politiques.

(Note de l'éditeur.)

[1] Ce cours a été imprimé, comme l'auteur n'étoit, ni

En montrant de tels principes, M. Ginguené, ainsi que M. Salgues[1], et quelques véritablement instruit, ni laborieux, il se fit aider, dans ce misérable travail, en payant à bas prix des jeunes gens qui lui fournissoient des extraits tout faits. Il recueilloit tous ces matériaux, en les arrangeant tant bien que mal, par ordre chronologique, et très-souvent sans se donner la peine d'examiner si, pour les faits, ils s'accordoient entre eux. Je ne citerai qu'un exemple de cette ridicule négligence, et il suffira pour donner une idée du livre et de l'auteur. En parlant du fameux Pic de la Mirandole, M. Ginguené dit que ce savant précoce, sentant sa fin s'approcher, fit supplier Laurent de Médicis de venir le voir; que le prince se rendit chez lui, le trouva mourant, le prit dans ses bras et reçut son dernier soupir. Une vingtaine de pages après, M. Ginguené dit que Laurent de Médicis, sur son lit de mort, fit appeler Pic de la Mirandole et mourut dans ses bras. Certainement voilà un miracle aussi étonnant que tous ceux de la religion, que nie M. Ginguené. Cette inconcevable bévue a été relevée dans le *Journal des Arts*, auquel j'en envoyai la note avec le livre; elle est si curieuse que tout le monde l'a vérifiée.

(Note de l'auteur.)

[1] M. Salgues quitta, au commencement de la révolution, les fonctions de professeur d'éloquence au collége de Sens, pour prendre, dans la même ville, celle de procureur de la commune. Il fut dénoncé pendant le règne de la terreur, mais cette dénonciation n'eut pour

autres, se croyoient de bonne foi les héritiers de l'esprit de Voltaire. Très-décidée à ne point travailler avec M. Ginguené, je revis M. de La Borie pour le lui déclarer; je lui dis que je ne demandois l'exclusion de personne, et que je le priois de répondre simplement à ceux qui l'avoient chargé de me parler, que mes occupations ne me permettoient pas d'entreprendre un semblable travail. Au lieu de cette réponse douce et prudente, M. de La Borie conta le fait, et, d'après cette explication, il m'écrivit un billet que je possède, et qui sera mis à la fin de cet ouvrage comme *pièce justificative*.

lui aucune suite fâcheuse. Il publia, en 1797, un *Journal des Spectacles*, qui n'eut point de succès, et depuis il a concouru à la rédaction d'un grand nombre de feuilles politiques et de journaux littéraires. M. Salgues est auteur d'un ouvrage en trois volumes in-8°. intitulé : *Des Erreurs et des Préjugés répandus dans la société*, et d'un autre ouvrage en un volume, sur *les Mœurs, la Littérature* et *la Philosophie*. Il a en outre publié des *Mémoires pour servir à l'Histoire de France pendant le gouvernement de Napoléon Bonaparte;* et une traduction nouvelle *du Paradis perdu*. Dans ses critiques il dédaigne les ménagemens et les précautions qu'exige l'amour-propre des auteurs, et que commande la politesse des salons, passée dans la littérature.

(Note de l'éditeur.)

Ce billet me disoit que l'entreprise de biographie gagneroit tout à la décision qu'on venoit de prendre, qui étoit *d'acquérir le plus beau talent, et d'en exclure un homme indigne d'y travailler.*

Il faut remarquer que je n'avois rien de personnel contre M. Ginguené; il n'avoit pas, à cette époque, écrit un seul mot contre moi. Je n'ai jamais haï mes ennemis, mais j'ai toujours souverainement méprisé ceux de la religion. D'après ce billet de M. de La Borie, je pris donc l'engagement qu'on désiroit. On souscrivit de très-bonne grâce à toutes mes conditions; on me donna de l'argent d'avance, je crois, mille ou douze cents francs, et je me mis à travailler aux articles qu'on m'avoit indiqués, promettant d'en fournir quelques-uns sous deux mois. Au bout de six semaines, M. de La Borie m'écrivit qu'on n'avoit jamais pu se débarrasser de M. Ginguené, et qu'on espéroit que je voudrois bien prendre mon parti là-dessus. Je ne le pris point du tout; je répondis qu'un marché est nul quand on manque à la principale condition qui le fonde; je déclarai que je ne travaillerois point à la *Biographie universelle*, *ouvrage tout-à-fait neuf*[1]; je rendis l'argent, dont je reçus la quittance en bonnes formes, et je gagnai à toute cette aventure une trentaine d'ennemis de plus, qui me sont restés.

Ne voulant pas perdre les articles que j'avois faits, et ceux que j'avois préparés, j'en formai un volume sur les femmes, que j'intitulai l'*Influence des femmes sur la littérature françoise*, ouvrage qui nous manquoit, et que je crois avoir fait avec une parfaite impartialité. Les collaborateurs de la biographie, outrés déjà de ma retraite, devinrent furieux lorsqu'ils virent paroître cet ouvrage, car ils savoient bien, dans leur conscience, que les articles de leur dictionnaire sur les femmes ne vaudroient pas les miens; ils osèrent dire et imprimer que les articles de mon ouvrage leur appartenoient, et que j'avois manqué à mes engagemens, en en frustrant le dictionnaire. On peut bien dédaigner une fausse accusation qui ne porte que sur un point de littérature; mais il est impossible de ne pas répondre à celles qui attaquent l'honneur et la probité. Je pouvois me justifier à l'instant, non-seulement en rendant publique

[1] C'est le titre singulier que les auteurs lui donnent.
(Note de l'auteur.)

la lettre de M. de La Borie dont j'ai déjà parlé, mais encore deux autres qu'il m'écrivit depuis la rupture du marché, dans lesquelles il dit formellement que j'ai eu *toutes raisons* sur tous les points de cette affaire, et que tous mes procédés ont été irréprochables.

Je conservai de même ces lettres. Cependant, par un sentiment de délicatesse et d'honnêteté, je me trouvois fort embarrassée; outre que je répugnois beaucoup à compromettre M. de La Borie, et à lui faire des ennemis irréconciliables, je ne pouvois choisir pour un tel éclat un moment plus fâcheux pour lui : il étoit disgracié par le chef du gouvernement, et même exilé de Paris. Je pris le parti de faire imprimer, dans une brochure, un démenti formel de l'imputation calomnieuse, en ajoutant que, si l'on disoit un seul mot de plus sur cette affaire, en réponse à mon démenti, malgré toutes mes répugnances de délicatesse et de bonté, comme tout doit céder à l'honneur, je publierois sur-le-champ *trois lettres signées*, qui prouveroient, à ne laisser aucun doute, l'honnêteté, la droiture de mes procédés, et l'indignité de la calomnie dont j'étois l'objet; qu'ainsi je conseillois le silence absolu, parce que, d'après cet écrit, je consentirois à le prendre pour une rétractation : on m'obéit, on ne répondit pas une seule ligne, pas un seul mot ; il n'en fut plus question. Je critiquai, dans trois brochures que je donnai successivement, et qui eurent le plus grand succès, les trois premiers volumes de la *Biographie*; ils étoient en effet *très-critiquables*, pour quatre ou cinq auteurs (M. Ginguené à la tête et le pire de tous), sous le double rapport de la religion et de la littérature ; j'ai relevé entre autres de telles inepties de M. Ginguené, qu'il n'essaya même pas de les justifier ; mais sa haine contre moi devint implacable ; il l'exhala dans une quantité de petits libelles, tous plus sots les uns que les autres ; il me donna pour ennemis tous les *petits folliculaires* et *petits discoureurs littéraires*, qui sont plus redoutables par leur clameurs et leurs intrigues que les vrais littérateurs, qui n'ont de l'inimitié qu'*en grand*, qui n'ont pas le temps de la mettre en détail, et qui, avec de l'esprit et des lumières, sont capables de reconnoître des torts et de les réparer ; j'eus néanmoins dans cette dispute un triomphe qui me toucha beaucoup ; l'article *Biron* (duc de Lauzun) étoit très-injuste et très-injurieux à la mémoire de cet infortuné; il contenoit aussi de véritables calomnies sur le dernier duc d'Orléans. Je ne crois pas que l'auteur, qui étoit un homme estimable, eût fait cet article par méchanceté; mais il étoit mal informé; l'article étoit rempli de faussetés. Je fis une brochure pour le réfuter; elle produisit tant d'effet, que l'on mit un carton au volume. Un autre auteur refit l'article exactement comme j'avois indiqué qu'on devoit le faire, et on m'en envoya l'épreuve. Ce succès d'une critique dictée par la vérité, par le souvenir d'une ancienne amitié, me parut aussi glorieux qu'il étoit satisfaisant. Je suis si incapable d'animosité, que n'ayant nulle envie de perpétuer le souvenir de ces querelles, je n'ai jamais voulu que l'on recueillit mes brochures pour les réunir à mes œuvres.

Cette modération eut d'autant plus de mérite pour moi, que ces brochures m'avoient procuré, outre l'approbation universelle, le suffrage particulier d'un littérateur rempli de goût, de lumières et de talent, et qui étoit en même temps un de mes plus chers amis. Voici la lettre que je reçus, à ce sujet, de M. Pieyre.

« Je trouvai hier au soir, madame, votre brochure en rentrant. Le temps qu'il fait m'empêche d'aller vous dire mon extrême plaisir. Je ne me couchai pas sans l'avoir lue. C'est écrit de verve, c'est entraînant. Saine logique, tout bien lié avec une si grande force de preuves, une si grande évidence de la mauvaise foi des détracteurs! Ah! oui, *toute réflexion faite*, ils aimeroient sûrement mieux l'avoir pris sur un autre ton. Que le vôtre partout est noble et digne de vous! qu'il est ferme et net dans les deux pages sur la Biographie! et quelle délicatesse de procédés, lorsqu'assurément vous êtes provoquée de manière à pouvoir tout dire! mais combien cette réticence vous fait plus d'honneur! quelle honte elle jette en même temps sur eux! Ils vont enfin se taire, la peur les y forcera. Le noble motif! vous les écrasez, et il y a de quoi ne plus oser lever les yeux; mais le masque de la lettre initiale les couvre. Ah! ils ont cherché la guerre! leur malveillance les a aveuglés au point de vous donner tant d'avantages! votre constante modération les a enhardis : ils ont cru pouvoir vous déchirer impunément. Ils verront que toute chose a son terme, et qu'on sait faire usage de ses armes, quand on le veut, quand on y est forcé. C'est un service que vous rendez à tout ce qui est honnête. Le trait du ridicule entre vos mains a un effet assuré. Comme les rieurs vont être pour vous! Ces Diomèdes ne seront plus que l'Ajax qui tue des moutons. Il falloit en vérité qu'ils fussent en démence comme lui. Tout est parfait dans votre réponse : solidité de raisonnemens, et franche gaieté de sarcasme; il y a là pour tous les esprits : aussi entendrez-vous sûrement dire que le succès en est grand[1]. Les plus indifférens ne peuvent que s'attacher à la défense d'une si bonne cause, à celle d'une personne si injustement, si violemment provoquée : jugez donc l'intérêt que peut y mettre celui qui vous est si tendrement dévoué. Il me tarde de jouir de l'effet général. Je

---

[1] Malgré ce succès, qui fut si universel qu'il fit dire à M Suard, fort critiqué dans ces brochures, que *je n'avois de talent supérieur que pour la critique*, je poussai la modération jusqu'à ne vouloir pas laisser réimprimer ces brochures qui n'ont jamais été réunies à mes œuvres. Dans le dernier de ces petits écrits je menaçois les détracteurs, s'ils ne gardoient pas un profond silence, de publier les lettres qui prouvoient la vérité parfaite de tout ce que j'avois avancé. On m'obéit, et la guerre fut ainsi terminée.
(Note de l'auteur.)

ne vois pas une ligne qui puisse l'affoiblir ; et votre juste indignation ne vous a fait sortir nulle part de la parfaite mesure. Voilà comme le talent écrit, quand il est fort de sa cause. Toute mauvaise conscience se trahit : c'est dans son âme qu'on trouve son esprit. Vous annoncez une brochure sous presse sur les deux volumes qui ont paru, et continuation, à mesure des autres. Voilà pour plaire à tout le monde, et pour effrayer ceux qui ont tiré l'épée. Leur société va leur en vouloir de cette agression, qui vous met les armes à la main. Vos articles jetteront la division dans le camp : il y a trop de bannières différentes pour qu'ils puissent marcher long-temps unis, et votre trompette va vous rallier les plus braves. Au revoir, madame, le premier jour où le temps le permettra ; recevez la vive expression de mon tendre, respectueux et inaltérable attachement. »

— Je vais terminer cet article par le récit d'une petite aventure littéraire d'un genre fort singulier : on avoit mis à la tête de la librairie, comme ministre, un philosophe passionné, M. de Pomereuil [1] ; il protégeoit beaucoup la

[1] A l'époque de la révolution, M. de Pomereuil étoit

Biographie, et, très-indigné de mes critiques, il s'avisa de me faire rayer à la censure vingt et une pages de mes brochures : comme dans cette suppression, il ne s'agissoit que de littérature, qu'il n'y avoit pas une seule personnalité (je ne m'en suis permis d'aucun genre), ce procédé me parut bizarre ; j'en demandai l'explication ; on me répondit qu'on avoit agi d'après les ordres du ministre : alors je lui écrivis pour lui demander une audience : il

---

capitaine au corps royal d'artillerie. Étant passé à Naples en 1790, pour donner aux établissemens et aux troupes d'artillerie de ce royaume une meilleure direction, il fut porté en France sur la liste des émigrés, et sous ce prétexte toute sa famille fut arrêtée. Après la chute de Robespierre il rentra dans l'armée françoise et s'éleva au grade de général de division. Il quitta ensuite les armes pour l'administration, fut d'abord préfet à Tours, ensuite à Lille, et enfin appelé à la direction générale de la librairie. Il exerça ses fonctions de censeur avec une sévérité extrême, et souvent injuste. Compris dans l'ordonnance du 24 juillet 1815, et rappelé par celle du 18 novembre 1819, le général Pommereuil ne rentra en France que pour y mourir. L'exil avoit accru ses infirmités et il etoit déjà dans sa soixante-quatorzième année. Le nombre de ses ouvrages historiques, philosophiques et scientifiques est considérable.

(Note de l'éditeur.)

me l'accorda, et j'y allai. Il s'agissoit d'un article sur *d'Assoucy* [1], ce mauvais littérateur accusé d'un crime contre nature, et qui, à peu près convaincu de ce crime, eut beaucoup de peine à échapper à la rigueur de la loi, qui condamnoit alors ces espèces de coupables à la peine du feu. L'auteur de l'article, dans la Biographie, pour apprendre au lecteur quelle étoit l'espèce de crime dont on soupçonnoit d'Assoucy, dit qu'on l'accusoit d'une chose que *les dames* ont en *abomination;* et moi, dans ma brochure, je disois que, sans vouloir

---

[1] D'Assouci, dit un auteur, avoit choisi le plus pitoyable de tous les genres, sans avoir les mêmes talens que Scarron pour se le faire pardonner. Sa vie, comme sa prose et ses vers, ne fut qu'un mélange de misère, de burlesque et de platitude. Tous les pays où il passa, et il en vit beaucoup, furent marqués par ses disgrâces. En effet, il faillit, à Calais, être jeté à la mer comme sorcier; il s'attira de très-méchantes affaires à Montpellier; fut mis, à Rome, dans les cachots de l'inquisition; et de retour en France il fut d'abord enfermé à la Bastille et ensuite dans la prison du Châtelet où il resta six mois. Cet homme, dont la vie fut si originale et si souvent menacée, vécut jusqu'à l'âge de quatre-vingt-cinq ans, et mourut, en 1679, à Paris, où il etoit né. Ses poésies ont été recueillies en trois volumes in-12.

(Note de l'éditeur.)

expliquer, et sans chercher à deviner ce que c'étoit que ce crime, j'imaginois seulement que, puisque les lois le punissoient par le feu, non-seulement *les dames*, mais les hommes aussi devoient l'avoir en *abomination*; et on avoit supprimé tout ce morceau.

M. de Pomereuil me reçut avec une froideur glaciale, qui alloit presque jusqu'à l'impolitesse; je lui demandai raison de la suppression de mes vingt et une pages; il me répondit avec brusquerie et une sorte d'emportement : « *Que diable, madame, n'êtes-vous pas lassé de faire, depuis trente-cinq ans, des criailleries contre la philosophie ?* » Non, monsieur, lui dis-je, en souriant très-dédaigneusement, et l'espèce d'indignation que vous me montrez avec tant de *franchise* ne me fera pas changer d'opinion; mais revenons au sujet qui m'amène, pourquoi avez-vous donné l'ordre de supprimer les pages que je viens d'avoir l'honneur de vous lire, et particulièrement celle qui a rapport à d'Assoucy ? » A cette question pressante, M. de Pomereuil se gratta l'oreille et dit : « C'est une étrange chose que l'intolérance des dévots; vouloir que l'on brûle un homme parce qu'il *n'aime pas les femmes! Cette aversion est une chose de mauvais goût, et voilà tout.* »

Ce discours dans la bouche d'un ministre, à une femme qu'il ne connoissoit pas, me causa tant d'étonnement, que je restai un moment stupéfaite; il crut apparemment qu'il m'avoit poussée à bout par la force de ses raisonnemens; car il prit un petit air de satisfaction si comique, qu'il m'auroit fait rire si je n'avois pas été aussi indignée. Je repris enfin la parole pour lui représenter que, malgré *ma dévotion*, je ne voulois faire brûler personne; que j'avois même déclaré que je ne prétendois point deviner quel étoit le crime en question; que je disois seulement que, si la loi le punissoit du feu, il devoit être abhorré de tout le monde. « Punir du feu! punir du feu! s'écria M. de Pomereuil; voilà des *barbaries gothiques*, heureusement passées de mode. »—«Mais encore une fois, Monsieur, ne vous en prenez qu'à la loi; je n'y suis pour rien; je vous répète que je veux ignorer quelle est cette espèce de crime. »— « Ignorer! vous savez fort bien ce que c'est, et moi je vous répète, Madame, que *ce crime n'est*, comme je vous le disois tout à l'heure, qu'une chose de mauvais goût, ce qui ne mérite nullement le supplice d'être brûlé à petit feu. »—«Puis-je espérer, Monsieur, la restitution de mes vingt-une pages? »—« On verra cela, Madame; j'y penserai. » A ces mots, je me levai. Il voulut me bégayer quelques excuses sur la peine *assez inutile* que j'avois prise de venir chez lui; je lui répondis que cet entretien étoit si curieux, que je ne regrettois point le temps qu'il m'avoit fait perdre; je lui tournai le dos pour m'en aller; je l'entendis faire quelques pas pour me reconduire; je feignis de ne pas m'en apercevoir; je me hâtai d'ouvrir la porte, et je disparus. Je ne crois pas que jamais ministre ait montré, dans une audience particulière, à une personne honnête, plus d'impertinence, d'ineptie et de manque de principes. Cette réunion ne peut se trouver que dans un philosophe moderne, plein d'enthousiasme pour sa secte. Je me moquai beaucoup de cette audience, ce qui me fit encore de nouveaux ennemis; car M. de Pomereuil avoit beaucoup de partisans. On dit qu'il a de l'esprit, qu'il est un honnête homme; mais il n'est certainement pas fait pour représenter dans une grande place.

Depuis quatre ou cinq ans je voyois beaucoup plus de monde que je ne le voulois, cédant avec trop de complaisance aux désirs qu'on me témoignoit à cet égard. Parmi les étrangers, il y en eut un pour lequel je pris une amitié particulière; ce fut un Polonois, M. le comte de Kosakoski, et, malgré ses voyages, ses absences, et les révolutions, cette amitié est toujours demeurée aussi vive et aussi tendre. M. de Kosakoski est également distingué par la noblesse de ses sentimens, la pureté de ses principes et l'originalité de son esprit. Il a fait pour moi une chose qui paroîtra puérile, et dont je lui ai su un gré infini. Il m'avoit demandé un échantillon de tous les petits ouvrages de main que je sais faire, et je les lui donnai. Il les fit arranger dans les compartimens d'une charmante boîte faite exprès, grande comme un grand-nécessaire, et qu'il portoit toujours avec lui dans ses voyages. Attaché au service de France, il fit la campagne de Russie. Il y perdit tous ses bagages; mais il avoit pris tant de précautions pour la boîte qui contenoit mes ouvrages, qu'il ne la perdit point, et ce fut la seule chose qu'il conserva. On ne regrette pas le temps que l'on a donné à l'amitié, quelque frivole qu'en puisse être l'emploi, quand il est apprécié ainsi. La conduite de l'empereur de Russie avec lui, à la première restauration, a été si magnanime, que je ne puis m'empêcher d'en rapporter ici quelques traits. M. de Kosakoski possède de très-grands biens en Pologne; persuadé que Napoléon rétabliroit la dignité de son pays, il s'étoit attaché à lui par cette seule idée. Après la prise de Paris, il le suivit et resta avec lui tout le temps qu'il passa à Fontainebleau; il ne le quitta qu'au moment où il monta en voiture pour aller à l'île d'Elbe; ensuite M. de Kosakoski revint à Paris, où on lui déclara que tous ses biens étoient confisqués; alors il résolut d'aller lui-même en solliciter la restitution de l'empereur de Russie; il se présenta à l'audience de ce prince, qui, lorsqu'on le lui eut annoncé, lui demanda s'il étoit vrai qu'il eût suivi Napoléon à Fontainebleau : « Oui, Sire, répondit M. de Kosakoski, et jusqu'à l'instant de son départ; et s'il m'eût demandé de le suivre, je l'aurois suivi sans hésiter.» L'empereur loua cette réponse, et demanda à M. de Kosakoski ce qu'il désiroit de lui. « Sire, répondit M. de Kosakoski, la restitution de mes biens en Pologne.»—«Ils vous seront rendus », reprit l'empereur. Et en effet l'empereur donna sur-le-champ des ordres, et tous les biens furent restitués.

Une autre étrangère, bien charmante, et qui a été pour moi remplie de bonté, est madame la duchesse de Courlande ; on n'a jamais eu plus de charmes, par la figure, le caractère et les manières ; je rapporterai à son sujet une anecdocte assez curieuse. L'impératrice avoit une énorme quantité de lettres de Bonaparte, écrites de sa main, et adressées à Joséphine (déjà sa femme) durant ses campagnes d'Italie, et pendant son séjour à Turin ; Joséphine, n'y attachant apparemment aucun prix, avoit laissé traîner, et avoit même oublié la cassette ouverte qui les renfermoit ; un valet de chambre infidèle les recueillit à son insu, et imagina, je ne sais comment, de les offrir à madame de Courlande. Elle me confia ces lettres pour en prendre copie. Je les lus avec avidtié, et je les trouvai toutes différentes de ce que j'aurois imaginé [1].

Voici un mot charmant que je trouvai dans une de ces lettres : Bonaparte reprochoit à Jo-

---

[1] L'éditeur de ces mémoires possède une copie de ces lettres curieuses, et se propose de les publier incessamment.

(Note de l'éditeur.)

séphine la foiblesse et la frivolité de son caractère, et il ajoutoit : « *La nature t'a fait une âme de dentelle, elle m'en a donné une d'acier.* La phrase vulgaire est une *âme de coton.* » Il y avoit de la galanterie et du bon goût à substituer à cette expression grossière le mot *dentelle*, qui du moins offre une image délicate et jolie. Dans une autre lettre il montroit beaucoup de jalousie sur la société de Joséphine et surtout sur la *quantité de jeunes muscadins* qu'elle recevoit journellement, et il lui ordonnoit avec sévérité de les expulser tous. On voyoit dans les lettres suivantes que Joséphine obéissoit, mais qu'ensuite elle se plaignoit continuellement de sa santé et de maux de nerfs ; alors Bonaparte imagina que l'ennui causoit ce dérangement de santé et il lui manda qu'il aimoit mieux être jaloux et souffrir que de la savoir malade et qu'il lui *permettoit de rappeler tous les muscadins.*

Elles étoient d'une écriture fort difficile à lire ; mais cependant j'en vins parfaitement à bout ; ces lettres étoient spirituelles et touchantes. On n'y voyoit point d'ambition, et elles exprimoient une extrême sensibilité ; elles prouvoient que Bonaparte avoit eu pour sa femme la passion la plus vive et la plus tendre, et que Joséphine ne savoit pas répondre à ce sentiment exalté.

Cependant M. Ameilhon me pressoit vivement de quitter mon beau logement pour celui contre lequel je troquois; et, trouvant que je différois trop, il imagina, pour me faire sortir de mon apathie, un expédient à la fois simple et très-extraordinaire. J'avois avec la bibliothéque publique, dont il disposoit, une antichambre commune; et la grande porte d'entrée à deux battans de mon appartemens donnoit dans cette antichambre, que j'étois obligée de traverser pour entrer et sortir de chez moi. Un jour, après avoir fait quelques courses dans la matinée, je rentrai chez moi à deux heures, et j'y rentrai avec une facilité à laquelle je ne m'attendois pas, car M. Ameilhon avoit fait enlever les deux battans de ma porte. Après avoir eu l'explication positive de ce procédé, et voyant que la bibliothéque étoit encore ouverte, j'y entrai : j'y trouvai beaucoup de jeunes gens écrivant ou lisant pour leur instruction, et *j'avisai* M. Ameilhon assis gravement vis-à-vis une grande table sur laquelle il parcouroit un gros volume in-quarto; je suis la personne du monde la moins scénique, mais cette étrange aventure me sortit tout-à-fait de mon caractère; je m'avançai vers M. Ameilhon, et je lui dis : « Monsieur, on vient de m'apprendre, et j'ai vu que vous aviez fait enlever la porte de mon appartement; j'imagine que c'est un droit de la place d'administrateur de la bibliothéque de l'Arsenal, alors je vous prie de me montrer l'écrit qui vous y autorise, et je m'y soumettrai; sinon, ayez la bonté de faire reposer sur-le-champ cette porte, sans quoi j'irai, sans aucun délai, m'en plaindre au ministre, et, en passant, au juge de paix. » A ces mots, sans attendre de réponse, je m'éloignai précipitamment, et je rentrai chez moi, en posant deux sentinelles dans l'antichambre, afin de voir ce qui s'y passeroit, et en ordonnant qu'on m'en rendit compte. En sortant de la bibliothéque, j'avois jeté un coup d'œil sur les spectateurs, et j'avois recueilli l'expression de la surprise et de l'approbation universelles.

Une action de cette ineptie et de cette violence ne se conçoit pas; tout l'Arsenal en a été témoin, et je l'explique par l'idée que M. Ameilhon avoit de ma bonhomie, et de mon aversion invincible pour toute espèce de discussion; j'avois cédé, en tant de choses, à ses fantaisies et à son despotisme, qu'il ne douta pas que cet acte de vigueur ne me fît prendre le parti d'aller, dès le jour même, dans mon nouvel appartement, dont j'avois déjà fait meubler deux chambres ; mais mon discours avoit produit tout son effet : il craignit ma révolte, les portes furent remises sans délai. Il m'écrivit le plus sot des billets pour s'excuser, en me donnant de si pitoyables raisons, que je ne pourrois même pas me les rappeler. Je restai encore quinze jours dans ces appartemens, et enfin je le quittai, à la grande satisfaction de M. Ameilhon. Il avoit été convenu que l'on me donneroit pour mon nouveau logement trois belles glaces de l'ancien, et jamais je n'ai pu les obtenir de M. Ameilhon; mais ce qu'il y eut de pis, c'est que je n'obtins pas davantage le petit jardin, objet de tous mes vœux; je suppliai, je menaçai : tout fut inutile. Il auroit fallu écrire au ministre et me le faire donner de force ; je craignis une suite éternelle de petites méchancetés, comme j'en avois tant éprouvées, et j'y renonçai.

J'ai oublié de rendre compte d'une fête qu'on me donna dans mon ancien appartement, et qui fut si charmante, que j'en dois parler par reconnoissance. Une dame que je n'avois jamais vue, madame du Brosseron, qui connoissoit mon frère, me fit demander par lui la permission de venir passer chez moi la soirée du mardi gras avec quelques personnes déguisées : j'y consentis ; ce devoit être dans trois ou quatre jours ; et le mardi gras arrivé, on me demanda seulement de ne pas entrer dans mon salon de la journée ; à huit heures et demie, on vint me dire que je pouvois retourner dans mon salon : je n'y trouvai d'autre changement qu'un rideau posé et tiré sur les deux battans de la porte d'entrée ; au bout d'un moment, j'entendis une belle symphonie, un excellent orchestre : c'étoit la musique du Conservatoire ; alors on tira le rideau, et je vis entrer madame du Brosseron déguisée avec le costume d'une magicienne tenant une baguette à la main ; elle s'avança vers moi et me demanda la permission de me faire voir les plus admirables prodiges que son art eût jamais produits. Ce petit compliment fut suivi d'un joli couplet de chanson, qui m'annonçoit qu'on alloit faire passer sous mes yeux une longue suite de tableaux aussi charmans que variés. Pendant le chant de la magicienne, on avoit refermé le rideau, elle le fit rouvrir, et je vis à travers un transparent un tableau parfaitement groupé et costumé, représentant une scène d'*Adèle et Théodore*. Les figures, les attitudes, tout étoit parfait. Pendant que je l'examinois, la magicienne l'expliqua dans un couplet de chanson; ensuite elle fit refermer le rideau, et tandis qu'on préparoit derrière ce rideau un nouveau tableau, l'orchestre fit entendre de nouvelles symphonies; après quoi on reprit la suite des tableaux tirés de tous mes ouvrages, et tous également bien composés et aussi brillans les uns que les autres. Chaque tableau fut toujours expliqué par un couplet chanté par madame du Brosseron; et, entre chaque tableau, chaque intervalle fut toujours rempli par une symphonie. Les personnages des tableaux, changeant de costumes suivant les sujets, avoient des figures qui sembloient faites exprès pour les scènes qu'ils représentoient; par exemple, mademoiselle d'Aubanton [1], âgée de quinze ans, d'une

---

[1] Mademoiselle d'Aubenton a épousé M. Carafa, compositeur de musique, connu par plusieurs opéras, don-

beauté éclatante, couverte de pierreries, et vêtue d'une robe brodée d'or, représentoit parfaitement la belle duchesse de Clèves Béatrix, dans *les Chevaliers du Cygne*. Olivier et Isambard, avec leurs boucliers et leurs devises, étoient fort bien représentés par MM. d'Offémont et Désaugiers. Mesdames Du Crest et Georgette donnoient une idée parfaite de Diana et Alphonsine dans le *Souterrain* (dans *la Tendresse maternelle*, ou *l'Éducation sensitive*). Madame d'Aubanton, très-belle encore, paroissoit être madame de Maintenon elle-même. Madame de Sainte-Anne, sœur de madame du Brosseron, d'une figure très-agréable, étoit véritablement touchante sous le costume de religieuse de madame de La Vallière dans sa cellule. Madame Delarue, fille de feu Beaumarchais, avoit une grâce infinie dans le rôle d'Ida dans *le Jupon Vert*. Enfin tous ces tableaux furent réellement délicieux, ainsi que les couplets faits par M. de La Tremblaye et mon frère; on me les donna et je les ai tous conservés.

---

nés avec succès, en Italie et en France. Il étoit alors un des écuyers cavalcadours du roi de Naples.
(Note de l'éditeur.)

Après cette représentation, qui dura plus de deux heures et demie, madame du Brosseron disparut, et, quelques minutes après, revint avec tous les personnages des tableaux, qui tous avoient gardé leurs beaux costumes. Madame du Brosseron étoit habillée en Flore; elle tenoit une corbeille de fleurs qu'elle me présenta : tout le reste de la compagnie formoit un groupe tenant un ravissant tableau superbement encadré avec une glace et recouvrant une couronne des plus belles fleurs artificielles, au milieu de laquelle étoit mon chiffre. J'embrassai toutes les dames de la compagnie; j'admirai de près les costumes, ensuite on s'assit, on prit du thé, et l'on causa jusqu'à deux heures du matin. Je n'ai jamais reçu, ni même vu de fête plus ingénieuse. Quelque temps avant, Casimir m'en avoit donné une pour le jour de ma naissance, le 25 janvier; cette fête fut moins ingénieuse, mais beaucoup plus touchante pour mon cœur : Casimir y fut étonnant par la diversité, la perfection de ses talens : sa harpe joua le rôle le plus intéressant et le plus neuf : il composa une scène sans paroles dont sa harpe exprimoit seule le sujet; ce fut David calmant les fureurs de Saül.

Michelot, qui venoit de faire de brillans débuts à la Comédie Françoise, représentoit Saül; Casimir, âgé de dix-sept ans, représentoit David : il étoit parfaitement costumé par Talma, invité à cette fête, et qui se plut à le draper lui-même. Michelot avoit un superbe habit, et l'énergie et la vérité de sa pantomime ravit tous les spectateurs. La jolie figure de Casimir, sa jeunesse, l'expression et la perfection de son jeu, la singulière beauté de la composition de sa musique, rendirent cette scène ravissante et inimitable; elle fut jouée sur un joli petit théâtre portatif posé dans l'antichambre. On joua sur ce même théâtre un proverbe vaudeville de M. Radet [1] : Casimir, et *Joly*, charmant acteur du Vaudeville, y jouèrent des rôles avec toute la gaieté

---

[1] M. Radet est un des membres de ce triumvirat chantant qui, si long-temps, fit la fortune et la gloire du théâtre de la rue de Chartres. Outre MM. Desfontaines et Barré, ses associés ordinaires, il a composé seul, ou avec MM. Piis, Dupaty, Dieulafoy et Longchamps, un grand nombre de jolis opéras-comiques et de vaudevilles. *Renaud d'Ast*, donné en 1787, est, je crois, sa première pièce; l'*Hôtel du Grand-Mogol* est la dernière; elle a été jouée en 1814. (Note de l'éditeur.)

et la grâce imaginables. M. Briffaut[1], auteur de la tragédie de *Ninus II*, y joua, dans une autre pièce, une scène en vers faite par lui pour moi, qui eut aussi le plus grand succès. Cette pièce de vers est si agréable, que je l'ai conservée; et je crois que mes lecteurs me sauront gré de l'insérer ici : les vanités d'auteur sont passées à mon âge : la publier si tard en est une preuve ; je veux seulement embellir ces mémoires par un charmant morceau de littérature.

[1] Avant sa tragédie de *Ninus II*, M. Briffaut avoit fait une tragédie de *Jeanne Gray*, qui n'a point eu de succès; et, depuis, il a donné, au théâtre de l'Odéon, une troisième tragédie, *Charles de Navarre*, mieux accueillie du public que ne l'avoit été *Jeanne Gray*, mais reçue avec moins de faveur que *Ninus II*. M. Briffaut a composé, avec Dieulafoy, l'opéra d'*Olympie*, dont Spontini a fait la musique, et il a publié plusieurs petits poëmes remarquables par la grâce et l'élégance du style : les plus connus sont *Rosemonde* et la *Journée de l'Hymen*. On a aussi distingué, parmi les poésies de M. Briffaut, une *Ode sur la Naissance du roi de Rome*, et des *Stances sur le Retour de Louis XVIII*.

(Note de l'éditeur.)

LA RENOMMÉE ET LA CRITIQUE.

DIALOGUE,

Lu à la fête de Mme. de Genlis.

LA CRITIQUE.

Où vas-tu, déesse aux cent voix?
Fixe un moment l'essor de tes rapides ailes;
Écoute.

LA RENOMMÉE.

Je ne puis.

LA CRITIQUE.

Qui te presse?

LA RENOMMÉE.

Tu vois
Ces lauriers, ces palmes nouvelles.

LA CRITIQUE.

De ces lauriers si verts quel front doit être orné?

LA RENOMMÉE.

Un front que mille fois mes mains ont couronné.
Je vais chez la muse immortelle
Qui traça Théodore et qui peignit Adèle.
Tu ne la connois pas.

LA CRITIQUE.

Hélas! que trop.

LA RENOMMÉE.

Qui! toi?

LA CRITIQUE.

Son nom est un fléau pour moi :
Je ne peux pas mordre sur elle,
Moi qui, grâces au ciel, trouve toujours moyen
De faire au champ des arts une moisson si belle.
Chez elle, c'est pitié, je ne récolte rien,
Et pourtant j'y travaille bien.
Oh! quelle disette cruelle !
Entre nous, je l'avoue ici de bonne foi,
Si tout étoit formé sur un pareil modèle,
Je serois bientôt sans emploi.
Chaque jour, sous sa plume élégante et fleurie,
Voit éclore un chef-d'œuvre où l'esprit se marie
A la piquante instruction ;
Où, sans la comprimer, le goût et la justesse
Règlent l'imagination ;
Où tout plaît, égaye, intéresse,
Par le secret d'un style harmonieux, coulant,
De verve, d'heureux mots, de traits étincelant,
Riche de sentiment et de délicatesse ;
Modèle universel mieux senti qu'imité ;
Soit que sur les travers de la société
Elle attache, en riant, le trait du ridicule ;
Soit que sur les erreurs d'une amante crédule
Elle fasse en secret soupirer la beauté
Qui rougit, rêve, s'intimide,
Et l'œil fixé long-temps sur une page humide,
Mesure, d'un regard encore épouvanté,
Toute la profondeur de l'abîme perfide,
Dont, en passant, son flambeau si rapide
Nous découvre la vérité ;
Soit qu'au milieu des cours inquiétant le vice,
Sa main jette, en jouant, les cent masques divers

Dont il pare son front pervers ;
Et, de ses faux attraits dévoilant l'artifice,
Oppose à sa difforme et triste nudité
L'éternelle et chaste beauté
D'un cœur orné de bienfaisance,
De candeur et de pureté,
Et jusqu'en un cachot place la volupté
Sur les lèvres de l'innocence.

Dans tous ces tableaux enchanteurs,
Chaque portrait est juste et chaque ton fidèle ;
Le goût tient le pinceau, l'art choisit les couleurs,
Et la nature est le modèle.
Que faire? par instinct moi je veux censurer.
Mais voyez le malheur, je me laisse attirer
Par un plaisir secret qui, malgré moi, m'enivre;
Le crayon de mes mains tombe en touchant son livre,
Et je ne sais plus qu'admirer.
Je me détourne pour pleurer,
Ou je perds mon humeur dans un éclat de rire;
Le beau profit pour la Satire !
Non, elle est sans défaut pour me désespérer.
Ce qui m'achève encor, sans cesse elle t'éveille.

LA RENOMMÉE.

Avec elle, il est vrai, rarement je sommeille ;
Aussi je me fatigue à porter en tous lieux
Le bruit toujours croissant de son nom glorieux ;
Elle m'occupe plus que vingt auteurs ensemble,
Et dans soi seule elle rassemble
Tous les talens, tous les succès.
Tant qu'on aura du goût, je ne dois point prétendre
Qu'on puisse se lasser jamais
De l'applaudir et de l'entendre.

Le moyen que je vive en paix!
Du moins si je n'avois qu'à prôner ses ouvrages!
Mais sur mille autres dons qu'elle sait réunir
Il me faut, sans relâche, appeler les suffrages
　　　De l'Europe et de l'avenir.
Je la vois au milieu d'une troupe enfantine :
　　　Semblable à ce Dieu bienfaiteur,
Qui parle par sa bouche et se peint dans son cœur,
Elle accueille en son sein leur foiblesse orpheline,
Et ses bras en tout temps sont ouverts au malheur ;
Prévoyante, du haut de son fécond génie,
Elle épanche sur eux, comme un fleuve opulent,
Les dons de la vertu, les trésors du talent.
Et tous ces arbrisseaux dont la tige fleurie
Sans elle n'eût point vu ses rameaux verdoyans
Balancer dans les airs leur masse enorgueillie,
S'élèvent, sous ses yeux, comme autant de présens
　　　Dont elle dote la patrie.

LA CRITIQUE.

Tu ne me contes rien qui n'ait plus de cent fois
　　　Excité ma bile et ma haine.
J'ai beau vouloir, au fond de mon esprit sournois,
Donner un mauvais tour à tout ce que je vois,
　　　De son âme sensible, humaine,
　　　Je suis certaine malgré moi :
　　　Je le suis, et voilà ma peine.

LA RENOMMÉE.

L'aimable caractère! adieu. Je m'aperçoi
　　　Que le temps vole à tire d'aile.
On s'oublie aisément, sitôt qu'on parle d'elle,
　　　Ou qu'on lit un de ses écrits.

C'est aujourd'hui sa fête, et pour tous ses amis
  Ce jour est un jour d'allégresse;
Je vais m'associer à leur touchante ivresse.
Le cercle sera court, mais il sera charmant:
De nos brillans François c'est l'élite imposante,
  Et tout ce que le Nord présente
  De plus aimable et de plus grand;
  Je serai dans mon élément:
Tous les arts lui rendront un hommage fidèle.
  De cette enceinte solennelle,
Comme tu peux penser, ton visage est banni;
Adieu. Je plains ton sort: c'est être assez puni
  De ne pouvoir approcher d'elle.

Dans l'entr'acte des pièces, Casimir dansa tout seul, à ravir, un pas, et ensuite il fit entendre un instrument singulier peu connu, dont on joue avec un archet, et qui s'appelle *fer harmonique;* il en joua comme un ange, et fit un plaisir extrême, et il termina cette représentation par une petite scène comique qu'il exécuta tout seul derrière la toile baissée du théâtre; il y joua d'abord de la guitare, et ensuite cinq ou six rôles différens, avec diverses imitations d'une illusion surprenante. Après le spectacle, il me donna deux ravissans tableaux de son ouvrage, l'un représentant un paysage à la gouache, et l'autre des fleurs en relief et en cire sculptées avec une perfection qui ne laisse rien à désirer. La fête finit par un ambigu. Il y avoit à cette fête une quarantaine de spectateurs, qui tous furent dans l'enthousiasme. Cette soirée m'en fit demander d'autres; j'en donnai plusieurs qui obtinrent toujours les mêmes succès.

Ma liaison avec M. Briffaut devint d'autant plus intime, qu'il montroit à Casimir la plus grande amitié, sentiment que Casimir partageoit avec toute la sincérité de son caractère. J'avois fait connoissance aussi avec un jeune homme rempli d'esprit et d'excellentes qualités, M. le comte Joseph d'Estourmel[1], et c'est un des amis de ce temps que j'ai eu le bonheur de conserver. Je vais placer ici une espèce de scène qui auroit fait un fort bel incident dans

---

[1] M. le comte Joseph d'Estourmel étoit alors auditeur au conseil d'état, et composoit de petites pièces de vers remarquables par la gaieté, l'esprit et la finesse. Dans des momens difficiles il s'est trouvé préfet d'un des départemens du Midi de la France; il y déploya avec fermeté ce caractère de modération qui n'admet point d'excuses aux persécutions, de quelques prétextes qu'on les colore. Cette modération lui avoit attiré une espèce de disgrâce; elle a été de courte durée, et M. d'Estourmel est encore aujourd'hui préfet.

(Note de l'éditeur.)

un des romans de madame Radcliff. Un jour, madame la princesse de Bauffremont vint me prendre pour me mener faire une visite, un matin, à madame la duchesse de Courlande; nous la trouvâmes dans son cabinet, avec huit ou dix personnes, M. de Talleyrand, madame la vicomtesse de Laval, M. de Narbonne, etc. On causa pendant une demi-heure, et comme je me levois pour m'en aller, on me retint en se disant d'un air mystérieux : « *Il faut qu'elle voie la chose.* » Je demandai l'explication de ces paroles; on refusa de me la donner; et j'imaginai, par le nombre de personnes choisies qui se trouvoient là rassemblées, et qui n'avoient pas l'air d'être en visite, qu'il s'agissoit d'une petite fête dont on vouloit que je fusse témoin. Au bout d'un demi-quart d'heure, un valet de chambre parut et dit : « Tout est prêt; » alors on se leva, et la duchesse dit que nous allions passer dans le salon. Je m'attendois à une scène charmante, et je fus étrangement surprise de celle qui s'offrit à mes regards en entrant dans le salon. Il y avoit, au milieu de cette pièce, une table auprès de laquelle étoit un grand homme vêtu de noir, d'un aspect sévère, et dont la figure m'étoit inconnue : on me fait avancer; j'approche, je jette les yeux sur la table, et je vois qu'elle est entièrement couverte de têtes de morts. C'étoit M. Gall[1] : c'étoit une démonstration qu'il faisoit à toutes ces personnes de son système sur les crânes humains. On ne lui dit point qui j'étois, et il commença sa leçon : elle me parut très-curieuse, et j'en fus fort contente; par conséquent je ne trouve pas que ce système puisse conduire au matérialisme. M. Gall veut seulement prouver, par des faits, que nous naissons avec des dispositions et des inclinations diverses; mais il ajoute toujours que la morale et la religion peuvent les modifier, les corriger, ou les perfectionner; il n'y a à cela de nouveau, et que l'on puisse contester, que les ex-

[1] Un système, fondé sur des apparences et des analogies, ne repose pas sur une base assez solide pour repousser toutes les attaques et répondre à toutes les objections; dans ce cas, loin de confirmer la règle, les exceptions la détruisent; mais quel que soit le sort des théories du docteur Gall, sur le cerveau et le système nerveux, en général, ces théories resteront comme une des plus ingénieuses inventions de l'esprit humain, et leur auteur sera toujours compté parmi les hommes qui ont fait faire de grands et utiles progrès à la physiologie.
(Note de l'éditeur.)

périences et les signes qui font connoître ces dispositions et ces inclinations différentes. En nous montrant sur les têtes les différentes protubérances, il nous dit que toutes celles qui se trouvoient dans le bas de la tête étoient animales et dénotoient de mauvaises et basses inclinations, et que toutes celles qui étoient sur le haut de la tête et sur le front étoient spirituelles et nobles ; et il finit par nous montrer la plus belle et la plus rare de toutes les protubérances, parce qu'elle marque, dit-il, trois vertus : la religion, l'élévation de l'âme, et la persévérance ; elle se trouve sur le haut et au milieu de la tête.

Cette démonstration me fit en secret un plaisir particulier, parce que j'ai cette bosse à un point de grosseur véritablement extraordinaire. Je ne me vantai point d'avoir cette glorieuse protubérance, mais je me promis bien de la faire connoître, en temps et lieu, à M. Gall, et j'en eus promptement l'occasion. Il fut convenu que toute la société qui se trouvoit là rassemblée viendroit le lendemain matin chez moi, et que je leur ferois voir la bibliothèque de l'Arsenal. Ils y vinrent en effet, et M. Gall fut de la partie. Quand on fut rassemblé dans mon salon, je le tirai à part dans l'embrasure d'une fenêtre; je n'avois point de chapeau, je lui fis toucher ma tête; aussitôt il s'écria avec enthousiasme : « Ah! que cela est beau! » Il expliqua le sujet de son admiration ; et M. de Talleyrand, en parlant de moi, dit : « Vous voyez, mesdames, qu'elle n'est pas une hypocrite. » Je fus fâchée que l'absence de Casimir m'empêchât de faire tâter sa tête; mais je l'ai touchée depuis; et il a aussi, d'une manière très-marquée, cette belle protubérance. Je priai M. Gall d'examiner la tête d'Alfred; il la trouva très-belle, et il dit sur-le-champ qu'il avoit les protubérances de la géométrie et de la mécanique; et véritablement il a le génie de la mécanique à un degré supérieur; Alfred avoit alors neuf à dix ans.

M. Marigné, auquel je donnai un petit panier de graines de melon de mon ouvrage, fit à ce sujet, sur-le-champ, cet impromptu :

> Joli panier, don plein de grâce,
> Souvenir cher et précieux,
> N'abandonne plus cette place :
> Reste toujours devant mes yeux,
>   Joli panier.
>
> Joli panier, de ta présence
> J'éprouverai plus d'un effet;

Déjà je ressens l'influence
De l'effet rare qui t'a fait,
    Joli panier.

Joli panier, du temps qui passe
Tu m'apprends comme on doit jouir,
Comment l'esprit qui se délasse
N'est pas oisif dans son loisir,
    Joli panier.

Joli panier, quand je contemple
Tes réseaux qu'a tissus Genlis,
De bon goût j'y vois un exemple,
Un emblème de ses écrits,
    Joli panier.

Joli panier, ta transparence
De son style peint la clarté :
Tes contours en ont l'élégance,
Tes liens la solidité,
    Joli panier.

Joli panier, dans ta texture
Je me trouve aussi retracé,
Car comme toi, de ma nature,
Hélas! je suis panier percé,
    Joli panier.

Joli panier, garde ces lignes
Qu'à toi seul je veux confier,
Et puissent mes vers être dignes
D'être mis tous dans le panier,
    Joli panier.

Joli panier, pensant à celle,
Pensant, jusqu'à l'instant dernier,
A celle que ce don rappelle,
Je dirai, lors, adieu panier,
Joli panier.

M. Fiévée, dont la conversation dans l'intimité est si animée, si intéressante et si spirituelle, me parloit souvent des choses qu'il écrivoit à l'empereur, et qui étoient toujours sages et bien pensées; si cette correspondance étoit imprimée, elle lui feroit beaucoup d'honneur. Napoléon lui donna une place d'auditeur qui le fit entrer au conseil; je donnai alors à M. Fiévée un avis dont il m'a beaucoup remerciée par la suite. Je lui conseillai, lorsqu'il auroit au conseil une chose importante à proposer, qu'il la réservât toujours pour sa correspondance, à moins que l'affaire ne fût assez pressante pour ne pas permettre d'en différer la proposition d'un jour ou de quelques heures. M. Fiévée suivit cet avis: il y gagna deux choses : 1°. que l'empereur lui en sut un gré infini; 2°. que, s'appropriant son idée, il devoit s'y intéresser davantage et la soutenir mieux. M. Fiévée me dit encore dans ce temps qu'il étoit étonné de l'esprit, de la finesse et de la bonhomie que l'empereur montroit au conseil; on pouvoit l'y contredire et même souvent l'interrompre quand il parloit, sans qu'il eût l'air de le trouver mauvais; c'est un fait qui rend plus coupables ceux qui l'entouroient d'habitude et qui n'osoient presque jamais lui dire la vérité.

M. Alibert [1], médecin, homme de lettres et savant, venoit aussi de temps en temps à l'Arsenal; j'aimois beaucoup son entretien animé, instructif et naturel; il y joint d'excellentes qualités, entre autres celle d'être invariable pour ses amis.

Madame la comtesse de Choiseul, dont je

---

[1] M. Alibert est auteur d'un poëme de la *Dispute des fleurs*, et d'un grand nombre d'ouvrages de médecine sur *les Maladies des femmes*, sur *les Fiévreux*, sur *les Maladies de la peau*, sur *la Thérapeutique et la Matière médicale*, et sur *la Physiologie*. Ses *Éloges historiques* de Galvani, de Roussel, de Spallanzani et de Bichat, sont suivis d'un *Discours sur les rapports de la médecine avec les sciences physiques et morales*. On voit par ce discours que le docteur Alibert sait généraliser ses idées, et porter ses regards au delà des limites de la science à laquelle il s'est plus particulièrement consacré. Il est médecin du roi, un des collaborateurs du *Dictionnaire des sciences médicales*, et médecin en chef de l'hôpital Saint-Louis. (Note de l'éditeur.)

ne puis me lasser de parler, est une personne
d'une figure aussi charmante que régulière,
qui réunit aux meilleurs principes les qualités
les plus attachantes. Elle est née poëte, et dans
un genre très-élevé; elle a fait, à seize ans,
des vers qui honoreroient un poëte de quarante; elle a toujours cultivé ce beau talent ;
mais sa modestie en a tenu constamment jusqu'ici les productions renfermées dans son portefeuille. Elle épousa depuis M. le comte de
Choiseul-Gouffier [1], si célèbre et si digne de

[1] Né en 1752, mort en 1817, le comte de Choiseul-
Gouffier s'embarqua, à l'âge de 24 ans, sur l'*Atalante*,
commandée par un capitaine de vaisseau, membre de
l'Académie des sciences, pour visiter la patrie d'Homère,
d'Aristote, de Platon, de Zeuxis et de Phidias. Nous
devons le beau *Voyage pittoresque de la Grèce* au vif
désir que, dès sa plus tendre jeunesse, M. de Choiseul
éprouvoit de commenter la terre sacrée qui fut le berceau
de la civilisation de l'Europe. Le premier volume de ce
grand ouvrage parut en 1782, trois ans après la réception
de M. de Choiseul à l'Académie des inscriptions. Le
Voyage pittoresque de la Grèce étoit un titre aux honneurs
littéraires, il en devint un aussi à la confiance du gouvernement; son auteur fut nommé membre de l'Académie
françoise en 1784, et, en 1789, ambassadeur de France
à la Porte-Ottomane. Cette place, regardée par tant d'au-

l'être par son amour pour les arts, ses talens, ses voyages et les beaux ouvrages qu'il a publiés; il auroit pu, par son âge, être le père de madame de Choiseul. Elle avoit pour lui un attachement fondé sur l'estime et l'admiration; elle l'épousa pour le soigner dans sa vieillesse, devoir qu'elle a rempli de la manière la plus parfaite; et elle a honoré sa mémoire, non-seulement en lui élevant un tombeau,

tres comme un moyen de fortune, fut pour M. de Choiseul l'occasion de nouvelles découvertes et de nouveaux travaux. La révolution vint bientôt troubler ses douces occupations. Son âme honnête et pure ne tarda pas à s'indigner des excès commis au nom de la liberté, et s'il ne s'en montra pas ouvertement l'ennemi, il ne fit rien du moins pour diminuer les préventions élevées contre lui par les révolutionnaires. Cependant il envoya, en 1790, à l'assemblée nationale, de la part de quelques François établis dans les Échelles du Levant, un don civique de douze mille francs, et, sous le voile de l'anonyme, y joignit une pareille somme qu'on sut bientôt être de lui. Rappelé peu de temps après, et nommé en 1791 ambassadeur à la cour de Londres, il refusa cette mission, resta à Constantinople, devint l'objet de dénonciations journalières, et fut enfin décrété d'arrestation par la Convention, le 22 octobre 1792, pour avoir eu des relations avec les princes, frères de Louis XVI. Sa correspondance avec leurs altesses avoit été saisie par mais surtout par les regrets les plus nobles et les plus touchans.

M. de Fontanes est venu me voir à l'Arsénal, trois ou quatre fois. Jamais un homme d'autant d'esprit n'en a moins montré dans les conversations. On ne peut lui reprocher ce galimatias des nouvelles écoles ; mais il a je ne sais quelle prétention au ton léger d'autrefois, qui me paroît manquer de grâce. Comme poëte,

les républicains dans la retraite de la Champagne. Il quitta alors Constantinople, se rendit en Russie, où l'impératrice le reçut de la manière la plus flatteuse et lui donna une terre; puis il fut nommé, en février 1797, conseiller de l'empereur Paul Ier., qui ajouta d'autres terres aux présens de l'impératrice, et qui le nomma directeur de l'académie de Saint-Pétersbourg. La révolution du 18 brumaire lui donna le désir de revoir sa patrie : il revint en France en 1802, et prit place l'année suivante à l'Institut en sa qualité de membre de l'ancienne Académie françoise. Depuis ce moment il se livra entièrement et plus que jamais à la culture des belles-lettres, et évita ainsi l'attention jalouse de l'autorité impériale. Au retour du roi, en 1815, il fut nommé ministre d'état, membre du conseil privé et pair de France. Le premier il rappela les Grecs à l'indépendance ; chrétien, il comptoit pour les secourir sur les princes chrétiens.

(Note de l'éditeur.)

il a été au-dessous de sa réputation, n'ayant jamais fait un grand ouvrage dans ce genre; comme orateur au sénat, on doit le louer d'avoir eu le bon goût de rejeter les faux brillans et le néologisme, d'avoir écrit ses discours avec pureté et beaucoup d'esprit, d'élégance et d'agrémens. Il a montré, dans tous les temps, des sentimens religieux; et c'est un genre de courage qui, de nos jours surtout, ne peut appartenir qu'à un esprit juste et à une âme élevée [1].

Dès les premiers temps de mon retour en France, M. de Cabre me fit faire connoissance avec madame Cabarus, jadis madame Tallien, et depuis, madame de Caraman [2]. Je la trouvai ce qu'elle est, belle, obligeante et aimable. Madame de Valence m'avoit mandé,

---

[1] Il est mort depuis que cela est écrit.
(Note de l'auteur.)

[2] Madame de Caraman, plus célèbre sous le nom de madame Tallien, a des droits à la reconnoissance de bien des personnes qui, pour la plupart, l'ignorent, ou se piquent d'ingratitude. Elle eut une grande influence sur cette révolution du 9 thermidor, an III, qui mit fin au régime de la terreur, et qui sauva la vie à tant de prisonniers destinés à la perdre sur l'échafaud.
(Note de l'éditeur.)

en Allemagne, qu'elle lui avoit sauvé la vie, durant les jours de la terreur, et je vis avec attendrissement sa libératrice; je trouvois aussi, dans cette même personne, celle qui a véritablement affranchi la France des fureurs de Robespierre; j'ai entendu dire à ce sujet un fort joli mot à M. de Valence, pendant que nous étions l'un et l'autre à Hambourg; quelqu'un contoit que l'on avoit donné à madame Bonaparte le surnom de *Notre-Dame-des-Victoires;* M. de Valence dit qu'il falloit donner à madame Tallien celui de *Notre-Dame-de-Bon-Secours* [1].

Le prince Jérôme, depuis roi de Westphalie, vint plusieurs fois me voir à l'Arsenal; je lui trouvai les manières les plus agréables, une grande politesse, et une très-aimable conversation.

Je venois de finir un ouvrage commencé depuis long-temps, auquel j'avois mis tout le soin qui pouvoit faire valoir ce petit talent. C'étoit toutes les fleurs de la mythologie peintes à la gouache, et de grandeur naturelle; deux ou

---

[1] Il y avoit à Paris, avant la révolution, une grande abbaye de ce nom; ma mère y a été élevée.

(Note de l'auteur.)

trois lignes tracées au bas de chaque plante expliquoient la métamorphose ou la consécration. Je n'avois point fait de texte particulier ; souvent plusieurs plantes se trouvoient dans le même tableau peint sur papier vélin, entouré d'un encadrement qu'on appelle *passe-partout*. Le tout formoit soixante-douze tableaux. Je les montrai à plusieurs artistes qui en furent charmés, entre autres Alph. Giroux. Quelque temps après, ayant besoin d'argent, j'eus envie de les vendre. J'étois bien sûre qu'en les proposant au roi de Westphalie il les auroit achetées magnifiquement ; mais ne voulant abuser, ni de sa générosité naturelle, ni de sa bonté pour moi, je trouvai le moyen de lui faire parler de cette collection comme étant faite par un artiste inconnu. Il eut envie de la voir ; l'idée et l'exécution lui plurent, il en offrit six mille francs, ce qui fut accepté. Lorsque Giroux apprit ce fait, il me dit qu'il étoit très-fâché que je ne lui eusse pas donné la préférence. Le roi de Westphalie, en apprenant qu'il avoit acheté mon ouvrage, me fit d'obligeans reproches à ce sujet. Je répondis de manière à le convaincre que la délicatesse qui m'avoit fait cacher mon nom, ne me permettroit jamais de rien changer au marché conclu.

Plusieurs années après, la reine de Westphalie, qui étoit à Meudon, me fit inviter à y aller; j'y ai été plusieurs fois, et je me félicite d'avoir pu connoître cette princesse, charmante à tous égards, et dont la conduite, comme épouse, a été depuis si exemplaire et si parfaite.

Je ne dois pas oublier dans cette nouvelle nomenclature une personne si agréable alors par sa figure, et le charme de son ton, de ses manières et de ses talens, madame Delarue, fille de M. de Beaumarchais. Mme. Roger avoit une belle maison de campagne près de Paris : j'y allai passer huit jours avec madame Kenens ; j'y fus touchée de l'union qui régnoit entre madame Roger et son mari, qui étoit aussi beau qu'elle étoit jolie, et d'une très-aimable société. Je vis là M. Carion de Nisas[1],

---

[1] M. Carrion Nisas, un des vingt-trois barons des états du Languedoc, étoit, en 1789, officier de cavalerie. En 1793 il fut accusé de *fédéralisme* et jeté dans les prisons de Béziers. Nommé sous le consulat membre du tribunat, il y parla contre Carnot en faveur de l'empire. Il a fait plusieurs campagnes avec distinction, et s'est

beau-frère de madame Roger, homme de mérite, qui a fait depuis des tragédies dont l'une a été jouée plusieurs fois à la Comédie Françoise, et dont l'autre est composée sur le sujet de mon invention, dont j'ai donné le plan dans mon *Journal imaginaire*. Cette pièce est encore dans son portefeuille; M. Pieyre, qui en a entendu la lecture, m'a dit qu'elle étoit fort belle. Il m'arriva à cette campagne, avec madame Roger, une aventure qui me causa un des plus pénibles embarras que j'aie éprouvés

élevé au grade de maréchal de camp, après être redescendu de celui d'adjudant-général, au rang de simple volontaire. Sa vie, sous l'empire, fut une succession de disgrâces assez longues que lui attiroit sa noble franchise, et de faveurs peu proportionnées au mérite des services qu'il rendoit. M. Carion Nisas a composé deux tragédies : *Montmorency*, *Pierre le Grand*, et plusieurs autres ouvrages en vers. Il a entrepris une traduction de la *Jérusalem délivrée*, dans laquelle il conserve la forme des stances, que les Italiens appellent *ottave rime*. Les amis des lettres désirent vivement que M. Carion Nisas achève et publie cette traduction. Outre ses discours au tribunal, et quelques opuscules en prose, il a publié un ouvrage sur l'Organisation de l'armée et un savant Traité sur les armées, depuis les temps anciens jusqu'à nos jours.

(Note de l'éditeur.)

de ma vie. Je me trouvois un soir dans le salon, *entre chien et loup*, seule avec elle et madame Kenens : on parla d'une femme dont elle fit un grand éloge ; je pris la parole pour la blâmer d'avoir divorcé, et là-dessus je me mis à déclamer contre les divorces ; au milieu de ce discours si bien placé, quelqu'un entra ; nous nous levâmes, et madame Kenens m'entraîna dans le jardin : là, après m'avoir bien grondée, elle me plongea dans un profond étonnement, en m'apprenant que madame Roger étoit divorcée, et qu'elle avoit eu pour premier mari M. Bignon. Je ne revenois pas de ma surprise, en pensant qu'une femme si jeune, avec une physionomie si naïve, et parlant si bien sur la vertu et sur la religion, eût deux maris vivans !... Je ne pouvois concevoir, dis-je, qu'une telle personne eût divorcé ; mais il est vrai qu'elle avoit à peine quinze ans lorsqu'elle fut entraînée à divorcer. Je n'osois plus rentrer dans le salon, j'avois envie de retourner tout de suite à Paris ; madame Kenens m'en empêcha, me représentant que ce seroit ce qu'il y auroit de plus choquant pour madame Roger; qu'il falloit reparoître ; que je ne trouverois dans madame Roger qu'un peu d'embarras, et non du ressentiment, parce qu'elle ne pouvoit attribuer ce qui venoit de se passer qu'à mon ignorance. Je restai : madame Roger fut obligeante pour moi tout comme à son ordinaire. Elle ne m'a su aucun mauvais gré de mon étourderie. Ceci m'arriva dans les premiers temps de mon séjour à l'Arsenal, où je ne connoissois encore aucune des intrigues des gens de la société actuelle.

Je fis aussi connoissance avec une femme célèbre et digne de l'être; madame de Vannoz, aussi estimable par sa conduite et ses vertus que par ses talens; elle a fait une élégie sur *les Tombeaux de Saint-Denis*, qui a été trouvée belle par tous les connoisseurs qui admiroient le plus celle de M.˙ de Tréneuil sur le même sujet ; son sort étoit de lutter avec succès contre de grands poëtes, car elle a fait depuis une épître sur *la Conversation*, qui a paru en même temps que le poëme de M. Delille, et qui a été généralement préférée à ce dernier ouvrage d'un homme d'un si grand talent. Le poëme sur *la Conversation* de l'abbé Delille, comme tous ses autres ouvrages, manque d'imagination, de plan et de pureté de style, et il n'a aucune des beautés qui, dans ses autres productions, font excuser ces défauts. Ce poëte, rempli de faux brillans, de pensées fausses, et de tours bizarres, avoit de la verve et souvent le plus brillant coloris; il étoit grand versificateur, et personne n'a mieux connu que lui le mécanisme des vers alexandrins; il a perdu tous ces avantages, en composant son poëme sur *la Conversation* en vers de dix syllabes; il n'avoit point l'habitude de cette mesure : ce qui fait qu'il n'est même pas poëte dans cet ouvrage, dans lequel il a souvent copié des caractères de La Bruyère, en les gâtant. Le meilleur ouvrage de M. Delille est son premier, la traduction *des Géorgiques de Virgile*. Son poëme *des Jardins* pèche d'abord par le défaut de connoissance de son sujet; il n'avoit jamais été en Angleterre, et n'avoit jamais vu les plus beaux jardins du genre qu'il a décrit; mais la description de la ferme dans cet ouvrage pouvoit et devoit seule en assurer le succès. Son *Homme des champs* est rempli de morceaux charmans, mais c'est un ouvrage manqué; son poëme sur *l'Imagination* est dénué d'invention, et c'est assurément sur un tel sujet un vice capital. Sa traduction de l'*Enéide* contient de beaux morceaux, mais il y a quelque chose de froid et de pénible dans l'ensemble ; son poëme *des Trois Règnes* est un ouvrage sec et ennuyeux, parce que les sciences ne sont pas faites pour la poésie. Néanmoins ce poëme contient quelques beaux morceaux, entre autres les vers sur *une tempête dans le désert*, les vers sur *le café*, et une grande quantité de traits et de vers heureux. Il y en a trois qui sont fort remarquables dans l'épisode des guerres civiles de Florence, il dit :

« Un vain peuple, à la fois et féroce et volage,
» Après l'avoir formé, détruisit son ouvrage,
» Et, toujours entraîné, croyait toujours choisir. »

Ce dernier vers est excellent, mais aussi cet ouvrage fourmille de mauvais vers, par exemple, celui-ci :

« Dodone inconsultée a perdu ses oracles. »

A l'exception peut-être de la botanique, on pourroit, avec de l'imagination, faire un poëme agréable sur ce sujet. Cet ouvrage est à faire celui de Darwin (*Les Amours des plantes*) est d'une assommante monotonie.
(Note de l'auteur.)

Un vers aussi ridicule dans un autre genre est échappé à l'auteur dans l'*Énéide*, le voici

« Né d'un père persan et d'une mère maure. »
(Note de l'auteur.)

Dans ce même poëme, l'épisode de Mussidor est dépourvu d'idées, de grâce, et même d'esprit, et en tout ce poëme est glacial. J'ai oublié, dans cette énumération, le poëme de *la Pitié*, ouvrage qui pouvoit être si touchant, mais dont l'auteur n'a fait qu'un poëme décousu, sans intérêt, mais contenant néanmoins de fort jolis détails. On peut porter à peu près le même jugement de son travail sur Milton. M. Delille fut un grand versificateur, un poëte spirituel et brillant; il est fâcheux qu'il n'ait pas un goût plus sévère; il a gâté celui d'une grande quantité de jeunes poëtes, qui ont pris ses défauts, sans avoir ses talens; mais on ne sauroit trop le louer d'avoir, dans tous les temps, montré un profond respect pour les mœurs et pour la religion.

Mon frère, dont la femme et la fille étoient en Suisse, éprouva un grand dérangement de santé dans les premiers temps de mon établissement dans mon nouveau logement; afin de le mieux soigner, je lui demandai en grâce de venir chez moi; Casimir lui donna son logement et coucha dans une antichambre, sur un lit de sangles, pendant les deux mois que mon frère passa chez moi : j'eus le bonheur de voir sa santé se rétablir; alors il partit pour aller rejoindre sa famille. Durant son séjour à l'Arsenal, il me fit part de plusieurs projets qu'il vouloit encore proposer au gouvernement; il y avoit dans tous les mémoires qu'il a successivement donnés, des idées excellentes et pleines de génie; l'institut même, dans plusieurs de ses rapports sur ces ouvrages, l'a reconnu, dans les termes les plus honorables pour lui; mais on a toujours déjoué tout ce qu'il vouloit faire, par une phrase magique; pour lui nuire auprès de tous les gouvernemens, on répétoit *qu'il est un homme à projets*; comme si tous les inventeurs, dans quelque genre que ce puisse être, n'avoient pas été des *hommes à projets!* Mon frère est incapable d'intriguer; il s'est contenté de méditer profondément, de réfléchir, et de travailler en silence; tout cela ne suffit nullement pour réussir. Mon frère auroit été, s'il l'eût voulu, un homme de lettres très-distingué : il a reçu de la nature la plus heureuse organisation, beaucoup de goût naturel pour les arts, du talent pour la composition musicale; il a fait les airs de plusieurs romances, qui ont eu beaucoup de succès dans la société; l'un de ces airs a été trouvé si joli, que le fameux Jarnovitz en fit des variations sur le violon. Mon frère commença un grand ouvrage intitulé *Henri Quatre*, dont il voulut faire les paroles et la musique ; le poëme, qu'il acheva, étoit charmant : il en mit en musique les deux premiers actes, qu'il montra à Méreau [1], (excellent compositeur), qui en fut très-étonné, et qui l'encouragea par les plus grands éloges ; mais, dans ce moment, une affaire survint : mon frère laissa là son opéra ; ensuite, il l'oublia tout-à-fait ; et enfin, dans ses différens voyages et déménagemens, il l'a perdu. Il a borné son talent poétique à faire de charmans

---

[1] Méreau débuta par des *motets*, des *oratorios* et des cantates. Celle d'*Aline*, reine de Golconde, publiée en 1767, commença sa réputation ; il avoit alors vingt-deux ans. Il composa ensuite la musique de trois opéras donnés au Théâtre-Italien, et de deux opéras représentés à l'Académie royale de musique. Il a laissé à ses enfans la musique de trois autres opéras qui n'ont pas été joués. Le premier sur un sujet persan ; le second sur un sujet grec, *les Thermopyles* ; et le troisième sur un sujet romain, *Scipion*. Méreau, bon compositeur, excellent théoricien, possédoit de plus le talent de bien écrire sur son art. Né à Paris, il est mort dans la même ville en 1797, à l'âge de cinquante-deux ans.

(Note de l'éditeur.)

couplets de société, avec une promptitude et une facilité peu communes. J'oserai dire que son caractère et son cœur méritent autant d'éloges que ses talens : on n'a jamais été plus sincèrement obligeant, plus incapable de haine et de rancune, et plus naturellement compatissant, bon et généreux; on n'a jamais été d'un commerce plus sûr et plus doux; nous avons beaucoup vécu ensemble, et dans le cours de notre longue carrière, nous n'avons jamais eu une querelle, ou seulement une discussion un peu vive; nous avons été aussi étroitement unis par l'amitié que par le sang[1].

M. de Treneuil fut attaché à la bibliothèque de l'Arsenal, je trouvai en lui le voisin le plus obligeant et l'ami le plus aimable; sa place étoit immédiatement après celle de M. Ameilhon : s'il eût eu alors la première, je n'aurois jamais quitté l'Arsenal.

Je m'étois tracé à l'Arsenal des occupations qui furent toujours très-réglées et très-suivies. La possibilité de pouvoir avoir tous les livres que je désirois, me faisoit employer beaucoup de temps à la lecture, quoique je n'eusse plus

[1] J'ai eu le malheur de le perdre en 1824.
(Note de l'auteur.)

pour cette occupation l'ardeur et le goût passionné que j'avois eu jadis. Depuis que M. Stone m'avoit volé tous les extraits que j'avois laissés à ma fille et qu'elle lui avoit confiés, je n'avois plus cet attrait puissant qui engage à tout faire pour augmenter une grande collection que l'on a formée avec beaucoup de peine et de travail. D'ailleurs j'avois lu et relu tous les bons ouvrages, tous nos chefs-d'œuvre : je me jetai dans les livres curieux, mais je n'avois plus le plaisir extrême de tâcher de faire de bons extraits ; je manquois de courage en pensant que j'en avois perdu la valeur de plus de soixante volumes imprimés et tous écrits de ma main. Je me bornois à faire quelques notes qui ont encore produit un assez grand nombre de manuscrits. Cependant je fis alors une lecture nouvelle bien intéressante, ce fut l'ouvrage de M. de Bonald, intitulé *la Législation primitive*, ouvrage plein de talent, d'excellens principes et de génie, d'un style à la fois brillant, piquant et naturel, et qui me fit d'autant plus d'impression, que je savois, ainsi que tout le monde, que l'auteur, qui s'y montre si religieux, avoit, dans tous les temps, professé les mêmes principes, et que sa noble et vertueuse conduite avoit toujours été en parfaite harmonie avec sa croyance; cet éloge n'est pas suspect. Je n'ai jamais eu le moindre rapport direct ou indirect avec M. de Bonald, on m'a même dit qu'on lui avoit donné des préventions personnelles contre moi. Mon indolence naturelle, quand il ne s'agit pas d'un travail sédentaire, m'a toujours empêchée de chercher à me justifier auprès de lui; je n'ai nul besoin de son amitié pour l'admirer; je trouve même quelque chose de satisfaisant à lui rendre une justice tout-à-fait désintéressée.

Quand le livre de M. de Bonald parut, Napoléon étoit sur le trône depuis quelques années, et il avoit eu la gloire de rétablir la religion et d'abattre la fausse philosophie. Les disciples de Voltaire et des autres n'osoient plus montrer leurs principes. Voltaire et tous les écrivains de son parti avoient perdu plus de la moitié de leur réputation; tous leurs ouvrages étoient à un rabais honteux, et la plus mauvaise des spéculations eût été d'en faire quelques éditions nouvelles; enfin la philosophie moderne étoit universellement décriée et méprisée. Ce qui achève de le prouver, c'est le paragraphe suivant, tiré de *la Législation primitive*, et que je vais copier littéralement.

« Il est beaucoup d'hommes qui se piquent
» de raison, qui ne veulent être ni convaincus
» de certaines vérités, ni entraînés dans cer-
» taines voies, et qui prennent le parti très-
» peu raisonnable de nier ce qu'ils n'osent pas
» approfondir. Ces personnes ont pu se don-
» ner le *titre d'esprits forts*, dans un temps
» où ceux qui vouloient se délivrer d'une règle
» fâcheuse à l'amour-propre, et incommode
» aux passions, se contentoient de quelque
» chose qui ressemble aux raisonnemens; mais
» aujourd'hui que ces matières sont plus ap-
» profondies et rendues sensibles par des expé-
» riences décisives, le titre de philosophe sera
» à plus haut prix; on ne l'obtiendra pas, en
» répétant les sophismes de J.-J. Rousseau, les
» sottises d'Helvétius, les logogriphes du baron
» d'Holbach, ou les sarcasmes de Voltaire. »

Tel étoit en effet l'état des choses à l'époque où M. de Bonald s'exprimoit ainsi; on auroit dû croire que la restauration auroit achevé d'anéantir la fausse philosophie, et le contraire est arrivé. C'est un fait qui donne lieu à des réflexions bien affligeantes.

Le Génie du Christianisme, de M. de Châteaubriand, parut deux ou trois ans avant la *Législation primitive ;* cet ouvrage fit une grande sensation, et il le méritoit ; on y trouve d'admirables morceaux, entre autres le défrichement des terres, le bel épisode d'Atala ; et cet ouvrage a fait beaucoup de bien à la religion, et par conséquent à la monarchie ; car la royauté légitime, ainsi que la morale, n'a de base véritablement solide que la religion. Les ennemis de M. de Châteaubriand ne se lassent pas de lui reprocher de l'affectation et de l'obscurité dans sa manière d'écrire, et ils croient faire la part de la justice, en disant que l'on trouve *de belles pages dans ses ouvrages ;* pour être équitable, il faudroit dire tout le contraire : l'ensemble de ses ouvrages est toujours digne d'éloges et d'admiration, la critique la plus sévère n'y pourroit reprendre qu'une douzaine de phrases hasardées, on en trouveroit davantage dans les écrits sublimes de Bossuet ; dans les chefs-d'œuvre de Racine (c'est-à-dire, dans toutes les pièces de ce grand poëte, qui sont au théâtre) on peut compter quinze ou seize mauvais vers ; et l'on en reproche autant à la *Jérusa-*

lem délivrée; le plus intéressant de tous les poëmes épiques. On n'a pu attaquer M. de Châteaubriand, même à cet égard, dans son poëme *des Martyrs*, dans lequel il semble avoir pris Homère pour modèle. Cet ouvrage contient assurément de grandes beautés, mais il me semble qu'en mettant en opposition le christianisme et la mythologie, c'est-à-dire, la fable et la vérité, l'auteur auroit dû offrir le tableau des mœurs admirables des premiers chrétiens, de leur union, de leur charité, de leur désintéressement, de leurs adoptions, de leurs solennités religieuses, qui auroient formé un contraste si frappant avec les fêtes sanglantes de Bellone, les infâmes bacchanales, les orgies, les fêtes de Flore, des païens, dont l'auteur ne parle pas. Celui des ouvrages de M. de Châteaubriand que j'admire le plus, c'est son *Itinéraire de Jérusalem;* il y a dans ce voyage des descriptions délicieuses, et d'un bout à l'autre, un sentiment religieux toujours vrai, toujours touchant ; les effets différens que produisent sur le voyageur l'aspect des îles de la Grèce et celui de Jérusalem, sont d'une vérité parfaite et admirablement décrits. Cet ouvrage suffiroit seul pour assurer à son illustre auteur la plus brillante et la plus solide renommée.

Voici les rapports que j'ai eus avec M. de Châteaubriand. Je ne le connoissois point du tout, lorsqu'il m'envoya, quand il parut, *le Génie du christianisme*, en m'écrivant le billet le plus obligeant. *Le Génie du christianisme* fut, à son apparition, le sujet des louanges les mieux fondées et du dénigrement le plus injuste. Il est vrai que l'on pouvoit citer de cet ouvrage un très-petit nombre de phrases hasardées. Je défendis M. de Châteaubriand dans la société, avec toute la vivacité dont je suis capable; il avoit contre lui les gens sans religion et les littérateurs envieux, qui formoient une multitude d'ennemis; et je puis dire avec vérité, que je m'en suis fait beaucoup en le défendant. Je savois cependant et avec certitude, par M. de Cabre, que M. de Châteaubriand étoit tout le contraire pour moi, ce qui ne m'a pas empêchée de me conduire toujours de même à son égard et d'écrire dans ce sens à l'empereur, dans le temps où il fut si irrité contre lui. Je fis voir cette lettre à M. de Cabre, qui la trouva si remplie d'intérêt pour M. de Châteaubriand, qu'il me demanda de la faire voir à madame de Laborde ; je la lui donnai, en le priant de lui dire en même temps que je l'avois chargé, ce qui étoit vrai, de cacheter cette lettre, quand elle l'auroit lue, et de l'envoyer ensuite chez M. de Lavalette, chargé de ma correspondance avec l'empereur; ainsi voilà assurément un procédé bien clair. On ne le laissa point ignorer à M. de Châteaubriand, qui se crut obligé de venir m'en remercier. Il resta assez long-temps dans cette visite, qui fut tête à tête, je le reçus de mon mieux ; et, sans aucune espèce d'explication, nous parlâmes littérature : il s'exprima avec simplicité et avec le ton d'une modestie remarquable ; il me parut extrêmement aimable, et il a en effet beaucoup plus d'esprit et de talent qu'il n'en faut pour l'être [1]. J'ai fait depuis son éloge, sans y joindre un seul mot de critique, dans plusieurs de mes ouvrages ; et j'ai toujours eu le langage qui s'accordoit avec

[1] Quand j'écrivois ceci, tels étoient alors nos rapports respectifs; M. le vicomte de Châteaubriand m'a montré depuis beaucoup de bienveillance, et je conserverai toujours beaucoup d'attachement pour celui qui réunit à de grands talens des sentimens religieux.

(Note de l'auteur.)

cette conduite. Je n'ai jamais pu supporter d'entendre accuser M. de Châteaubriand d'hypocrisie; premièrement, parce que personne n'a le droit de dire d'un auteur qu'il ne pense pas ce qu'il écrit; et ensuite, parce qu'il faut n'avoir aucun sentiment du vrai, pour n'être pas persuadé que M. de Châteaubriand a écrit de bonne foi ses plus beaux morceaux sur la religion et son *Itinéraire* tout entier. Celui qui a fait *Atala*, celui qui, étant sur mer et s'adressant à Dieu, dit: *Jamais je ne fus plus troublé de ta grandeur!* celui qui a décrit si admirablement l'impression qu'il éprouva à l'aspect de Jérusalem; celui-là n'est sûrement pas un hypocrite [1].

Puisque je parle de la littérature dans cet ouvrage, je dois y consacrer un article à madame de Staël. Je ne l'ai critiquée dans mes ouvrages, que parce qu'elle a attaquée ouvertement dans les siens la morale et la religion; sans cela, je n'aurois censuré qu'en général

---

[1] Je ne parle point de l'épisode de *René*; c'est un petit roman, dont la conception est fausse et immorale une jeune personne, parfaitement pure, avec de la piété, n'éprouvera jamais une passion aussi monstrueuse

(Note de l'auteur.)

l'incorrection et l'obscurité de son style, mais je n'aurois jamais cité une partie des phrases ridicules qui se trouvent en si grand nombre dans ses écrits. Je n'ai jamais fait ces critiques qu'en employant tous les ménagemens de l'honnêteté sociale, et en parlant toujours avec estime de sa personne et de son caractère. Madame de Staël eut le malheur d'être élevée dans l'admiration du phébus, de l'emphase, et du galimatias. La diction ampoulée de M. Thomas fut pour elle, dès sa première jeunesse, le type de l'éloquence. Elle joignit à ce malheur celui d'avoir toujours négligé la lecture des grands écrivains du siècle de Louis XIV; elle avoit fort peu d'instruction réelle, et n'avoit jamais fait une étude sérieuse de la langue françoise, dont elle a toujours ignoré les règles les plus connues, comme on peut le voir dans ses premiers ouvrages, et dans beaucoup de passages des derniers. C'est ainsi qu'elle écrivoit : *qu'il est doux d'aimer et de l'être* [1], et qu'il lui arrivoit fréquemment de féminiser des mots masculins; par exemple, c'est moi qui, dans une de mes critiques imprimées,

[1] Éloge de J.-J. Rousseau.

(Note de l'auteur.)

lui ai appris que l'on dit *un charmant épisode*, et non *une charmante épisode*. Le premier ouvrage qui ait commencé la réputation de madame de Staël, fut celui qui est intitulé : *De l'influence des passions sur les nations et sur les individus*. Le but est de prouver l'utilité des passions; c'étoit la doctrine des encyclopédistes, qui entourèrent l'enfance et la jeunesse de madame de Staël. Il faut pardonner à sa mémoire ces principes pernicieux, on les lui avoit inspirés dès le berceau. Madame Necker, sa mère, étoit philosophe sans le savoir; M. Necker étoit anti-philosophe par la droiture de son caractère, mais philosophe par la fausseté de son esprit; il a combattu de bonne foi l'impiété de sa secte, mais en adoptant une infinité d'erreurs qui pouvoient servir de base à cette irréligion; car il est à remarquer que les complots de la philosophie moderne ont été si bien ourdis, qu'ils ont altéré la raison et les lumières d'une très-grande partie de ceux dont ils n'ont pu corrompre le cœur. C'est dans l'ouvrage de madame de Staël, que je viens de citer, qu'elle fait le plus grand éloge du suicide, et elle appelle, en propres termes, ce crime *un acte sublime*. C'est là qu'elle dit :

« Qu'il est heureux que tous les scélérats soient incapables de commettre cet acte sublime. » Je répondis alors qu'il étoit étonnant qu'elle eût oublié que *les plus grands scélérats* et les noms les plus déshonorés de l'histoire ont été des suicides : *Judas, Sardanapale, Messaline,* et *Néron.* Pour l'intérêt de la morale, de la religion, et de la littérature, j'ai tourné en ridicule beaucoup de sentimens et de phrases des ouvrages de madame de Staël, surtout dans ma nouvelle intitulée *la Femme philosophe;* et depuis, dans l'*Influence des femmes sur la littérature françoise,* ces critiques (quoiqu'elles fussent accompagnées de beaucoup d'éloges), l'ont rendue mon ennemie [1]. Cependant elle en a profité à quelques égards; elle a écrit publiquement, depuis la restauration, qu'elle se repentoit, et qu'elle désavouoit tout

---

[1] Avec une excellente maison, beaucoup d'esprit et de célébrité, il est bien facile de se faire un grand nombre de partisans. Pour moi, j'ai toujours été très-choquée, lorsque j'ai vu qu'on déprisoit les talens de madame de Staël, avec l'intention de me plaire, et je puis dire avec vérité, que je ne l'ai jamais souffert. J'avoue que la fierté avoit autant de part à cette conduite que la générosité.

(Note de l'auteur.)

ce qu'elle avoit dit sur le suicide; ainsi j'espère que dans une seconde édition, faite au bout de vingt-trois ans, *de l'Influence des passions*, et qu'on a fait paroître depuis la mort de madame de Staël, on a retranché son panégyrique du suicide. J'ai été utile aussi à madame de Staël sous le rapport du style. Il est certain que, depuis la publication de *la Femme philosophe*, il y a eu beaucoup moins d'affectation dans sa manière d'écrire. Néanmoins, dans son ouvrage sur l'Allemagne il y a plusieurs phrases, et même quelques paragraphes, qui sont incompréhensibles par les idées; l'assemblage étonnant de mots qui ne doivent jamais se trouver ensemble, et le sens, que l'auteur même n'a certainement pu comprendre, entre autres le passage suivant :

« Il faut, pour concevoir la vraie grandeur
» de la poésie lyrique, errer, par la rêverie,
» dans les régions éthérées, oublier le bruit de
» la terre, écouter l'harmonie céleste, et con-
» sidérer l'univers comme le symbole des émo-
» tions de l'âme... Le poëte sent battre son
» cœur pour un bonheur céleste qui traverse
» comme un éclair l'obscurité du sort. »
(Troisième volume.)

Le premier roman de madame de Staël, *Delphine*, n'eut aucune espèce de succès : il ne pouvoit en avoir à aucun égard. Celui de *Corinne*, ainsi que tous les ouvrages de madame de Staël, n'eut pas davantage le succès du débit; car il est remarquable que, malgré tous les efforts de ses amis, elle n'a jamais pu avoir le succès d'une seule édition enlevée en quelques jours par le public. Son second roman, *Corinne*, avec tous les défauts de style que l'auteur a toujours conservés, passe pour être son meilleur ouvrage : il manque d'invention, de vraisemblance et d'intérêt. L'héroïne, amante passionnée, n'aime ni son pays, ni sa famille; elle brave toutes les bienséances et tous les usages reçus; elle se livre avec fureur à une passion forcenée, et j'avoue qu'il me paroîtra toujours inexcusable de créer des héroïnes pour les peindre aussi extravagantes, et de nous les proposer comme des modèles dignes de toute notre admiration. On voit dans cet ouvrage Corinne se prosterner devant son amant sur le rivage de la mer, et se relevant avec le front égratigné. On a trouvé que, dans cet ouvrage, elle avoit imité une scène d'un de mes romans, celle où je fais errer mon héroïne désespérée dans la campagne et dans les bois, et rentrant ensuite pâle, tremblante, glacée, et accablée de douleur. Ce n'a pas été sans dessein que j'ai mis cette scène en hiver. Si, dans cette situation, mon héroïne eût parcouru la campagne en été, sous un soleil brûlant, elle seroit revenue en sueur, rouge, animée; elle n'auroit offert à l'imagination que l'idée d'une bacchante. Madame de Staël, en imitant cette scène, a changé la saison; la scène se passe à Naples, au milieu des ardeurs d'un été dévorant. On trouve dans son ouvrage, outre un manque de goût continuel, les idées les plus étranges; c'est ainsi que l'on voit Corinne, qui a de temps en temps quelques sensations religieuses, aller faire une prière dans la chapelle de la Vierge, et lui confier les tourmens de sa flamme, « parce que, dit-elle, une femme (elle parle de la Sainte-Vierge!) doit être plus compatissante pour les peines du cœur. » Cependant ce même ouvrage offre plusieurs morceaux dignes d'éloges; mais les improvisations de Corinne demandoient surtout un beau style, ce qu'elles n'ont jamais : l'éloquence et les idées y manquent également.

Sur la fin de sa vie, madame de Staël, à Paris, avoit une grande maison, une grande fortune; elle avoit contribué à la restauration, ce qui lui assuroit équitablement tous les ménagemens et tous les égards des royalistes; elle affichoit de grands principes libéraux, elle recevoit les chefs de ce parti à des heures particulières. Ainsi, à la fin de sa carrière, elle eut des partisans et des prôneurs dans tous les partis; elle les ménage tous dans son ouvrage posthume, qui a été loué par les libéraux avec la plus inconcevable exagération [1]. Les ouvrages de littérature ne passent avec gloire à la postérité que lorsqu'ils ont le mérite incontestable et reconnu du style. Sénèque, malgré son esprit supérieur, éminemment brillant, et les sentimens les plus élevés, n'a jamais été un auteur classique.

Madame de Staël sera toujours comptée au rang des femmes célèbres; mais ses produc-

---

[1] Ils se sont accordés à louer avec excès la phrase sur Henri IV, qui dit qu'il fut *le plus François* de tous nos rois; phrase prise du portrait que j'ai fait de ce prince dans mon *Histoire de Henri-le-Grand*. J'ose dire que ma phrase, qui exprimoit la même idée, et dont aucun journaliste n'avoit fait l'éloge, étoit mieux tournée que celle de madame de Staël.
(Note de l'auteur.)

tions ne seront pas rangées parmi les ouvrages classiques, quoiqu'on y trouve souvent un esprit supérieur. J'ai toujours regretté qu'un esprit tel que le sien n'ait pas été mieux cultivé, mieux dirigé, et qu'elle n'ait pas reçu ses notions littéraires à une meilleure école : l'enthousiasme sur parole des premières années de sa jeunesse a tristement influé sur son existence littéraire. J'ai beaucoup vu madame de Staël chez sa mère, avant son mariage : elle annonçoit dès lors beaucoup d'esprit ; mais elle montroit une vivacité inquiétante.

Madame Necker m'amena plusieurs fois sa fille, à Belle-Chasse : elle me témoignoit une amitié extraordinaire ; il y avoit toujours de l'exagération de fait dans ses démonstrations passionnées, mais il n'y avoit jamais de fausseté. Elle a eu de la bonne foi dans ses erreurs et dans son emphase, et rien n'excuse mieux les mauvais systèmes et le mauvais goût dans la conversation et dans les écrits. Elle m'a inspiré mille fois une idée et un sentiment qu'elle n'a jamais soupçonné : souvent, en pensant à elle, j'ai regretté sincèrement qu'elle n'eût pas été ma fille ou mon élève ; je lui aurois donné de bons principes littéraires, des idées justes et du naturel ; et, avec une telle éducation, l'esprit qu'elle avoit et une âme généreuse, elle eût été une personne accomplie et la femme auteur la plus justement célèbre de notre temps.

Les journaux, dans le temps que j'habitois l'Arsenal, n'étoient pas aussi nombreux qu'ils le sont aujourd'hui, où l'esprit de parti et la politique en rendent quelquefois sur les ouvrages nouveaux les jugemens littéraires si peu équitables. Je lisois habituellement le *Journal de Paris*, et le *Journal de l'Empire*. Geoffroy¹

---

¹ La critique de Geoffroy, souvent injuste et passionnée, étoit presque toujours spirituelle et piquante. Un grand fonds d'instruction lui permettoit de soutenir avec avantage les discussions littéraires les plus élevées. Il avoit succédé à *Fréron* dans la rédaction de *l'Année littéraire*. Il s'attacha ensuite à une autre feuille périodique, intitulée *Journal de Monsieur*; et lorsque la révolution éclata, il se réunit à l'abbé Royou, rédacteur de *l'Ami du roi*. Pendant la terreur Geoffroy se cacha dans un village où il se fit maître d'école. Enfin, après la révolution du 18 brumaire an VIII, il revint à Paris, et peu de temps après commença dans le *Journal des Débats* la longue lutte qu'il a soutenue contre les auteurs dramatiques et les auteurs

vivoit ; il avoit de l'esprit, mais on l'a beaucoup trop loué comme critique. Hors d'état de juger des ouvrages de sentiment, il en parloit mal, et quelquefois d'une manière ridicule. Il n'a jamais rien dit contre moi : il n'a parlé de mes ouvrages qu'avec bienveillance ; ainsi, mon jugement sur lui n'est pas suspect. Il a donné d'excellens articles dans ce journal, mais il en a fait un aussi grand nombre de véritablement mauvais ; son extrême partialité gâtoit sans cesse ses jugemens. Sa manière en général étoit piquante ; il avoit de la plaisanterie dans l'esprit, mais il n'y avoit point de variété. Il n'a jamais su être solide et sérieux avec esprit, ni louer avec bon goût ; il manquoit de mesure et de tact. Il a souvent parlé de madame de Staël avec indécence, et des tragédies de Vol-

les plus célèbres de cette époque. Il donna aux lettres l'exemple d'un scandale que nous avons vu renouveler depuis d'une manière plus hardie encore ; il fit commerce de ses éloges, et déchira, sans pudeur et sans pitié, tous les talens qui refusoient de payer un tribut à sa plume. Ses critiques participoient alors de la bassesse du sentiment qui les inspiroit ; elles étoient brutales et grossières. Geoffroy, né à Rennes en 1743, est mort à Paris au mois de février 1814.

(Note de l'éditeur.)

taire avec injustice; et c'est lui qui a dit de l'empereur, qu'il y avoit *de l'athéisme à nier ses grandes qualités;* on n'a jamais poussé la flatterie plus loin, ni prodigué davantage la critique amère et dénigrante.

Je n'ai jamais, dans toute ma vie, fait autant de méditations sur mes lectures, que j'en fis dans ce temps; je relus tous les anciens auteurs, non-seulement du siècle de Louis XIV, mais du siècle précédent; je m'attachai particulièrement, en étudiant les progrès de la langue françoise, à me rendre raison des motifs qui avoient décidé à rejeter les vieux mots, les vieilles locutions, et à introduire les nouvelles manières de parler, et les nouveaux tours, dont se compose la langue qui a produit tant de chefs-d'œuvre. Je n'avois jusque-là étudié que l'exacte propriété des mots, et l'harmonie de la langue; Racine, en vers, Massillon et M. de Buffon en prose, ont été à cet égard mes principaux maîtres; mais la nouvelle étude dont je viens de parler eut pour moi un charme tout particulier; il falloit pénétrer, deviner les intentions des plus grands écrivains que nous ayons eus: cet exercice plaisoit à mon imagination, il flattoit mon amour-propre, et piquoit ma curiosité. Il étoit beau de s'initier dans de tels secrets, et dans tout ce j'en ai pu découvrir, j'ai toujours trouvé quelque chose de moral, de délicat, et d'ingénieux; par exemple, j'ai cherché pourquoi, en bannissant du langage noble un grande quantité de mots et d'expressions qui n'offrent que des locutions familières, et qui n'ont rien de choquant, on avoit néanmoins conservé plusieurs mots ignobles, et qui présentent les images les plus dégoûtantes, tels que *boue, fange, fumier;* et j'ai trouvé que l'élévation de l'esprit et de l'âme avoit dû conserver ces mots, afin de pouvoir, par d'odieuses comparaisons, déprécier mieux ce qui est vil, et montrer pour toute espèce de bassesses morales le dernier degré du mépris. S'il falloit détailler toutes mes remarques sur ce sujet, je serois forcée d'écrire un volume; je me contenterai de dire que cette étude m'a prouvé que la fixation d'une belle langue est le fruit et l'ouvrage des réflexions les plus fines, les plus spirituelles, les plus justes, et du goût le plus pur.

Huit ou dix mois avant mon départ de l'Arsenal, Casimir alla à Vienne, où il eut les plus grands succès dans tous les genres; il y vit beaucoup le prince de Ligne, pour lequel je lui avois donné une lettre; et qui m'écrivit, en parlant de lui, qu'il le trouvoit *un jeune homme accompli*. Casimir, n'ayant pas reçu le sacrement de la confirmation, se fit confirmer à Vienne, et, suivant l'usage du pays, il prit un parrain : ce fut le prince de Ligne; une autre coutume du même pays autorise le parrain à donner à son filleul un de ses noms de famille, et le prince de Ligne donna à Casimir le sien, qui n'est pas celui *de Ligne*, mais *De la Morald*, et que Casimir a le droit de prendre dans tous les actes, et il fut confirmé, avec beaucoup de pompe, par l'archevêque de Vienne. Casimir fit à Vienne une fort jolie action : Madame Larcher, une personne intéressante, remplie de talens, et jouant du violon d'une force remarquable pour une femme et pour un amateur, perdit tout à coup une fortune assez considérable, et sans qu'il y eût de sa faute; on lui conseilla d'aller à Vienne, pour s'y faire une ressource de ses talens; mais elle n'y connoissoit personne : elle n'y fit rien, et s'y trouva dans le plus mortel embarras; dans cette extrémité, elle eut recours à Casimir, qui sur-le-champ lui proposa de donner un concert à son seul profit, en lui promettant d'y jouer, et lui permettant de le faire annoncer. Cette annonce eut l'effet désiré : la salle fut pleine, et madame Larcher fut tirée de peine [1].

Pendant l'absence de Casimir, je pris auprès de moi une personne très-spirituelle et fort aimable, nommée madame Roussel [2], que j'employai particulièrement à l'éducation d'Alfred, dont j'étois toujours parfaitement contente, pour sa douceur, sa docilité et son bon cœur; il commençoit à jouer fort joliment de la harpe : son adresse et son industrie en toutes choses étoient déjà extraordinaires;

[1] Je pourrois citer de Casimir une infinité de traits de ce genre. Je n'en rapporterai plus qu'un. Il eut le bonheur de procurer, par le moyen d'une de ses amies, une place avantageuse auprès d'une grande dame polonoise, à madame Robadet, dont j'ai déjà parlé. Il attacha tant de prix à cet événement, qu'il crut devoir reconnoître l'obligeance de son amie en donnant gratuitement à sa fille dix-huit mois de leçons de harpe.
(Note de l'auteur.)

[2] Je m'en suis séparée depuis pour son intérêt, en lui faisant avoir une fort bonne place en Italie, que les révolutions lui ont fait perdre.
(Note de l'auteur.)

Casimir lui avoit donné une énorme quantité de joujoux : lorsqu'ils étoient cassés, il les raccommodoit, ou en faisoit de semblables, aussi bien que l'auroit pu faire le meilleur ouvrier ; il a depuis cultivé cette adresse, qui est devenue incomparable, ainsi que son talent pour la mécanique ; dès l'âge de quatorze ou quinze ans, c'étoit lui qui raccommodoit, et parfaitement, toutes mes serrures les plus compliquées, et qui régloit toutes mes pendules, dont il connoissoit si bien le mécanisme, qu'il est parvenu à en faire une tout seul (pour son hôte), sans avoir jamais pris une seule leçon d'aucun horloger [1].

Pendant mon séjour à l'Arsenal, je passai trois étés à la campagne avec Casimir et Alfred ; l'un chez madame de Brady, au château de Rebrechien, auprès d'Orléans ; le second chez madame du Brosseron, à Sorel ; le troisième à Sillery. Je ne revis pas sans une profonde émotion ce lieu où j'avois passé les plus heureuses années de ma première jeunesse. Je le trouvai

---

[1] Il a fait depuis, sans leçons ni conseil, une montre à répétition, et une belle pendule pour mon petit-fils, dont il a doré et bronzé lui-même tous les ornemens.

(Note de l'auteur.)

bien déplorablement changé; les superbes bois du Meseril étoient coupés, ainsi que les beaux arbres de la cour; une aile du château contenant la belle galerie et la chapelle étoit abattue; les îles délicieuses et leurs charmantes fabriques, si obligeantes pour moi, faites par M. de Genlis, étoient détruites, et n'offroient plus que de tristes marécages; le reste du château étoit démeublé; les beaux parquets du rez-de-chaussée, qui avoient été refaits avec magnificence, en bois précieux, par madame la maréchale d'Estrée, avoient été arrachés par la rage révolutionnaire, parce qu'on y avoit vu représentées des armoiries avec le bâton de maréchal de France. Je n'y retrouvai avec plaisir que la chambre où Henri IV avoit couché trois nuits; tous les vieux meubles y étoient encore; le damas cramoisi qui les formoit étoit si usé qu'il n'avoit pu tenter la cupidité des révolutionnaires. Enfin je ne pouvois que m'attrister dans cette habitation, jadis si brillante et si belle, qu'un Anglois célèbre (M. Young), dans son voyage de France fait avant la révolution, dit qu'il n'a rien vu en France qui lui ait plû autant que Sillery. Je fis faire, dans l'église de la paroisse, un service funèbre pour mon mari, aussi magnifique qu'il est possible de le faire dans un village; tous les curés des environs s'y trouvèrent, et, pour les y rassembler, il fallut célébrer le service un jour ouvrier. Il fut annoncé au prône, et pas un seul paysan ne manqua de s'y rendre; on y vit même des vieillards infirmes s'y faire porter, et des malades sortir de leur lit pour la première fois, afin de rendre cet hommage de la reconnoissance à la mémoire du seigneur bienfaisant qu'ils avoient tant aimé! L'église fut tellement remplie, qu'une partie des paysans ne put y entrer, et resta sous le porche et autour de l'église. Tous ces paysans, et sans exception, donnèrent à la quête, et ils perdirent une demi-journée de travail : il n'y a point de discours académique qui puisse valoir un tel éloge!

Cependant, à l'Arsenal, l'eau s'étant infiltrée dans les vieux murs de mon appartement, il arriva plusieurs accidens qui auroient pu être bien funestes : premièrement cette infiltration causoit dans ma chambre à coucher une excessive humidité; ensuite plusieurs parties du mur se détachèrent, et entre autres tout le lambris d'une fenêtre, qui tomba sur madame Roussel, et qui pensa l'écraser; mais, par un bonheur inouï, elle ne fut point blessée, et il est tout aussi heureux et tout aussi surprenant que, pendant les six derniers mois que j'ai passés dans ce logement, je n'aie pas pris de rhumatisme. Enfin je demandai qu'on y fît les réparations nécessaires; mais M. Ameilhon, avec sa bonne volonté accoutumée, persuada aux ministres que cette dépense monteroit à plus de quinze mille francs. On auroit pu la faire pour cent louis. On me répondit que la Bibliothèque n'avoit pas les fonds nécessaires : il fallut bien se résoudre à quitter l'Arsenal. Comme le gouvernement s'étoit engagé à me loger toute ma vie, et qu'il n'y avoit pas de logement vacant à sa disposition qui pût me convenir, j'imaginai que j'étois autorisée à demander une indemnité, et, par l'effet de ma modération naturelle, je ne la demandai que de huit mille francs; sachant bien que je ne pourrois me loger un peu convenablement qu'en donnant douze ou quinze cents francs. J'obtins sur-le-champ ces huit mille francs, et mon logement devenant tous les jours plus menaçant et plus périlleux, j'en sortis à la hâte. La sensation que j'éprouvai en quittant l'Arsenal, me fit bien comprendre combien le sentiment qui nous attache à la patrie est naturel. L'Arsenal, que j'habitois depuis neuf ans, malgré tous les désagrémens que j'y avois éprouvés, étoit devenu pour moi une espèce de patrie. Toutes les âmes sensibles s'attacheront toujours, plus ou moins, aux lieux qu'elles ont habités long-temps ; l'habitude, dans de certaines choses, n'est insipide que pour les mauvais cœurs et les esprits frivoles, qui se flattent toujours de trouver quelque avantage dans le changement. Je quittai donc l'Arsenal avec un sentiment pénible, dont l'amertume fut encore augmentée par ma séparation d'avec madame Roussel, qui, à cette époque, partit pour l'Italie ; Alfred, qui s'étoit vivement attaché à elle, fondit en larmes en lui disant adieu. Je fus obligée de prendre, faute d'autre, un appartement très-incommode dans le même quartier ; rue des Lions : il étoit assez grand, au premier, mais gothique, ridiculement distribué et fort malsain par l'humidité.

Je passai là cependant de fort agréables soirées, grâces à MM. d'Estourmel, Briffaut et de Trenenil, qui se rendoient régulièrement chez moi tous les samedis au soir ; chacun d'eux me lisoit un petit fragment inédit toujours en vers. Je leur lisois de mon côté quelques morceaux de prose. Ces lectures étoient toujours suivies d'une conversation très-animée qui se prolongeoit souvent jusqu'à minuit, ce qui dura tout l'hiver.

J'étois encore à la rue des Lions, lorsque M. Ameilhon fit une chute affreuse sur le grand escalier de l'Arsenal, car, malgré les instances d'une femme aussi attentive que vertueuse, il vouloit toujours aller seul ; il étoit très-vieux , on accourut à son secours, et on le porta mourant dans son lit ; on désespéra bientôt de sa vie. J'envoyai avoir tous les jours de ses nouvelles ; il le sut, y parut sensible ; et un jour il fit entrer ma femme de chambre et la chargea de me dire qu'il se rappeloit avec peine nos petites querelles de l'Arsenal, et qu'il m'en demandoit pardon ; cette espèce de repentir me toucha sensiblement : il mourut peu de jours après. C'étoit un homme humoriste et morose, mais qui avoit beaucoup d'instruction et d'excellentes qualités.

J'ai fait un ouvrage sur les plantes usuelles, à l'usage des jeunes personnes, car il est impossible de mettre entre leurs mains ceux qui sont dans le commerce, parce qu'ils sont remplis de détails sur les plus infâmes maladies. J'avois supprimé dans le mien tous ces détails, et j'avois tâché d'y mettre de l'agrément et de la morale ; enfin je n'avois négligé aucunes des recherches et des soins qui pouvoient donner de l'intérêt à ce livre et le rendre utile aux mères de famille et aux jeunes personnes [1].

[1] Je livrai cet ouvrage à M. Barrois sans faire aucun engagement par écrit. Je n'en ai rien touché, mais l'ouvrage n'a point paru ; j'ignore l'usage qu'en veut faire M. Barrois. J'ai quelques lettres de lui qui prouvent qu'il y a plusieurs années il devoit le faire paroître incessamment. Comme j'ai beaucoup de raisons d'estimer M. Barrois, de ne lui faire aucune peine, je n'ai point donné de suite à cette affaire ; mais je regrette cet ouvrage, que M. Corréa[*], un très-grand botaniste portugais, avoit jugé

[*] Joseph François Corréa de Serpa, né vers l'an 1750, en Portugal, fut élevé en Italie, et compta parmi ses maîtres le célèbre abbé Génovési. De retour dans sa patrie il contribua puissamment à la fondation de l'académie royale des sciences de Lisbonne. Il en fut nommé secrétaire perpétuel en 1779. Sous le titre de *Monumentos ineditos*, M. Corréa publia la collection des Mémoires, fournis par les académiciens, sur l'Histoire du Portugal. Il passe pour être l'homme le plus savant de l'Europe, dans la *Botanique Physiologique*. Objet des persécutions de tous les ennemis des lumières, pour s'y sous-

J'ai éprouvé, en arrivant à Paris, un procédé étonnant d'un libraire que m'amena mon ami, M. Pieyre : ce fut au sujet d'une nouvelle édition des *Mères rivales*, avec l'augmentation d'un volume tout nouveau ; l'édition fut enlevée en huit jours. Je n'avois pas fait d'engagement par écrit, et le libraire m'en a refusé tout net le paiement ; et je n'avois aucun

très-utile à la jeunesse, sous tous les rapports. M. Corréa avoit même eu la bonté d'y faire deux ou trois additions de plantes exotiques qui m'étoient inconnues. Je n'en ai point de copie, je n'en ai gardé que quelques fragmens. Le manuscrit remis à M. Barrois étoit écrit de la main d'un jeune Corse de mes amis, neveu de M. le comte de Brady, qui avoit copié les fragmens que j'ai conservés, et le reste est écrit sous ma dictée.

(Note de l'auteur.)

traire il fut forcé de s'éloigner de Lisbonne : il vint à Paris en 1786. A la mort de Pierre III il retourna en Portugal, et peu de temps après il se vit obligé de s'en éloigner une seconde fois, pour échapper à l'inquisition : il se réfugia en Angleterre. L'honorable M. Banks le fit nommer membre de la société royale de Londres. Dès que la paix fut signée, Corréa passa en France où il fut reçu membre correspondant de l'Institut. Après onze années de séjour à Paris, M. Corréa s'embarqua pour l'Amérique, et, en 1816, le roi de Portugal le nomma son ministre plénipotentiaire près le congrès des États-Unis.

(Note de l'éditeur.)

moyen de le forcer juridiquement à tenir sa parole. Je n'ai jamais rien éprouvé de semblable avec Maradan : je lui ai toujours trouvé beaucoup de droiture et d'exactitude ; il est vrai qu'il a fait de bons marchés avec moi, mais c'est parce que j'avois de l'amitié pour lui et que je le voulois. Je fis dans la rue des Lions, mes *Notes sur Labruyère;* cette première édition, dont je négligeai de revoir les épreuves, fut défectueuse en tout ; on laissa les mauvaises notes de Lacoste, que l'on mit au bas du texte, on plaça les miennes à la fin du volume, et l'on supprima tous les titres si piquans des chapitres de cet ouvrage. Ces gaucheries nuisirent au débit de ce livre, qui ne se vendit pas avec la même promptitude que mes autres ouvrages. Cependant on convint généralement que mes remarques étoient justes et pouvoient être utiles à la jeunesse. Je fis encore, dans la rue des Lions, le plan de mon petit poëme intitulé *la Jeunesse de Moïse*, ou *les bergères de Madian*. Ce fut M. Alibert qui me conjura de traiter ce sujet ; je le fis paroître quelques mois après : le cardinal Maury, qui se connoissoit en style, fut enthousiasmé de ce petit poëme ; il me disoit que c'est de tous mes ouvrages le mieux écrit, et je le pense aussi [1].

Je ne donnai point cet ouvrage à Maradan, parce que, pour obliger madame de Bon, j'accordai la préférence à un libraire avec lequel elle étoit en marché pour la traduction d'un roman anglois. Je lui donnai *Moïse* à peu près pour rien, à condition qu'il prendroit la traduction de madame de Bon pour le prix qu'elle en demandoit.

J'étois depuis près d'un an dans la rue des Lions, lorsque Casimir revint de Vienne. Ce fut alors que je lui vendis la propriété absolue de tous mes ouvrages, propriété dont je pouvois certainement disposer à mon gré sans aucun genre de scrupule, puisque j'avois abandonné, sans restriction, à ma famille et depuis l'instant de mon voyage, mon douaire et toutes

---

[1] M. Horace Vernet eut la bonté de faire, à la seconde édition de cet ouvrage, le dessin d'une estampe qui représente une des plus intéressantes scènes du poëme. On voit tout son talent dans cette charmante gravure, et j'y trouvai de plus une preuve d'amitié qui me toucha sensiblement. La mienne pour lui et pour son aimable compagne, n'a jamais varié. (Note de l'auteur.)

mes reprises sans en avoir jamais touché une obole.

Quelques mois après son retour de Vienne, nous allâmes nous établir dans un très-bel appartement rue *Helvétius*, et, avant la révolution, rue *Sainte-Anne*. J'ai eu la satisfaction, dès le lendemain de la restauration, de faire effacer dans cette rue le nom du *philosophe*, et d'y rétablir celui de la sainte. M. de Charbonnières, mon ami, l'étoit aussi du préfet de Paris; ma première pensée, au moment de la rentrée du roi, fut d'exprimer à M. de Charbonnières le désir que j'éprouvois de bannir Helvétius de notre rue; M. de Charbonnières obtint sur-le-champ cette grâce du préfet, et j'eus le plaisir extrême de voir gratter le nom de l'auteur d'un livre pernicieux et détestable sous tous les rapports; je descendis dans la rue tout exprès pour jouir de ce doux spectacle, et depuis je n'ai jamais jeté les yeux sur ce coin de rue, je n'ai jamais lu le nom pur et sacré que j'y avois fait tracer, sans éprouver la sensation la plus agréable.

J'avois donné ma *Botanique historique et littéraire*, ouvrage rempli de recherches de trente ans, et comme je n'y avois parlé qu'en général des plantes de la Bible et de celles qui portent les noms de personnages qui ont existé, je fis, pour mon amusement particulier, un ouvrage manuscrit sur ces plantes, sous le titre *des huit Herbiers* : en conséquence, je fis relier en maroquin un gros livre blanc in-4°., dans lequel j'ai peint *quatre herbiers*, formant le premier volume des *huit*, que je voulois faire; ces quatre herbiers sont : l'*Herbier sacré*, celui *de la reconnoissance et de l'amitié*, l'*Herbier héraldique*, qui comprend toutes les armoiries des familles françoises, dans lesquelles se trouvent des végétaux; j'ai aussi placé dans ce même herbier des devises antiques dont les végétaux forment le corps ; enfin, l'*Herbier d'or*, dans lequel j'ai placé toutes les plantes d'or dont il est parlé dans l'histoire. C'étoit, dans l'antiquité, une coutume, et une magnificence très-commune parmi les souverains et les grands personnages, d'avoir dans son palais une galerie ou un jardin artificiel rempli de plantes d'or, et de s'en envoyer réciproquement en présent. On a fait mille dissertations pour deviner le sens allégorique de la fable des pommes d'or, de la fable des *Hespérides*; les uns ont prétendu que c'étoient des oranges, les autres des

moutons, dont les pommes d'or exprimoient
le profit lucratif ; je crois avoir prouvé, dans
une petite dissertation, que j'ai fait imprimer
il y a long-temps, que tout simplement les
pommes des Hespérides étoient des pommes
d'or ; j'ai donc peint en or dans mon *Herbier
d'or* toutes les représentations de végétaux
faites de ce métal, dont j'ai trouvé le détail dans
l'histoire, et le nombre en est considérable. Dans
ce livre, j'ai écrit dans chaque herbier le texte
explicatif, et je l'ai orné de vignettes et de culs-
de-lampe ; j'ai peint toutes les plantes avec
un soin et une vérité qui ont été loués par
tous les artistes qui l'ont vu ; il y a même
des vers inédits de moi. Ce gros livre, magnifiquement relié, est certainement l'un des
plus curieux et des plus précieux manuscrits
qui existent. Comme il ne m'a pas été possible
d'y travailler tous les jours, j'ai mis plusieurs
années à le faire ; je l'ai fini un jour très-remarquable : ce fut celui où les alliés entrèrent
à Paris, et où tout le monde étoit dans le plus
terrible effroi [1]. Je m'occupe, dans ce moment,

---

[1] Ce livre aujourd'hui appartient au roi, et se trouve
dans sa bibliothèque particulière. (Note de l'auteur.)

à faire le second volume [1], qui fera suite à cet ouvrage ; j'en rendrai compte un peu plus tard. Outre l'ouvrage dont je viens de parler, je me suis amusée à composer et à peindre cent soixante devises tirées du règne végétal [2]. J'ose dire que ces devises sont d'une justesse parfaite : il n'y a point de sentimens et de situations qu'elles n'expriment, et les objets qu'elles représentent mériteroient l'honneur d'être gravés en recueil. Enfin, depuis la restauration, j'ai fait sur le joli jeu de cartes de M. Athalin [3] environ cinq cents vers ; je les ai écrits de ma main sur le revers des cartes ; je n'ai point fait, à mon gré, de vers plus faciles

---

[1] Ce volume est en effet commencé sous le titre de suite ou supplément, mais je n'ai pas encore pu le finir.

[2] Ouvrage qui est maintenant en Angleterre.

(Notes de l'auteur.)

[3] M. le colonel Athalin, un des aides de camp de S. A. R. monseigneur le duc d'Orléans, a consacré ses loisirs à l'exécution des plus jolis dessins qui se trouvent dans le *Voyage romantique, en Normandie*, publié par M. Charles Nodier et Taylor. Il est sans contredit un de ceux qui réussit le mieux à dessiner sur la pierre lithographique, et dont les heureuses productions font le plus d'honneur à cette ingénieuse découverte.

(Note de l'éditeur.)

et plus agréables ; j'ai donné ce jeu de cartes à Casimir. Ce fut dans ces appartemens de la rue Sainte-Anne que se fit le mariage de Casimir : il épousa la fille de M. Carret, maître des comptes ; Casimir aimoit mademoiselle Carret, et elle le méritoit, par sa noble et belle figure, son esprit et ses vertus.

FIN DU TOME CINQUIEME.

www.ingramcontent.com/pod-product-compliance
Lightning Source LLC
Chambersburg PA
CBHW050435170426
43201CB00008B/686